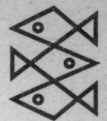

Mehr und mehr Menschen wenden sich heute der Meditation zu. Dabei stehen sie oft hilflos einer verwirrenden Vielzahl von Meditationsrichtungen und -schulen gegenüber, die alle äußerst unterschiedliche Praktiken zu verwenden scheinen.

Welcher soll man sich anschließen? Welche ist die »richtige«?

In dieser Situation kann das vorliegende Buch eine Hilfe sein. Denn C. Naranjo, Autor des ersten Teils dieses Buches und Kenner aller überkommenen Meditationsarten, ist bemüht, die Einheit in der Vielheit der Formen aufzuzeigen – die *eine* grundlegende innere Haltung, auf die es ankommt und die allen Praktiken zugrunde liegt.

Mantra-Yoga, Za-Zen, ekstatisches Tanzen, christliche Meditation u.a.m. sind nur verschiedene Wege zu demselben Ziel.

Darüber hinaus aber haben die Autoren versucht, eine Brücke zu schlagen zwischen den esoterischen Disziplinen und unserer modernen Psychologie. Denn die alten Meditationsschulen lassen sich auch als Psychologien verstehen, die unserer jungen psychologischen Wissenschaft in ihrem Verständnis des Menschen um vieles voraus sind. Übersetzt man ihre bildlichen Metaphern in uns geläufige Begriffe, erschließt sich ein überaus reiches Wissen um Bewußtseinsphänomene, das erst im Ansatz von unserer Psychologie entdeckt wird.

Greift die westliche Psychologie die östliche Weisheit auf, könnte daraus eine geistige Synthese zwischen »alter« und gegenwärtiger Psychologie entstehen, die gut Grundlage eines neuen Entwicklungsabschnittes der modernen Welt sein könnte.

Die Autoren

Claudio Naranjo, Psychiater aus Chile und Forschungsbeauftragter an der University of California's Institute of Personality Assessment and Research, gilt als eine der Schlüsselfiguren am Esalen-Institut, Californien, diesem Zentrum der Erforschung neuer Wege in den Humanwissenschaften, der Religion und Philosophie, das Impulse in die ganze Welt aussendet.

Naranjo arbeitet hauptsächlich an der Entwicklung neuer Therapieformen, er leitet spirituelle Lerngruppen am Esalen-Institut und publiziert auf den Gebieten der Psychologie und Meditation (u.a. *The One Quest; The Healing Journey*).

Robert E. Ornstein ist Psychologe, Forschungsbeauftragter am Langley-Porter Neuropsychiatric Institute und Lehrbeauftragter an der University of California Medical Center. Seine Hauptarbeitsgebiete sind die Psychophysiologie und Bewußtseinspsychologie. Sein neuestes Buch *Die Psychologie des Bewußtseins* ist als Fischer Taschenbuch (Bd. 6317) erschienen.

Claudio Naranjo
Robert E. Ornstein

Psychologie der Meditation

Fischer Taschenbuch Verlag

Deutsche Erstausgabe
Fischer Taschenbuch Verlag
Dezember 1976
Umschlagentwurf: Jan Buchholz/Reni Hinsch
unter Verwendung eines Fotos (Foto: Harro Wolter)
Titel der amerikanischen Originalausgabe:
›On the Psychology of Meditation‹
Erschienen bei The Viking Press, Inc., New York
Aus dem Amerikanischen von Michel Klostermann
Fischer Taschenbuch Verlag GmbH, Frankfurt am Main
© Fischer Taschenbuch Verlag GmbH, Frankfurt am Main 1976
›On the Psychology of Meditation‹
© Claudio Naranjo and Robert E. Ornstein 1971
Gesamtherstellung: Hanseatische Druckanstalt GmbH, Hamburg
Printed in Germany
1811–780–ISBN-3-436-02388-4

Inhalt

Claudio Naranjo
Teil I: Wesenskern und Technik der Meditation

Einleitung 9
1. Bereich der Meditation 12
2. Konzentrative oder absorbierende Meditation 24
3. Der negative Weg 73
4. Der Weg der Überantwortung und des Selbstausdrucks . 86
Epilog 122

Robert E. Ornstein
Teil II: Die Techniken der Meditation und ihre Bedeutung für die moderne Psychologie

Vorwort 127
Einleitung 129
1. Das »Abschalten« der Wahrnehmung 132
2. Esoterische und moderne Wahrnehmungspsychologie . 157
3. Ein erweitertes Verständnis der menschlichen Fähigkeiten 195
Eine abschließende Betrachtung 213

Claudio Naranjo

Teil I

Wesenskern und Technik
der Meditation

Einleitung

Unsere Zeit, die Zeit der Begegnung zwischen Ost und West, ist eine solche, in der sich Religionen, Philosophien und psychologische Schulen treffen, die sich bisher ignorierten oder mit fanatischer Verachtung aufeinander blickten. Es ist auch eine Zeit der Begegnung zwischen Wissenschaft und Religion, Psychotherapie und Erziehung, eine Zeit, in der wir das Auftauchen einer Disziplin ganzheitlicher Entfaltung ins Auge fassen.

Die zunehmende Vielfalt an Kommunikationsmöglichkeiten, verbunden mit kultureller Offenheit, fällt zusammen mit dem Erwachen spiritueller Bedürfnisse. Daß sich eine ständig wachsende Anzahl von Menschen mit der Frage der Selbstverwirklichung beschäftigt, liegt vielleicht daran, daß wir mit kulturellen Formen unzufrieden sind und uns von ihnen lösen, die das Streben des vergangenen Menschen ausdrückten. Vielleicht liegt es auch an einer gewissen Enttäuschung über die bisherigen Ergebnisse des wissenschaftlichen und technischen Fortschritts. Ein Zeitalter der Selbstzufriedenheit ist vergangen, und wir sind jetzt in ein Zeitalter des Suchens eingetreten.

Auf unserer Suche halten wir Ausschau nach neuen Antworten, blicken aber auch mit Achtung auf die Weisheit urdenklicher Zeiten und die Weisheit des Ostens, die wir einst für altmodisch und überholt hielten. Das Ausmaß des allgemeinen Interesses an der spirituellen Tradition Asiens kann man gut an der Zahl der Bücher abschätzen, die über dieses Thema Monat für Monat erscheinen, sowie an der Einrichtung östlicher Lehrstätten in Europa und Amerika – lamaistischer Klöster, Zendos, Yogaashrams und Sufi-zirkeln.

Ein besonders konkretes Beispiel für das neuangebrochene Suchen ist die Wiederentdeckung der Meditation. Nach einer Schätzung aus dem Jahre 1968 beschäftigten sich allein an der Universität von Kalifornien über 2000 Studenten mit Meditation. In den wichtigsten kulturellen Zentren der Vereinigten Staaten werden vor allem durch Yogis und Zen- oder Ch'an-Meister sowie durch Leute wie mich, die versuchen, alten Wein in neue Schläuche zu

9

gießen, viele verschiedenartige Meditationskurse abgehalten.

Aber trotz der Informationsfülle, die dem Interessierten damit zur Verfügung steht, fehlt der Geist der Synthese. Der Schüler der Meditation liest oder hört von Zen-Meditation, christlicher Meditation, Yogaübungen und spürt, daß sie irgendwo alle verbunden sind, ist aber nicht in der Lage, das Gemeinsame dieser Wege zu formulieren, so daß er, durch die Vielfalt der verschiedenen Ausdrucksformen verwirrt, die Richtung verlieren kann. Nicht selten erhebt jede dieser Schulen oder Überlieferungen den Anspruch, die einzig wahre oder wirksamste zu sein. Selbst die achtenswertesten Vertreter einer besonderen Richtung vermögen meist nicht mehr, als eine tolerante Haltung gegenüber anderen Richtungen aufzubringen; zu sehr sind sie an ihre eigenen Traditionen gebunden, um die gemeinsame Wurzel der verschiedenen Systeme aufspüren zu können. Aus diesem Grund verfolge ich mit diesem Buch drei Absichten:

1. die Einheit des Wesenskerns oder der Haltung der verschiedenartigen Meditationswege zu erforschen – d. h. aufzuzeigen, was Meditation *jenseits* der verschiedenen Ausdrucksformen ist;

2. zu versuchen, eine allgemeine Klassifizierung der Meditationstechniken aufzustellen, und zwar nicht entsprechend ihrer kulturellen Herkunft, sondern entsprechend ihrer psychologischen Natur;

3. das Wesen der psychologischen Vorgänge hervorzuheben, die für die Meditation eine Rolle spielen – Vorgänge, die das Ziel der Übung sind, die aber aus den Beschreibungen der Techniken nicht klar ersichtlich sind.

Den gemeinsamen Nenner der Meditation jenseits scheinbar unterschiedlicher Techniken wahrnehmen zu wollen, führt, so glaube ich, zu der Erkenntnis, daß Meditation an sich nicht etwas von anderen Dingen des Lebens Abgetrenntes oder gar Verschiedenartiges ist. Vielleicht verhält es sich mit jeder großen Idee ähnlich: Wenn wir einmal beginnen, ihre Substanz auszuloten, erkennen wir, daß sie nur ein weiterer Name jener Einheit ist, von der sie selbst nur einen Aspekt oder eine Ausdrucksform darstellt. Meine eigene Forschung auf dem Gebiet der Meditation zeigt mir, daß die Essenz der Meditation auch die Essenz der Kunst ist, der Religion, der echten Magie und die Essenz der Psychotherapie, ja, von allem, das von der richtigen inneren Haltung getragen wird. Ich glaube, daß sich einem Meditierenden, der die wahre Erkenntnis hat, das ganze Leben als Meditation darstellt, so wie die Meditation selbst eine Form des Lebens ist.

Ich habe nicht versucht, die Beziehung zwischen Meditation und anderen entsprechenden Übungen in allen Einzelheiten aufzuzeigen, wie z. B. zwischen der Bewegungsschulung[1] oder bestimmten Formen der Psychotherapie[2], habe aber genügend Verbindungen zwischen den verschiedenen Arten der Meditation und anderen Aktivitäten angedeutet, um aufzuzeigen, daß es eine gemeinsame psychologische Grundlage für solche scheinbar äußerst unterschiedlichen kulturellen Manifestationen wie den Schamanismus gibt, das Auftauchen von Moralgesetzen, innere künstlerische Berufung, Prophetie, Rituale – und die Meditation. Viele Finger, die aus verschiedenen Richtungen auf den gleichen Punkt zeigen, können dessen Lage besser bestimmen als nur ein oder zwei Finger.

Meine Abhandlung richtet sich in einem weitgefaßten Sinn nach dem allgemeinen Titel des Buches *Psychologie der Meditation*, indem sie einige psychologische Vorgänge aufzeigt (wie z. B. »Aufmerksamkeit« oder »Loslassen«), die das Innerste der verschiedenen Meditationstechniken ausmachen. Dr. Ornsteins Betrachtung beschäftigt sich in einem abgegrenzteren Sinn mit der Psychologie der Meditation: In ihr werden Informationen aus der gegenwärtigen Psychologie zusammengefaßt, die sich auf das Verstehen dieser Vorgänge beziehen. Dr. Ornsteins Abhandlung beginnt, wo meine endet: Ich extrahiere aus einer Vielzahl von Techniken allgemeingültige psychologische Nenner; er spricht darüber, was die experimentelle Psychologie über solche gemeinsame Nenner wie Aufmerksamkeit, Konzentration, Offenheit und Wiederholung zu sagen hat. Außerdem faßt er die gegenwärtig erhältlichen Daten über die Frage der willentlichen Kontrolle der Gehirnwellen zusammen, die ja eine Anwendung der physiologischen Rückkopplung ist, die bis zu einem gewissen Grad der mimischen Meditation entspricht.

* Die Anmerkungen finden Sie auf den Seiten 215 bis 222.

Das Wort »Meditation« wird gebraucht, um eine Vielfalt von Übungen zu kennzeichnen, die unterschiedlich genug sind, um uns eine Definition des Begriffs *Meditation* zu erschweren.

Gibt es etwas Gemeinsames bei all den verschiedenartigen Übungen, auf die sich das Wort bezieht? Etwas, das sie nur als verschiedene Ausdrucksformen des gleichen Bemühens erscheinen läßt? Oder stehen sie nur oberflächlich miteinander in Verbindung, in dem Sinn, daß sie alle individuelle spirituelle Übungen darstellen? Diese Ansicht wird offenbar von jenen geteilt, die beschlossen haben, Meditation nur mit einer bestimmten Übungsweise gleichzusetzen und alle anderen zu ignorieren, die sich nicht in diese Art der Darstellung oder Konzeption einfügen. Darum wird in der christlichen Überlieferung die Meditation meistens als ein Sich-beschäftigen mit bestimmten *Vorstellungen* verstanden oder ein Sich-sammeln in gezielter intellektueller Gedankenrichtung oder Aktivität. Andere dagegen, die mehr mit der östlichen Meditationsweise vertraut sind, verstehen sie als ein Sich-vertiefen in alles *außer* in Vorstellungen und als die Verwirklichung eines vorstellungsfreien Bewußtseins, das die intellektuelle Betätigung ablegt. Richard von St. Victor, der einflußreiche Meditationstheoretiker des christlichen Mittelalters, unterschied zwischen Meditation und Kontemplation (Betrachtung) entsprechend der Art und Weise, wie der Verstand eingesetzt wird:

> Meditation schleppt sich durch große geistige Mühe auf dem steilen und schwierigen Pfad dahin und behält das Ziel im Auge. Die Betrachtung kreist mit großer Behendigkeit leichtbeschwingt über allem, zu dem sie der Impuls führt . . . Meditation untersucht, Betrachtung staunt.[1]

Andere Autoren unterscheiden Betrachtung von Meditation, indem sie die eine nur als vorbereitende Übung für die andere sehen. Eine interessante Begriffseinschränkung findet man in Kapleaus *Die drei Pfeiler des Zen*[2]. Er legt Wert darauf, daß man Za-Zen nicht mit Meditation verwechseln solle. Das ist ein widersinniger Vorschlag, da gerade das Wort *Zen*, das von dem Chinesischen *Ch'an* stammt, letztendlich aus dem Konzept des Dhyana, der Meditation, abgeleitet wird. Zen – Buddhismus ist darum meditativer Buddhismus im reinen und praktischen Sinn des Wortes. Die Unterscheidung ist dennoch verständlich, wenn man die scheinbare Formverschiedenheit in Betracht zieht, die die Meditation selbst im Buddhismus hervorgebracht hat.

Die Unterscheidung zwischen vorstellender und nichtvorstellender ist nur eine der vielen gegensätzlichen Auslegungen der Meditationsübungen. Deshalb kann es sein, daß bestimmte Techniken (wie die des tibetischen Tantra) Vorstellungsbilder betonen, während andere es ablehnen, irgendwelchen Vorstellungen Aufmerksamkeit zu schenken. Einige der Techniken beziehen die Sinnesorgane mit ein und verwenden sichtbare Formen (Mandalas) oder Musik, andere wiederum legen das Schwergewicht auf ein vollständiges Zurückziehen aus den Sinnen, einige verlangen vollständige Inaktivität, und andere arbeiten mit Aktion (Mantra), Geste (Mudra), Gehen und anderen Betätigungen. Einige Meditationsformen schließlich verlangen das Entwickeln besonderer Empfindungen, während andere ein Unbeteiligtsein jenseits der Identifikation mit irgendeiner besonderen Vorstellung ermutigen.

Gerade die Vielfalt der Übungen, die von den Schülern dieser oder jener Richtung als »Meditation« bezeichnet werden, bedeutet eine Aufforderung zu klären, was Meditation *jenseits ihrer Ausdrucksformen* ist. Und wenn wir nicht damit zufrieden sind, nur die äußeren Abgrenzungen einer bestimmten Gruppe zusammengehöriger Techniken aufzuzeigen, sondern statt dessen nach einer Einheit innerhalb der Vielheit suchen, können wir diese Einheit tatsächlich an einer *Haltung* erkennen. Wir können sehen, daß *unabhängig von dem Medium*, durch welches meditiert wird – seien es Bilder, physische Erfahrungen, Wortäußerungen usw. –, die Aufgabe des Meditierenden immer die gleiche bleibt, als wären die vielen Ausübungsformen nur verschiedene Anlässe für die immer gleichbleibende Grundsatzübung.

Wenn wir diesen Schritt über eine Definition der Meditation hinaus machen, die nur aus der Verhaltensweise abgeleitet ist, indem sie einen *Handlungsablauf* aufzeigt, der äußerlich oder sogar innerlich ist, können wir vielleicht erkennen, daß man Meditation nicht mit Denken oder Nichtdenken, mit Stillsitzen oder Tanzen, mit dem Rückzug aus den Sinnen oder dem Erwecken der Sinne gleichsetzen kann: Meditation beschäftigt sich mit dem Entwickeln einer *Gegenwart*, einem Seinszustand, der in jeder Situation, in der sich der einzelne gerade befinden mag, ausgedrückt oder herangezo-

bildet werden kann.

Diese Gegenwart oder Seinsweise verwandelt, was immer sie berührt. Ist ihr Medium die Bewegung, wird sie sich im Tanz verwandeln; ist es Ruhe, wird sie zu lebender Skulptur; ist es der Gedanke, wird er zu den höheren Bereichen der Intuition; ist es die Wahrnehmung, wird sie zur Verschmelzung mit dem Wunder des Daseins; ist es das Gefühl, wird es zur Liebe; ist es Gesang, wird er zur geheiligten Äußerung; ist es die Sprache, wird sie zum Gebet und zur Dichtung; sind es die Tätigkeiten des gewöhnlichen Lebens, werden sie zu einem Ritual im Namen Gottes oder zu einer Feier des Daseins. Genauso wie unser Zeitgeist in seiner Handhabung äußerer Dinge nach der Technik ausgerichtet ist, bleibt auch seine Beziehung zur psychologischen und spirituellen Wirklichkeit an der Technik orientiert. Und doch wissen wir, während viele Schulen diese oder jene Methode als Lösung für die menschlichen Probleme vorschlagen, daß es nicht die bloße Methode ist, sondern *die Art und Weise, in der sie angewendet wird*, die ihre Wirksamkeit bestimmt, gleichgültig, ob es sich dabei um Psychotherapie, Kunst oder Erziehung handelt. Die Anwendungsmöglichkeit einer Technik oder eines Hilfsmittels in einer zwischenmenschlichen Beziehung hängt von einem beinahe unerfaßbaren »menschlichen Faktor« im Lehrer, Helfer oder Psychotherapeuten ab. Handelt es sich aber um die inner-menschliche Methode der Meditation, wird der menschliche Faktor jenseits der Methodik zunehmend wirksam. Dennoch verhält es sich hier genauso wie bei anderen Techniken, daß nämlich das *Wie* entscheidender ist als das *Was*. Wie man dem Meditierenden die richtige Haltung vermitteln soll, ist für den Meditationslehrer die schwierigste Frage. Obgleich sie zu erreichen das Ziel des größten Teils der Überwachung ist, kann sie nur in der Praxis wirklich erfaßt werden.

Man könnte sagen, daß die Art und Weise der Hinwendung oder die »innere Haltung« des Meditierenden sowohl Weg als auch Ziel ist. Denn dies subtile, unsichtbare *Wie* ist nicht nur das *Wie man meditiert*, sondern das *Wie man ist*, das bei der Meditation in vereinfachten Situationen geübt wird. Und gerade wegen dieser nichterfaßten Qualität jenseits des Bereiches beschreibbarer Instrumentalität wird die Haltung, die das Herz der Meditation bildet, im allgemeinen in den einfachsten äußeren oder »technischen« Situationen gesucht: in der Stille, im Schweigen, in der Gleichförmigkeit, »nur dasitzen«. Ebenso wie wir die Sterne am Tag nicht sehen können, sondern nur, wenn die Sonne untergegangen ist, können wir niemals die subtile Essenz der Meditation im Tageslicht gewöhnlicher Aktivitäten in all ihrer Vielschichtigkeit schmecken. Diese Essenz mag uns offenbart werden, wenn wir alles, bis auf *uns*, abgelegt haben, unsere Gegenwart, unsere Verhaltensweise, jenseits vorhandener oder nichtvorhandener Aktivität. Gleichgültig, wie die äußere Situation aussieht, das innere Anliegen ist vereinfacht, so daß nicht mehr zu tun bleibt, als auf eine Kerze zu blicken, dem Summen in den eigenen Ohren zuzuhören oder »nichts zu tun«. Dann können wir feststellen, daß es unzählige Weisen zu sehen gibt, zu lauschen, nichts zu tun; oder, anders gesagt, unzählige Weisen *nicht* nur zu schauen, nur zu hören, nur zu sitzen. Vor dem Hintergrund der Einfachheit, die für die Übung benötigt wird, können wir uns unserer selbst bewußt werden und alles dessen, was wir zu der Situation beitragen, und wir können schließlich anfangen, die Bedeutung der Haltung durch die Erfahrung zu begreifen.

Während die Ausübung der meisten Tätigkeiten die Entwicklung von Gewohnheiten und gewisse Bedingungen verlangt, kann man die Ausübung der Meditation viel mehr als das direkte Gegenteil davon verstehen: Sie ist eine andauernde Bemühung, alle Bedingungen, alle zwanghaften Abläufe in Geist und Körper, alle durch Gewohnheit bedingten emotionalen Reaktionen aufzuspüren, die die gänzlich einfache Situation vergiften, die der Ausübende benötigt, und sich von ihnen zu befreien. Darum kann man sagen, daß die Haltung des Meditierenden sowohl sein Weg als auch sein Ziel ist: Der von allen Bedingungen losgelöste Zustand ist die Freiheit der Verwirklichung, aber auch das Ziel jeder einzelnen Bemühung. Was der Meditierende bei seiner Übung stark wahrnimmt, ist seine Unfähigkeit, richtig zu meditieren. Durch das Wahrnehmen seiner Fehlschläge erlangt er Erkenntnis und die Befähigung, seine falschen Verhaltensweisen abzulegen. Der wahre Weg, die angestrebte Haltung bleiben übrig, wenn wir, gewissermaßen, Platz auf dem Weg gemacht haben.

Wenn aber die Meditation vor allem das Streben nach einer bestimmten Geisteshaltung ist, das Sich-üben in einer bestimmten Verhaltensweise gegenüber Erfahrung, welche die Qualitäten dieser oder jener bestimmten Erfahrung transzendiert, wenn sie also vielmehr ein geistiger Vorgang als ein geistiger Inhalt ist, wollen wir jetzt versuchen, dies Unsagbare auszudrücken und darüber zu sprechen, welches der gemeinsame Kern der Meditation ist.

Ein Wesenszug, der allen Arten der Meditation sogar auf der Ebene der Ausübungstechnik gemeinsam ist, eröffnet uns einen Zugang zu der Haltung, die wir zu beschreiben versuchen: Meditation ist immer ein *Verweilen* bei einer Sache.

Während der Geist im alltäglichen Leben von einer Sache zur anderen springt und der Körper ständig seine Haltungen verändert, verlangt die Meditationspraxis im allgemeinen, dieses Ringelreihen mentaler und anderer Tätigkeiten einzustellen und die Aufmerksamkeit auf ein einziges Objekt, auf eine einzige Empfindung oder Äußerung, auf ein einziges Ergebnis oder eine Tätigkeit zu richten, auf eine einzige Geistesverfassung.

»Yoga«, sagt Patanjali in seinem zweiten Aphorismus, »bedeutet das Anhalten der Wandlungen des Geistes.« Wie man aus dieser Äußerung entnehmen kann, ist das Entscheidende des Verweilens bei einer Sache nicht die *Sache* selbst, sondern das *Verweilen*. Diese konzentrierte Haltung ist es, die kultiviert wird und, gemeinsam mit ihr, Aufmerksamkeit. Obgleich jede Meditation, wie Patanjali beschreibt, zur Stille des Geistes führt, besteht sie nicht immer aus einem willentlichen Versuch, jeden Denkvorgang oder jede andere mentale Tätigkeit einzustellen. Als Alternative können gerade die Störfaktoren bei der Meditation – indem man bei ihnen verweilt – als zeitweiliges Meditationsobjekt verwendet werden. So gibt es beispielsweise eine theravadanische Übung, die daraus besteht, während des Atemvorgangs das Anheben und Senken des Bauches zu beobachten. Während der Meditierende diese Bewegung wahrnimmt, nimmt er auch alles übrige wahr, das in sein Bewußtsein tritt, seien es Sinneseindrücke, Gefühle oder Gedanken. Er bestätigt diese Wahrnehmungen, indem er sie in Gedanken dreimal beim Namen nennt (»Lärm, Lärm, Lärm«, »Jucken, Jucken, Jucken«) und dann zu der Bewegung des Anhebens und Senkens zurückkehrt. Ein Meditationslehrer sagt dazu: »Es gibt keine Störungen, denn jede Störung kann zum Gegenstand der Meditation gemacht werden. Wenn Zorn, Beunruhigung, Unsicherheit, Angst usw. auftauchen, sollten sie nicht unterdrückt werden, sondern akzeptiert und mit Aufmerksamkeit und Verständnis angenommen werden. Diese Meditation ist da, um in der Klarheit des Bewußtseins und vollständiger Wahrnehmung zu verweilen.«

Die oben beschriebene Übung ist ein Kompromiß aus Freiheit und Einschränkung bezüglich der Ausrichtung von Aufmerksamkeit, indem der Meditierende periodisch zu dem »Punkt der Fixierung«, nämlich der visuellen Wahrnehmung des Atemvorgangs zurückkehrt. Wenn wir einen weiteren Schritt hin zur Befreiung von vorgefertigten Strukturen machen wollen, kommen wir mit einer Meditationsform in Berührung, bei der es ausschließlich darum geht, sich des Bewußtseinsinhalts jeden Augenblicks gewahr zu werden. Obgleich dieses Offensein zur Gegenwart scheinbar das

Gegenteil einer konzentrierten Aufmerksamkeit ist, wie sie für das Starren auf eine Kerzenflamme benötigt wird, ist es nicht wirklich so. Sogar die Flamme ist als Gegenstand der Konzentration ein sich ständig wandelndes Objekt, das gerade wegen seiner Wandelbarkeit von dem Meditierenden verlangt, daß er sich mit ihm, von Augenblick zu Augenblick, durch ständig erneuerte Offenheit zur Gegenwart in Verbindung setzt. Aber noch treffender ist der Vergleich zwischen der Beobachtung des Bewußtseinsstroms und der Konzentration auf Musik. Denn bei letzterer können wir klar erkennen, daß ein Ausrichten der Aufmerksamkeit nicht nur vereinbar mit, sondern auch unerläßlich ist für das vollständige Unterscheiden der Tonmodulationen.

Unser normaler Bewußtseinszustand könnte mit einem unaufmerksamen der Musik Ausgesetztsein verglichen werden. Der Geist ist aktiv, aber wir sind uns der Gegenwart nur mittelbar bewußt. Ein echtes Erwachen zur Entfaltung unserer psychischen Aktivität verlangt eine Bemühung um Aufmerksamkeit, die größer und nicht geringer ist als jene, die gefordert wird, wenn man sich auf ein fixiertes »Objekt«, wie etwa ein Bild, eine Wortwiederholung oder eine bestimmte Körperstelle, konzentriert. Gerade weil Aufmerksamkeit gegenüber dem spontanen Fluß psychologischer Ereignisse so schwierig ist, wird konzentrative Meditation *sensu stricto* entweder als Alternative oder Vorübung notwendig.

Sich beispielsweise durch Zählen dem Atemvorgang zuzuwenden und sich dabei von den Empfindungen in der Nase nicht stören zu lassen, ist ein weitaus »greifbarerer« Gegenstand des Bewußtseins als etwa Gefühlszustände und Gedanken, und durch andauernde Bemühung können wir den Unterschied zwischen echter Wahrnehmung und jenem zweifelhaften Zustand erkennen, den wir für gewöhnlich für die vollständige Wahrnehmung halten. Nachdem wir in dieser Situation Geschmack an dem »konzentrierten Seinszustand« gewonnen haben sowie etwas Einblick in die Schwierigkeiten, die er aufwirft, sind wir vielleicht besser darauf vorbereitet, die »inneren Seinszustände« zu beobachten.

Dieser »Geschmack« kann als Vorgeschmack oder besser als verwässerte Form jenes Geschmackes betrachtet werden, den zu erfahren vielleicht das Endresultat der Meditation ist. Die Yogaterminologie nennt diesen Zustand *samadhi*. Er wird als natürliche Weiterentwicklung des *dhyana* verstanden, des meditativen Seinszustandes, der wiederum eine Steigerung oder Weiterentwicklung von *dharana*, Konzentration, ist. Dharana wird ihrerseits als eine der Stufen verstanden, die dem *pranayama*, der Technik der Atemkontrolle folgen, die ein Wesenszug des Yoga ist und die gerade solche konzentrative Bemühung mit sich bringt wie das spontane Atmen bei der buddhistischen Meditation.

Der Prozeß, der von einfacher Konzentration zum Ziel der Meditation führt (*Samadhi, Kensho* oder wie auch immer genannt), ist darum ein Vorgang progressiver Verfeinerung. Indem wir Aufmerksamkeit üben, verstehen wir immer besser, was Aufmerksamkeit ist; indem wir den uns bekannten Geschmack der Meditation konzentrieren oder kondensieren, kommen wir ihrer Essenz immer näher. Durch diesen Vorgang einer Steigerung der *Haltung*, welche das Wesentliche der Übung darstellt, lernen wir Bereiche des Geistes kennen, die uns ungewöhnlich erscheinen, die wir aber gleichzeitig als eigentliche Grundlage oder Kern dessen erkennen, was wir als unsere gewöhnliche Seinserfahrung verstehen. Denn wir hätten beispielsweise ohne Wahrnehmungsvermögen keine dieser »gewöhnlichen« Seinserfahrungen, aber die Steigerung der Wahrnehmung eröffnet uns eine Perspektive, die ebenso ungewohnt ist wie jene Welt, die uns durch gesteigerte wissenschaftliche Erkenntnis offenbart wird – eine Welt, die nicht einmal im Materiellsten die Wesenszüge trägt, die unsere Sinne kennen.

Trotzdem stellt Wahrnehmung nur einen Ausschnitt des meditativen Seinszustandes dar, dessen Natur wir untersuchen. Zumindest ist sie nur dann ein Ausschnitt, wenn wir den Begriff Wahrnehmung im üblichen Sinn verstehen. Der Meditierende, der sich aufmacht, die Wahrnehmung der Wahrnehmung zu schärfen, erkennt bald, daß sie untrennbar mit anderen Erfahrungsaspekten verknüpft ist, die wir mit gänzlich anderen Namen bedacht haben und so sehr in sie verwoben ist, daß man sie eigentlich nur als begrifflich abgetrennt von diesen Aspekten betrachten kann.

Nehmen wir beispielsweise die klassische Dreiheit von *Sat-Chit-Ananda*, wie sie im *Vedanta* ausgedrückt wird. Auf der Grundlage der Erfahrungsverwirklichung, für die wir uns hier interessieren, stellen diese drei Begriffe unsere wahre Natur und auch die wahre Natur von allem dar. Diese drei sind aber untrennbare Aspekte einer Einheit: *Sat* heißt Dasein, *Chit* geistiges Bewußtsein und *Ananda* Seligkeit.

Oberflächlich gesehen scheinen sie grundverschieden zu sein: Man kann sich das Dasein ohne Wonne oder Wahrnehmungsvermögen und das Wahrnehmungsvermögen ohne Wonne vorstellen. Aber vom Standpunkt des scheinbar ungewöhnlichen oder »veränderten« Bewußtseins betrachtet, sieht das Einzelwesen seine eigentliche Identität in einem anderen Licht, es *ist* Bewußtsein. Sein ganzes Wesen ist ein Wahrnehmungsvorgang, wobei dieser Wahrnehmungsvorgang nicht seligkeitserfüllt ist, sondern *aus* Seligkeit besteht. Während wir gewöhnlich von Vergnügen als Reaktion in *uns* auf die *Dinge* sprechen, erfährt der Meditierende im Samadhi die Aufhebung der Trennungen zwischen sich, der Welt und dem Wert seiner Erfahrung, denn er *ist* seine Erfahrung, und Erfahrung ist ihrer Natur nach Seligkeit. Von ihm aus gesehen stellt der übliche Bewußtseinszustand eine Verfassung dar, in der man nicht wirklich erfährt, ein Zustand, in dem man nicht in Verbindung mit der Welt oder dem Selbst ist und folglich nicht nur keine Wonne empfindet, sondern sich auch in einem Zustand befindet, der mit Nicht-sein verglichen werden kann.

Außergewöhnliche Bewußtseinszustände sind nicht besser ausdrückbar als allgemeine Bewußtseinsverfassungen und unterliegen darum der gleichen Einschränkung, nämlich, daß wir nur das verstehen können, was wir bereits erfahren haben. Da aber das Ziel der Meditation exakt in einem Bereich liegt, der sich jenseits der Grenzen gewöhnlicher Erfahrung befindet, wäre wahrscheinlich alles, was wir verstehen können, nicht das eigentliche Ziel, und ein sich Anklammern an das Verstehenwollen würde uns darum nur am Fortschreiten hindern. Das ist der Grund, warum viele Traditionen Beschreibungen ablehnten und bildliche Darstellungen oder positive Formulierungen über den Vervollkommneten Zustand des Menschen oder der Gottheit vermieden, um statt dessen die Übung oder die *negative* Formulierung zu betonen:

> Sein Name ist das Unsichtbare, Unendliche und Unbegrenzte und wird auf eine Art und Weise dargestellt, die nicht angibt, was Es ist, sondern vielmehr was Es nicht ist: denn dies entspricht meinem Empfinden nach besser seiner Natur, da wir, wie uns die großen Mysterien und die priesterlichen Traditionen vorschlagen, recht haben, wenn wir sagen, daß Es keinem erschaffenen Ding ähnelt und daß wir Seine übersinnliche, unsichtbare und unaussprechliche Unendlichkeit nicht erfassen können. Wenn darum die Negationen in der Beschreibung des Göttlichen wahr sind und die Bestätigungen unvereinbar mit Ihm . . .
> – Dionysios Areopagita

> Der Lehrer (Gautama) hat gelehrt, daß ein »Werden« und ein »Nichtwerden« zerstört sind; darum wird dies erreicht: *Nirvana ist weder etwas Existierendes noch etwas Nichtexistierendes.*   –Nagarjuna

> Nie, o niemals lehre Tugend . . . du begibst dich in Gefahr, hab acht! Hab acht!

> Jedermann weiß, wie nützlich es ist, nützlich zu sein.
> Niemand scheint zu wissen, wie nützlich es ist, nutzlos zu sein.
> – Chuang-Tzu

Trotzdem gibt es eine Fülle positiver Formulierungen darüber, wie die Welt sich in höchsten Bewußtseinszuständen darstellt oder anfühlt. Sind sie begrifflich (wie etwa Sat-Chit-Ananda oder andere Dreiheiten), stellen sie den Erfahrungskern der Theologien dar, seien sie theistisch oder nicht-theistisch. Sind sie symbolisch, verkörpern sie echte religiöse Kunst und eine große Kunstform, die wir im allgemeinen nicht als »religiös« betrachten. Es ist wichtig, daß wir bei unserem Versuch beide Ausdrucksarten in Betracht ziehen, bei dem es eigentlich nicht darum geht, die psychologischen Wesenszüge des meditativen Zustandes »auszudrücken«, sondern vielmehr zu bestimmen. Außerdem sind die Symbole des meditativen Zustandes bei einigen Meditationsformen Teil der eigentlichen Übung. Bei einer Zusammenstellung solcher Übungen können wir darum ihre Bedeutung kaum außer acht lassen.

Obgleich, theoretisch, jedes Meditationsobjekt ausreichend sein könnte und jedem anderen gleichwertig ist, dienen bevorzugte Meditationsgegenstände besonders für den Anfänger als doppelte Hilfe, nämlich als Anhaltspunkt für die Aufmerksamkeit und als ständiger Hinweis auf diese wahre Haltung, die sowohl Weg und Ziel der Meditation ist.

Die Erfahrung zeigt, daß bestimmte Gedichte, Musikstücke oder Gemälde das Interesse lange wachhalten können, ohne dabei Ermüdung zu verursachen, während andere schnell in die Kategorie des Gewöhnlichen eingeordnet werden. Typische Meditationsobjekte haben eine Qualität an sich, die ihren Wert nach wiederholter Kontemplation steigert, anstatt ihn zu mindern. Ein buddhistisches Sutra oder eine christliche Litanei, das Symbol des Kreuzes oder der Stern Davids, die Rose oder der Lotos, sie alle haben sich als Meditationsobjekte nicht nur durch die Kraft der Tradition behauptet, sondern wegen einer besonderen Qualität, wegen etwas Angemessenem und einem Reichtum, den Meditierende während der Jahrhunderte immer wieder neu entdeckt haben. Es sind Symbole, die aus einem höheren Bewußtsein hervorgehen, Symbole, die zu ihrem Ursprung zurückführen und dadurch den Meditierenden immer über seinen gewöhnlichen Bewußtseinszustand hinausführen, in ein Übersein, welches das tiefere Selbst des Übenden ist und dessen Gegenwart das innerste Herz der Meditation ausmacht.

Jedoch dürfen wir nicht vergessen, daß Symbole, Meditationsobjekte oder »Samen« (bija) nur eine Technik der Meditation darstellen. Im Gegensatz zu einer *ausgerichteten* Art und Weise der Meditation, bei der sich das Einzelwesen dem Einfluß eines Symbols hingibt, finden wir eine *nicht-ausgerichtete* Weise, bei der sich der Mensch durch die Signale aus seiner eigenen Tiefennatur führen läßt. Anstatt seine Erfahrung durch ein Symbol formen zu lassen, wendet er sich seiner Erfahrung zu, so wie sie durch die Wahrnehmung vorgegeben ist, und indem er diese Hinwendung aufrecht erhält, entdeckt er, daß sich seine Wahrnehmungsweise allmählich verfeinert. Anstatt sich an eine begrenzte traditionelle Form zu klammern, verweilt er bei der Form, die aus seiner eigenen Ursprünglichkeit auftaucht, bis er möglicherweise entdeckt, daß ja in seiner Seele die Quelle aller Traditionen verborgen ist.

Eine weitere Alternative zu dem helfenden Einfluß des Symbols könnte man in einer gänzlich negativen Betrachtungsweise finden, die zwar auch ausgerichtet ist, dies aber in einem begrenzten Sinn: anstatt ein Objekt zu verwenden, um dabei zu verweilen und sich mit ihm zu identifizieren, konzentriert der Meditierende sich jetzt darauf, sich von allen Gegenständen *zu entfernen*, indem er sich mit *keinem* der sichtbaren Dinge identifiziert. Weil er sich von dem Bekannten löst, ermöglicht er das Unbekannte; indem er das Belanglose ausklammert, öffnet er sich zum Wesentlichen und kann durch diese Auflösung des gewohnten Selbstbegriffs zu der begrifflosen Wahrheitsnatur seiner selbst erwachen.

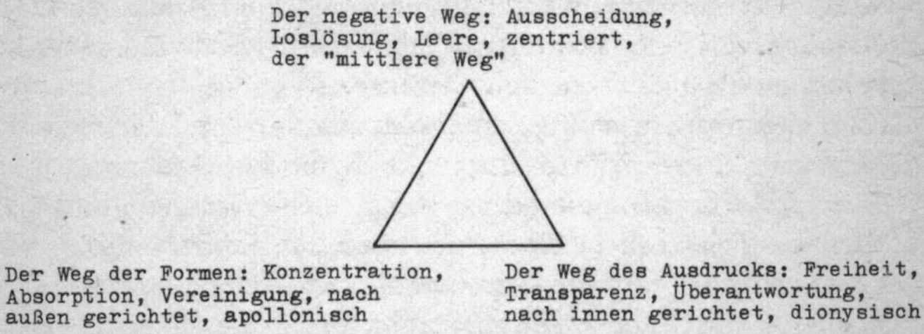

```
            Der negative Weg: Ausscheidung,
            Loslösung, Leere, zentriert,
            der "mittlere Weg"


                      /\
                     /  \
                    /    \
                   /      \
                  /        \
                 /          \
                /_____\

Der Weg der Formen: Konzentration,    Der Weg des Ausdrucks: Freiheit,
Absorption, Vereinigung, nach         Transparenz, Überantwortung,
außen gerichtet, apollonisch          nach innen gerichtet, dionysisch

                      Abb. 1
```

Man könnte die drei Meditationsarten als Eckpunkte eines Dreiecks darstellen (Abb. 1). Auf einer Seite der Basis finden wir meditative Hinwendung zu äußeren, symbolischen Gegenständen, während wir auf der anderen Seite die kontrastierende Meditationsweise finden, die sich spontan auftauchenden geistigen Inhalten zuwendet. Bei der ersten Weise steht die Person einem *anderen* gegenüber (der Idee Gottes etc.), auf das sie sich konzentriert, in dem sie ihr eigenes Zentrum erblickt, mit dem sie sich identifiziert und für dessen Einfluß sie empfänglich zu sein scheint. Auf dem anderen Weg versucht der Meditierende für *sich selbst* empfänglich zu werden und die Identifikation mit *sich selbst* zu erreichen, ohne dabei das Hilfsmittel eines spiegelbildhaften Symbols zu verwenden.

Bei der ersten Meditationsform versucht der Mensch eine äußerlich gegebene Gestalt zu verinnerlichen oder seine Erfahrung auf die Gestalt zu projizieren, bis seine Subjektivität durch das Objekt absorbiert ist. Bei der anderen Meditationsweise sucht der Mensch Gleichklang mit einer inneren Gestalt oder einer formlosen Tiefe, aus der eine personifizierte Form auftaucht – dies geschieht durch Vorstellung, Gedanken, Gesten, Gefühle oder vor allem durch eine Haltung gegenüber der jeweiligen Situation. Der erste Weg ist ein assimilierender, hineinführender oder projizierender Vorgang. Der andere Weg ein Vorgang des Ausdrucks. Zum einen also die formgebundene Annäherungsweise, die insofern Verzicht auf Spontaneität bedeutet, als sie den Meditierenden an den Weg bindet, der durch das Symbol vorgegeben ist. Zum anderen eine Annäherungsweise, die nicht nur keine äußeren Objekte verwendet, sondern geradezu als Suche nach dem Formlosen verstanden werden könnte: Der Meditierende strebt danach, Erwartungen, vorgegebene Ideen, vorausbestimmte Handlungsweisen abzulegen, um sich für die Eingebungen seiner unprogrammierten Ursprünglichkeit empfänglich zu machen. Ebenso wie die erste Weise priesterlich erscheint, ist die andere Weise schwelgend; erstere fordert Gehorsam gegenüber einem Muster, letztere Freiheit vom Gewußten; die erste Weise ist apollinisch, die zweite dionysisch.

So verschiedenartig die beiden Wege auch erscheinen mögen, treffen sie sich doch in einem gemeinsamen Endzustand, denn schließlich sind alle Symbole, welche die menschliche Tradition als Ausgangspunkt für die Meditation anbietet, aus der Ursprünglichkeit hervorgegangen. Und, auf der anderen Seite, führt Überantwortung an das Ursprüngliche, an die Spontaneität nicht zum Chaos, sondern zum Ausdruck einer klaren Struktur, die allen Menschen gemeinsam ist. Jung hat das im Bereich der visuellen Vorstellungen aufgezeigt, wo die Bilder zunehmend »kollektiv« – und somit auch identisch mit dem universellen Muster der Mythen – werden, je mehr man in seine scheinbar individuellen Tiefen eintaucht.

Im Gegensatz zu diesen beiden Meditationsrichtungen – eine ist nach außen, die andere nach innen gerichtet – repräsentiert der dritte Punkt unseres Dreiecks eine vollständig *negative* Annäherungsweise: Hier finden wir weder Hinausgreifen noch ein nach innen Langen, sondern Selbstentleerung. Bei dieser Methode geht es um Stillegung der begriffsbildenden Tätigkeit des Geistes, gleicherweise ein Zurückziehen aus äußeren Wahrnehmungen und inneren Erfahrungen, um ein allgemeines Losgelöstsein von psychologischem Verhalten zu kultivieren. Sie gründet sich auf die Erfahrung, daß der Bewußtseinszustand, den wir Wachbewußtsein nennen, zum größten Teil begrenzend ist, so daß unsere geistigen Unternehmungen aktiv das Erscheinen von Bewußtseinsweisen wie jene, die durch Meditation verwirklicht werden sollen, verhindern oder doch beschränken. Wenn wir einfach die Befriedung des Geistes erreichen, indem wir die zielgerichtete Verhaltensweise unseres gewöhnlichen Bewußtseins stillegen und uns zeitweilig (ohne dabei das Bewußtsein zu verlieren) von unseren Egofunktionen trennen, können wir einen gänzlich neuen Erfahrungsbereich betreten, ohne ihn jemals *positiv* gesucht zu haben, d. h. ohne ihn jemals als Ziel, das durch symbolische oder begriffliche Beschreibungen bekannt war, angestrebt zu haben.

2. Konzentrative oder absorbierende Meditation

Jedes der traditionellen Symbole, die in den verschiedenen Schulen Verwendung finden, könnte für sich das Thema einer Abhandlung sein, die länger als diese hier ist. Ich werde jedoch versuchen, überblicksähnlich einige der Merkmale hervorzuheben, welche die bekanntesten Meditationsobjekte gemeinsam haben, um dadurch die Erfahrung zu erläutern, die durch diese Objekte erzeugt und auf sie reflektiert wird.

Einer der Wesenszüge der meisten universellen Meditationsobjekte, gleichgültig ob sie sichtbar, verbal (wie die Namen Gottes), akustisch (Glocken, Trommeln) oder etwas anderes sind, ist, was man *Zentriertheit* nennen könnte. Der Lotos, das Kreuz, das Herz, die Sonne, eine Lichtquelle und viele andere Bilder erzeugen mehr oder weniger bestimmt die Vorstellung eines Mittelpunkts, um den Aktivität strömt – nämlich ein Zentrum, das der Punkt des Gleichgewichts ist, eine Quelle oder ein Endpunkt. Auf den Mittelpunkt, der für den Ursprung steht, ist die Vorstellung der Ausstrahlung oder Emanation bezogen, ein Wesensmerkmal, das ebenfalls viele der bekannteren Meditationsobjekte gemeinsam haben. Einige von ihnen, wie z. B. weißes Licht und Feuer, sind Energieformen und enthalten deshalb auch Ausstrahlung. Andere wiederum, wie z. B. das Herz, erwecken die Vorstellung von Emanation, weil sie als zentraler Antrieb dienen. Pflanzliche Symbole wie der Lotos, die Rose und der Samen sind Ausdruck der Emanation in ihrem Aspekt des Wachsens; wieder andere wie das Kreuz oder das Mandala drücken dies unmittelbarer auf geometrische Weise durch die reine Vorstellung eines Ursprungspunktes mit horizontalen und vertikalen Ausweitungen aus. Auch die Namen Gottes in den verschiedenen Religionen sind Aspekte der höchsten Wirklichkeit, die man sich als Emanationen oder Ausweitungen des verborgenen Überseins des Göttlichen in das manifestierte Leben vorstellt. Emanationen des Göttlichen, der Energie, des Lebens, Bewußtseins oder selbst des Daseins kann man sich auch, wenn man sie auf eine mehr seelengeschichtliche Weise beschreiben will, als Geschenke der Liebe vorstellen.

Gleichzeitig vermitteln jedoch einige der Symbole ein Verständnis dieses Schenkens als Selbstentleerung – wie z. B. Liebe und Tod. Die Energie und das Licht der Flamme ist die andere Seite einer Opferung dessen, das verbrannt wird. So muß der Samen sterben, um zur Pflanze zu werden, und das Kreuz, das ein Symbol universellen Lebens ist, ist gleichzeitig Sinnbild individueller Selbstüberantwortung und des Sterbens. Auf ähnliche Weise wird nur das, welches sich durchscheinend macht, mit Licht erfüllt, und nur das Leere angefüllt. Der Zustand, der mit dem äußersten Erfülltsein gleichgesetzt wird, ist jener des Nicht-Seins, und zwar nicht im Sinne eines Nichts, das der Vorläufer des Vollständigen ist, sondern im Sinne einer Leere, die die allgegenwärtige Bedingung, Grundlage und der Boden der Fülle ist. Eine Vorstellung, die dies besonders gut darstellt, ist jene des Sees des Geistes, der durch seine Ruhe zu einem vollkommenen Spiegel wird, oder in der bildlichen Darstellung das unsichtbare oder leere Zentrum des Mandala und das Nichts im Mittelpunkt des Lotos.

Ein anderer Aspekt der Bilder, mit denen wir uns im Augenblick beschäftigen, der auch in Beziehung zu jenem der Zentrierung, Ausstrahlung und Todesleere steht, ist der Aspekt der Ordnung, Regel- und Gesetzmäßigkeit. Viele Symbole vermitteln diese Gesetzmäßigkeit durch ihren formalen und mathematischen Stil; andere durch ihre innere Übereinstimmung oder Anlehnung an natürliche Vorgänge wie die des Wachstums, der Strahlung oder der Umwandlung von Energie. Die Gesetzmäßigkeit solcher Symbole, die einfach wie ein Kreis oder komplex wie ein tibetisches Mandala sein kann, erweckt einen weiteren Aspekt der einen gleichbleibenden Erfahrung, die man als Erfahrung des Gebens, der Selbstentleerung, der Zentrierung ansehen kann. Es ist die Erfahrung, die in der theistischen Formulierung als Gleichklang mit Gottes Willen und in anderen Erkenntnisschriften als Überantwortung an ein Tao (Weg) oder Dharma (Gesetz des Universums) bezeichnet wird.

Eine besondere Weise, durch die sich in Symbolen Gesetzmäßigkeit ausdrückt, ist jene der Aufhebung von Gegensätzlichkeiten oder, allgemeiner ausgedrückt, jene der Darstellung von Einheit in der Vielheit. Polarität ist offensichtlicher im Kreuzsymbol, das durch die Überschneidung zweier Polaritäten entsteht. Ebenfalls offensichtlich ist sie in Symbolen wie z. B. dem chinesischen Yin-Yang und der heiligen Silbe AUM (deren Anfang, gesprochen mit offenem Mund und deren Ende, gesprochen mit geschlossenem Mund, alle Polaritäten und Zweiheiten darstellen). Aber Polarität kann auch weniger offensichtlich sein, wie im Symbol des Lichtes, das die Erhellung des Dunklen mit sich bringt; wie im Symbol des Feuers, das etwas anderes als es selbst verschlingen muß; oder wie in den Mandala-ähnlichen Symbolen, die Zentrum und Peripherie kontrastieren und somit auch das Eine und die Vielen.

Wenn wir dem zustimmen können, daß Meditationsobjekte äußerliche Darstellungen des »Meditationszustandes« sind und letzterer wiederum das Selbst-Bewußtsein des Meditierenden ist, dann können wir auch sagen, daß jede objektbezogene Meditation ein Betrachtungsvorgang ist, durch den sich das Einzelwesen auf seine tiefste Identität besinnt, auf die Reflektion seiner selbst im Spiegel der Symbole. Dieser Meditationsform gegenüber steht in anderen Formen Besinnung auf das Selbst ohne Vermittlung durch Symbole: Am klarsten ausgedrückt finden wir dies in Ramana Maharshis fragender Meditationsformel »Wer bin ich?«[1] und in der »Spekulation« des mittelalterlichen Platonismus. Letztere, die wörtlich »das Schauen in einen Spiegel« bedeutet, bestand darin, sich auf die Pupille im eigenen Auge und die Reflektion darin zu konzentrieren. Einen Hinweis auf diese Übung findet man in den apokryphen platonischen Ersten Alcibiaden, in denen Sokrates die delphische Inschrift »Erkenne dich selbst« mit dieser Form der Selbstbesinnung in Verbindung bringt:

Sokrates: Will sich jedoch die Seele erkennen, muß sie dann nicht auch in die Seele blicken und dabei in ihren edelsten Teil, nämlich jenen, in dem Vernunft und Weisheit wohnen? Dieser Teil der Seele ähnelt dem Göttlichen. Kann es darum nicht sein, daß jeder, der seinen Blick dorthin wendet und lernt, alles, das aus göttlicher Natur stammt, zu erkennen – Gott und Einsicht durch Vernunft – gleichzeitig auch lernen kann, sich selbst durch ein tiefgründiges Wiedererkennen zu begreifen?[2]

Das Zentrische der Meditationsobjekte ist der unmittelbare Ausdruck ihrer Funktion, uns an das individuelle Zentrum, das Wesensinnerste, zu erinnern. Sowohl im inneren wie im äußeren Sinn sind sie Gegenstände der Kon-zentration. Das Wort Medi-ta-tion selbst weist auf eine Mitte oder ein Zentrum hin, das wir in uns finden können.

Darum können wir zu unserer früheren Feststellung, daß Meditation aus einer Aufmerksamkeitsübung besteht, hinzufügen, daß sie auch eine Übung zur Zentrierung ist, eine Übung, selbst zu sein und sich selbst zu kennen.

Aber was ist dieses Selbst?

Die Buddhisten sagen, es gibt so etwas wie ein »Selbst« nicht, und das einzige Bild, das die Erfahrung der Verwirklichung vermitteln kann, ist jenes von *Sunyata*, der Leere. *Sunyata* heißt wörtlich »bodenlos«. Ebenso wie das Zentrum eines Mandala oft leer bleibt und das Zentrum des Kreuzes im Nichts eines mathematischen Punktes aufgeht oder das Heiligste Heiligtum nicht betreten werden kann und der Name aller Namen nicht genannt, erfährt der Meditierende den Wesenskern, indem er *Kensho* (das Ziel) als bodenlos, leer und grenzenlos verwirklicht. Aus der Nacht bricht der Tag hervor, Nichtsein hält das Sein aufrecht, fehlendes Selbst im Herzen ist Selbstsein.

Den »Leere«-Aspekt des Meditationszustandes kann man auf der Ebene der Übung als unmittelbare Ausweitung des konzentrativen Aspekts verstehen. Denn Konzentration zielt auf Ausschaltung aller Aktivitäten, außer jener, die die mittelalterliche Mystik (Jan van Ruysbroeck) als reines »Starren« und der Buddhismus als »reine Aufmerksamkeit« bezeichnet. Die Aktionen »nur schauen« und »nur sitzen« und die Befreiung vom Denken, die sie herbeibringen wollen, stellen gleichzeitig eine Steigerung der Wahrnehmung und den Zustand der Selbstaufgabe dar. Jedoch sollten wir diese beiden nicht als verschiedenartige Erscheinungen, sondern als untrennbare Aspekte des Ganzen sehen: Wahrnehmung *ist* Empfänglichkeit, und »innere Stille« muß eintreten, bevor wirkliche Konzentration stattfindet, ein Befrieden des geistigen Sees, bevor er zum Spiegel wird, und *reflektiert*. Oder wie es der schwäbische Mystiker Suso sagt: »Wenn jemand die Sache nicht begreifen kann, laßt ihn müßig sein und die Sache wird ihn ergreifen.«

Der Höhepunkt dieser Egoauslöschung ist mit jenem Zustand erreicht, der im Buddhismus *Nirvana* genannt wird (Auslöschung) und *Fana-f'illah* (Auflösung in Gott) im Islam. Aber »Auslöschung« ist nicht ein weiterer Zustand, sondern nur ein *Aspekt* des Zustandes, den wir als Erwachen (Höhepunkt der Bewußtwerdung) bezeichnet haben, als Zentrierung oder Identifikation mit dem Ursprung des eigenen Wesens. Nirvana bedeutet nicht nur das Auslöschen von Abgetrenntsein und Illusion, sondern auch ein Erwachen zur Realität und das Finden der eigenen Identität in der Leere, die alle Dinge enthält – Dinge, die an sich unbeständig und selbstentleert sind.

Diese Beschreibung, die den Meditationszustand als Wahrnehmung – Zentriertheit – Leere darstellt, könnte die Vorstellung eines gefühllosen Zustandes vermitteln. Das wäre aber nur eine Halbwahrheit. Friede (*Hesychias*) ist es, den die Väter der Wüste als Merkmal des Erfolgs bei ihrer Übung betrachteten, und Gleichmut

(*Upekkha*, das manchmal fälschlich als »Gleichgültigkeit« übersetzt wird) ist es, den die buddhistische Meditation als Ziel sieht. Aber wir könnten fragen, sind dieser Friede und dieser Gleichmut Merkmale mangelnden Gefühls oder der Unfähigkeit, auf andere Wesen zu reagieren?

Die strahlende Qualität der Meditationssymbole gibt auf die gleiche Weise Antwort auf diese Frage wie die Berichte jener, die diese höchsten Bewußtseinszustände erfahren haben, die wir zu begreifen versuchen. Die Erleuchteten sind liebevoll und mitfühlend, und oft wird die mystische Erfahrung als ein Erlebnis tiefsten Geeintseins mit der ganzen Menschheit beschrieben. Nicht nur der Buddha trägt den Beinamen »Der Mitfühlende«; im Christentum ebenso wie im Islam ist die Liebe der wesentlichste Aspekt der Gottheit, sie ist des Menschen höchste Eingebung und Erfahrungsverwirklichung des *summum bonum*. »Im Namen Allahs, des Mitfühlenden, des Gnadevollen . . .« lautet die einleitende Formel zu jedem Kapitel des Koran.

Sind Gleichmut und Liebe, Leere und Mitgefühl wirklich Feinde? Wenden wir uns der Frage näher zu, sehen wir ganz im Gegenteil, daß, ebenso wie ein Symbol des Wachstums aus einem leeren Zentrum darstellt oder wie das tibetischen Vajra (Diamant-Zepter) gleichzeitig Leere, der härteste Stein und ein glitzernder Juwel ist – auch ein Zustand existiert, für den Gleichmut die Grundlage der Liebe ist, Friede der Quell der Anteilnahme, Selbstlosigkeit die Basis des psychischen Einfühlungsvermögens.

Was geschieht, wenn der Mensch auf sein Tun verzichtet, ist, anders gesagt, nicht Untätigkeit, sondern ein transpersonaler Vorgang, den wir als viel umfassendere Art der Aktivität verstehen können. Wenn er sich von der Bindung an Vergnügen und Leid befreit, wird er nicht gleichgültig, sondern ist jetzt frei, zu leben und zu sterben und die Geschenke des Lebens anzunehmen, ohne sich dabei Gedanken über Gewinn oder Verlust machen zu müssen. Wenn dies zu abstrakt klingen sollte, kann vielleicht folgende Anekdote von einem der großen Zen-Meister zeigen, wie sich diese Haltung im alltäglichen Leben ausdrückt.

Der Zen-Meister Hakuin wurde von seinen Nachbarn wegen seines reinen Lebenswandels hoch geschätzt.

Ein schönes japanisches Mädchen, dessen Eltern einen Lebensmittelladen besaßen, lebte in seiner Nähe. Plötzlich entdeckten sie, ohne darauf vorbereitet zu sein, daß das Mädchen schwanger war.

Die Eltern waren böse. Das Mädchen wollte nicht sagen, wer der Mann war, aber nach langem Drängen nannte sie Hakuin.

Zutiefst erbost liefen die Eltern zu dem Meister. »Ist es so?« war alles, was er sagte.

Nachdem das Kind geboren war, wurde es zu Hakuin gebracht. Inzwischen hatte er seinen guten Ruf verloren, was ihn nicht weiter störte, aber er sorgte sehr gut für das Kind. Er kaufte Milch bei den Nachbarn und überhaupt alles, was das Kleine benötigte.

Ein Jahr später hielt es die junge Mutter nicht länger aus. Sie sagte ihren Eltern die Wahrheit – nämlich, daß der wirkliche Vater ein junger Mann war, der auf dem Fischmarkt arbeitete.

Sogleich eilten Eltern und Tochter zu Hakuin, um sich zu entschuldigen, ausführlich ihr Bedauern auszudrücken und das Kind wieder zurückzuholen.

Hakuin willigte ein. Als er das Kind fortgab, sagte er nur: »Ist es so?«[3]

Wahrer Gleichmut ist nicht gleichgültig. Wenn der Mensch in der Lage ist, sein kleines Ego einschließlich seiner moralistischen Ideen von der Art seiner tieferen Natur abzutrennen, wird er zum Instrument, auf dem die Götter eine Melodie der Güte und Schönheit spielen:

> Yu erwiderte: Ich verstehe. *Die Musik der Erde singt aus tausend Öffnungen. Die Musik des Menschen wird auf Flöten und Instrumenten gespielt. Was macht die Musik des Himmels?*
> Der Meister Ki sagte: *Etwas bläst auf tausend verschiedenen Öffnungen. Eine Kraft steht hinter all dem und läßt den Ton verklingen. Welche Kraft ist das?* —Chuang[4]

> Der Mensch, in dem Tao ohne Verzögerung wirkt,
> verletzt kein anders Wesen durch sein Wirken.
> Trotzdem versteht er sich nicht
> als »freundlich«, als »sanft«. —Chuang[5]

Was die Chinesen unter einem sanften Platzmachen vor dem »großen Schläger« oder einem Entleeren des Geistes verstehen, ist wahrscheinlich das gleiche, was die mehr egozentrische Persönlichkeit des westlichen Menschen als gewaltsamen Tod des Ego empfindet, eine Selbstopferung, die der Durchgang zu einem höheren Bewußtsein ist.

Das Thema des Zusammentreffens der Liebeserfahrung mit dem Akzeptieren des Todes ist eines der reichhaltigsten sowohl auf der mythologischen Ebene als auch im Sinne psychologischer Vorgänge. Wir können sagen, daß sich jede Form der Liebe, in dem Sinn, daß sie ein Sich-selbst-geben ist, auf einem gewissen Maß des Losgelöstseins gründet und daß alles Leben ein Sich-selbst-verzehren ist.

Das Opfer ist vielleicht die bedeutsamste Vorstellung, die zu diesem Liebes-Todes-Bereich gehört. Man könnte sagen, daß die sichtbaren Opfer, die Teil des Gottesdienstes in verschiedenen Religionen darstellen, ähnlich den Meditationsobjekten eine Bewußtseinsprojektion des Opfernden verkörpern, deren Aspekte Liebe und Selbstentleerung sind. »Opfer« (engl. »Sacrifice«, d. Übers.) leitet sich aus *sacer facere* ab, »heilig machen«, und wie die Anwendung des Begriffs klarmacht, besteht die heilige Tat aus einem schmerzvollen Aufgeben, das aber tatsächlich Freude ist. Abgesehen von masochistischen Verzerrungen der Opferhaltung oder einem entsprechenden Verständnis, können wir im Opfer eine Vereinigung der Merkmale des Gleichmuts erblicken (Transzendierung des Anhangens an Vergnügen und Schmerz), Geben und Tod: man gibt auf, was einem gegeben wurde. Die Freude am Opfer ist kein perverses Vergnügen am Schmerz. Wenn der Geist wirklich in die Tat verwoben ist, wird die Seligkeit des meditativen Zustandes zu einer Freude *jenseits* von Vergnügen und Leid, zur Wahrnehmung einer Einstimmung in das Heilige, das auf die Überantwortung persönlicher Verlangen folgt:

> Die Empfindungen von heiß und kalt, Freude und Leid werden durch den Kontakt der Sinne mit den Objekten der Wahrnehmung erzeugt. Sie kommen und gehen und niemals halten sie an. Du mußt sie akzeptieren.
> Ein heiterer Spirit empfängt Freude und Leid gleichmütig und wird von keinem der beiden bewegt.
>
> – Aus der *Bhagavad Gita*[6]

Die Befreiung von Verlangen, welche die alten Schriften empfehlen, bezieht sich nicht nur auf Vergnügen und Schmerz, sondern auch auf mentale Formulierungen von Tugend und Untugend. Der im üblichen Sinn tugendhafte Mensch ist ebensowenig befreit oder zu seinem wahren Selbst offen wie jener, der ganz und gar der Automatik von Verlangen unterliegt. Ein Hindusprichwort lautet: »Die Nachtigall im goldenen Käfig ist ebenso unfrei wie im Eisenkäfig.« Und in der *Bhagavad Gita* steht: »Die Welt ist in ihrem eigenen Tun gefangen, es sei denn, dies Tun wird als Gottesanbetung vollbracht. Darum sollst du jede Tätigkeit als gnadenbringende Weihung ausführen und frei von allem Anhangen an die Frucht der Arbeit sein.«[7]

Vieles von dem bisher Gesagten weist bereits auf den Aspekt der Meditation hin, der parallel zur Gesetzmäßigkeit, Gleichmäßigkeit oder Ordnung der Meditationssymbole läuft. Nicht-Tun, das höchstes Wirken ist, Überantwortung, die zum Einklang mit Gottes

Willen wird, Leere, die strahlend ist, Tod, der ewiges Leben ist – alle diese Ausdrücke beinhalten die Vorstellung einer äußerst *genauen* Erfahrungsentfaltung, zu der sich der Mensch öffnet, während er seine gewohnten Verhaltensmuster, Denk- und Fühlweisen und sein oberflächliches Selbstverständnis beiseite legt. Kann man, von einer Seite gesehen, seine Haltung und Erfahrung als Liebeserlebnis bezeichnen, ist es, von einem anderen Punkt aus betrachtet, nicht *seine* Liebe, weil ja gar kein »Selbst« vorhanden ist, das lieben könnte, sondern nur ein Kanal, ein Raum, in dem sich die Entfaltung begeben kann. In diesem Sinn kann man sagen, daß der Mensch auf ein größeres als sein begrenztes Gesetz eingestimmt ist.

> Wie ein Rad sanft läuft, ohne zu knarren,
> *so wurden mein Wille und Verlangen bewegt durch Liebe,*
> Liebe, die Sonnen bewegt und andere Sterne.
>
> – Dante[8]

Wir haben uns kurz mit Meditation als Wahrnehmungsübung beschäftigt, als Übung zur Intensivierung und Selbstdemütigung, als Liebesübung und Einstimmung in eine Regelmäßigkeit, die wir als Gottes Gesetz oder als Gesetz unseres Wesens begreifen können. In der Meditation können wir auch die Entfaltung der Wesenszüge erkennen, die wir zuletzt im Zusammenhang mit Meditationsobjekten erwähnten: das Zusammentreffen von Gegensätzen und, allgemeiner gesagt, Einheit in der Vielheit.

Einssein und die Auflösung von Gegensätzen sind allgemein akzeptierte Merkmale mystischer Erfahrung, so daß wir nicht weiter darüber zu sprechen brauchen. Wichtig wäre es jedoch zu sehen, wie sich der Ausdruck der Einheit auf die anderen Ausdrucksformen bezieht, die wir bisher besprochen haben, und wie er nur einen weiteren Weg darstellt, die eine Erfahrung auszudrücken, die in sich selbst Einheit und das stille Zentrum inmitten der Vielfalt unserer Beschreibungen ist.

Beginnen wir mit der Untersuchung eines Aspekts der Meditation, den wir bisher nicht betont haben, bei dem aber die Transzendierung der Dualität am offensichtlichsten ist: die Auflösung der gewohnten Subjekt-Objekt-Unterscheidung.

Ebenso wie Meditation über einen Gegenstand die Konzentration auf den Gegenstand verlangt, verlangt sie auch die Identifikation mit ihm. Der Zen-Schüler *wird* zum *koan,* der Anbeter vereint sich mit Gott, jener, der über die Tradition der Erleuchtung meditiert, wird (in dem Maße, wie seine Meditation erfolgreich ist) ein »Erleuchteter«.

Begrifflich gesehen, verstehen wir das »Sich hinwenden« und das »Sich identifizieren« als zwei gänzlich verschiedenartige Vorgänge. Aber sind sie es auch in der tatsächlichen Erfahrung? Vollständige Konzentration, vollständige Hinwendung unserer Aufmerksamkeit zu etwas erreicht einen Punkt, an dem wir gewissermaßen zu reiner Empfänglichkeit werden, die durch das Objekt ausgefüllt wird: Es ist kein Bildschirm oder Verstand, auf dem das Objekt abgebildet wird, kein »Ich«, das wahrnimmt, sondern eine Nichtheit, die erfüllt ist durch die Kontemplation; nur das Objekt existiert und wird, so wie es ist, von innen her psychisch wahrgenommen. Das braucht nicht unbedingt eine Erfahrung zu sein, die man durch Meditation erreicht. Angemessener ausgedrückt, könnten wir sagen, daß die Meditation darauf abzielt, die *natürliche* Wahrnehmungsweise wiederherzustellen, die durch unsere begrifflichen Unterscheidungen (wie z. B. Subjekt-Objekt) verschleiert wurde. Der folgende Auszug aus einem Werk, verfaßt von einem zeitgenössischen englischen Autor, beschreibt das spontane Wiederentdecken dieser verlorenen Einfachheit, die die Phänomenologie bisweilen vergeblich versucht wiederherzustellen:

Dieses Buch ist ein unüblicher Versuch, für mich und auf die mir eigene Weise zu entdecken, was ich bin und welchen Platz im Universum ich einnehme.

Was bin ich? Das ist *die* Frage. Ich will versuchen, so ehrlich und einfach wie möglich zu antworten, und dabei alle vorgefertigten Antworten außer acht lassen.

Die Vernunft sagt mir, daß ich ein Mensch wie jeder andere bin (vielleicht mit dem Zusatz, daß ich 1,68 m groß bin, um die Vierzig, grauhaarig und so weiter) und daß ich weiß, wie es sich anfühlt, hier und jetzt ich zu sein und auf ein Blatt Papier zu schreiben.

So weit ist sicher alles gut gegangen. Aber hat mir mein Verstand wirklich gesagt, was es heißt, ich selbst zu sein? Jemand anderes kann mir hierbei nicht helfen: Nur ich selbst kann sagen, was ich bin. Und sogleich mache ich eine tolle Entdeckung: Es ist ja gerade der Verstand, der mir am allerwenigsten sagen kann, ich sei ein Mensch wie jeder andere. Ich habe keinen Kopf! Hier sind meine Hände, Arme, Teile des Rumpfes und Schultern – und, gewissermaßen auf die Schultern montiert, nicht etwa ein Kopf, sondern diese Worte und dies Papier, der Schreibtisch, die Wand, das Fenster, der graue Himmel draußen . . . Mein Kopf ist verschwunden, eine Welt hat seinen Platz eingenommen. Dabei habe ich mein ganzes Leben lang geglaubt, ich wäre so wie jedermann entsprechend dem menschlich-tierischen Plan gebaut!

Wo andere Wesen kleine runde Körpermerkmale haben, die in der Form ziemlich gleichbleibend und mit Dingen wie Augen und Haaren und Mund ausgestattet sind, befindet sich für mich ein grenzenloses und unendlich vielfältiges Universum. Es scheint, als hätte ich als einziger einen Körper, der sich auflöst, so daß beinahe der einzige Hinweis auf etwas Körperähnliches oberhalb der Schultern zwei durchscheinende Schatten sind, die sich über alles erstrecken. (Ich kann sie Nasen-Schatten nennen, wenn es mir so gefällt, sie schauen aber gar nicht aus wie Nasen.)

Und ganz gewiß habe ich nicht die Empfindung, innerhalb eines etwa zwanzig Zentimeter messenden Balls zu leben und durch seine Öffnungen zu lugen. Ich bin nicht in das zwielichtige Innere irgendeines Gegenstandes eingesperrt und erst recht nicht in eine kleine, dicht angefüllte Kugel, um dort zu versuchen, irgendwie in ihren Lücken zu leben. Ich bin als Ganzes in der Welt. Ich kann hier keinen Beobachter entdecken oder dort etwas, was beobachtet wird, kein Guckloch zur Welt, keine Fensterscheibe, keine Grenze. Ich kann kein Universum ausfindig machen: es ist für mich weit geöffnet. Diese Tintenzeichen bilden sich gerade auf diesem Blatt Papier. Sie sind gegenwärtig. Im Augenblick gibt es nichts anderes als diese blauen und weißen Muster, nicht einmal eine Projektionsfläche (hier, wo ich dachte, ich hätte einen Kopf), auf die das Muster projiziert wird. Mein Kopf, meine Augen, mein Hirn – alle diese Instrumente, von denen ich dachte, sie seien hier im Zentrum – sie sind alle Einbildung. Es ist ungeheuerlich, daß ich jemals an sie geglaubt habe.[9]

Die Erfahrung selbstloser Identifikation mit einem Gegenstand oder einem Lebewesen ist uns allen bis zu einem gewissen Grad vertraut, denn sie ist die Grundlage jeder echten ästhetischen Erfahrung, jeder menschlichen Seelenwahrnehmung und religiösen Haltung. Wenn wir jemandem sagen »Ich verstehe dich«, dann möchten wir damit nicht sagen, daß wir seinen Bewußtseinszustand von außen her überdenken und klassifizieren, sondern daß wir ihn von innen her kennen. Das Wort Intuition drückt dies aus: *intusire*, »eintreten«, »sich nach innen versetzen«.

Ästhetische Erfahrung ist, wie die Philosophen der Schönheit erklärt haben, ebenso wie menschliches Einfühlungsvermögen uneigennützig. Der Bereich der Kunst ist von jenem des Praktischen abgetrennt. Wir können das Spiel nur so lange als Spiel erleben, wie wir uns nicht in ihm verlieren, und gewöhnlich können wir uns für die Empfindung des Schönen nur öffnen, wenn wir uns von der Sorge um das Nützliche befreit haben. Die selbstlose oder uneigennützige Qualität ästhetischer Wertschätzung kann uns den Wesenszug der Erfahrung nahebringen, bei der die Vereinigung von Subjekt und Objekt einen Höhepunkt erreicht – den Zustand des Vertieftseins, der in der Meditation angestrebt wird.

Vertiefung oder Versenkung ist alles, was wir aufgezählt haben: konzentrierte Aufmerksamkeit, Selbstvergessen oder Selbstentleerung, ein vollständiges Sich-hingeben an die augenblickliche Frage oder Situation, ein Verschmelzen mit Ihm. Ist dieses »mit Ihm« der Meditierende selbst, wird das Ergebnis eine Einswerdung mit sich selbst sein, die Auflösung innerer Dualität; ist es Gott, wird die Erfahrung in den Worten von Paulus das »Ich lebe nicht, sondern Christus lebt in mir« sein. Die Haltung des Meditierenden gegenüber der Welt wurde sehr klar durch einen japanischen Zen-Meister ausgedrückt, der sagte, daß wir mit einem leeren Herzen leben müssen, damit es von der Welt erfüllt wird. Die Haltung des Meditierenden im Angesicht Gottes wird am besten durch Rumis bekannte Worte beschrieben:

> Ein Mann klopfte eines Tages an die Türe eines Freundes.
> »Wer bist du, oh Gläubiger?« fragte sein Freund.
> »Ich«, war die Antwort.
> »Scher' dich fort«, sagte der Freund. »Jetzt ist nicht die rechte Zeit. An meinem Tisch ist kein Platz für einen ungeschlachten Kerl wie dich.«
> . . . später kehrte der Gescholtene wieder zurück und ging nochmals um das Haus des Gefährten. Ängstlich klopfte er sacht an die Türe, sorgsam darauf achtend, daß kein unziemliches Wort seine Lippen überschreiten sollte.
> Sein Freund rief: »Wer ist an der Türe?«
> Er antwortete: »Du bist auch an der Türe, oh Herzensschänder!«
> »Nun denn«, rief der Freund, »wenn du Ich bist, tritt ein, oh Ich! Im Haus ist kein Platz für zwei Ichs.«[10]

Die Erkenntnis der Einheit, welche die ganze Tiefe des Meditationszustandes ausmacht und die durch die Mystiker aller Länder beschrieben wurde, beinhaltet mehr als das Verschmelzen von Ich und Du. Es ist das Erkennen der Einheit in allen Dingen und Wesen. Monotheistisch formuliert ist alles der Ausdruck des einen Gottes, pantheistisch ausgedrückt ist es die Erfahrung, daß alles Gott *ist*. Im nichttheistischen Mystizismus ist alles eine »Substanz«, ein Das-Sein, ein So-Sein, das die eigene phänomenale Manifestation transzendiert. Die Einheit der WIRKLICHKEIT jenseits ihrer Formen wird in einer Sufi-Erzählung über einen Elefanten, der in eine Stadt blinder Menschen gebracht wird, herrlich dargestellt:

> Die Einwohner wurden neugierig und wollten den Elefanten sehen. So rannten einige der Blinden los, wie verrückt, um ihn zu suchen.
> Da sie ja nicht einmal wußten, wie ein Elefant aussieht, tasteten sie blind an ihm herum, um so durch die Berührung einzelner Teile Auskunft über sein Aussehen zu erlangen.
> Jeder dachte, er wüßte etwas, da er einen Teil berührt hatte.
> Als sie so zu ihren Mitbürgern zurückkehrten, bildeten sich Gruppen von Neugierigen um jeden von ihnen. Jeder wollte die Wahrheit von jenen erfahren, die selbst im Irrtum waren.
> Über das Aussehen befragten sie sie, über die Gestalt des Elefanten: und hörten sich alles Gesagte an.

Der Mann, dessen Hand ein Ohr berührt hatte, wurde über die Erscheinung des Elefanten befragt. Er antwortete: »Er ist ein großes, rauhes Ding, so weit und breit wie ein Reiseteppich.«

Und der andere, der den Rüssel berührt hatte, sagte: »Ich weiß die Wahrheit. Er gleicht einer geraden, hohlen Röhre, erschreckend und zerstörerisch.«

Jener dagegen, der die Füße und Beine berührt hatte, sagte: »Mächtig ist er und fest wie eine Säule.«

Jeder hatte einen Teil der vielen erkannt. Jeder hatte ihn falsch erkannt. Kein Verstand wußte alles, denn Wissen ist nicht der Weggefährte der Blinden. Jeder von ihnen stellte sich etwas vor, jeder etwas Fehlerhaftes.[11]

Die Parabel will uns sagen, daß diese Menschen durch Überwindung der Blindheit verstehen könnten, daß sie das Ganze mit seinen Bestandteilen verwechseln und das Wesen mit seinen Eigenschaften und daß sie durch diese Überwindung die Einheit sehen können, wo sie jetzt nur Vielheit erleben. Kontemplation kann ebenso wie das Überwinden von Blindheit zur Entdeckung eines universellen Ganzen führen, von dem alle Dinge Aspekte sind. In der inneren Versenkung des Meditationszustandes wird der Einzelne nicht nur eins mit dem Anderen, sondern entdeckt die Essenz des Anderen, die auch die Essenz von allen übrigen Dingen ist.

Das führt uns unmittelbar weiter zu einem anderen Wesenszug des Meditationsobjektes und des Meditationszustandes, den wir bisher nicht tiefer besprochen haben: die religiöse Qualität in beiden. Wie bereits früher gesagt, wird diese Essenz aller Dinge, die Kein-Ding ist, dieses Zentrum, aus dem »alles« hervorgeht und aus dem es sowohl Bedeutung als auch Wert erhält, diese Essenz, die der Meditierende in sich findet, indem er sich selbst verliert, meistens als »Gott« bezeichnet oder als kosmische Wesenheit mit numinoser Qualität. Meditation ist schon seit so langer Zeit mit Religion in Verbindung gebracht worden, daß wir sie für gegeben hinnehmen und aufgehört haben, uns zu fragen, ob diese Verbindung wirklich notwendig und echt ist. Wenn Meditation eine Wahrnehmungsübung ist, ein Sich-üben in Zentriertheit und Gleichmut, ein Sich-üben im Einstimmen mit der eigenen Natur, in der Befähigung zur Selbstaufgabe und bereitwilligem Öffnen zu unseren Wahrnehmungen in einer Haltung der Empfänglichkeit und Freiheit von vorgefaßten Meinungen, die notwendig ist für Empfänglichkeit – bedeutet dies auch notwendigerweise, daß Meditation ein Akt der Anbetung, eine religiöse Übung ist?

Ich glaube, daß diese Frage gerade jetzt berechtigt ist, wo sich die Vereinigten Staaten der Meditation mit einer an der Technik ausgerichteten Geisteshaltung zuwenden, die während vergangener Jahrzehnte entwickelt wurde, jetzt, wo wir darüber nachsinnen, ob nicht *feedback training* und die Kontrolle der Alpha-Wellen oder anderer Gehirnfunktionen möglicherweise ein Ersatz für Meditation werden könnte und wir damit alle Theorien, Theologien und Absichten in dem Menschen durchkreuzen, der sich der Ausübung der Disziplin zugewendet hat.

Um diesen Aspekt der Meditation zu untersuchen, wollen wir uns nochmals den Symbolen und ihren Wirkensweisen bei der Übung zuwenden.

Die am weitesten verbreiteten Meditationsobjekte sind äußere Darstellungen von Bewußtseinsverfassungen, die durch den einzelnen angestrebt werden: der selbstverwirklichte Zustand, das höchste Menschsein, der Gottesmensch. Sinnbildlich dafür sind die Abbildungen des sitzenden Buddha, der Bodhisattvas auf unzähligen Tankas und des gekreuzigten Christus. Diese Symbole sind in dem Sinn »religiös«, als die innere Verfassung, die sie darstellen, »religiös« ist. Daß aber auch einige der anderen Meditationsobjekte, die wir betrachtet haben (der Lotos, das Feuer, Licht, Herz usw.), sinnbildlich für den Bewußtseinszustand sind, den der Meditierende zu kultivieren versucht (und zwar bis zu einem Grade, daß man von einer Ausbildung sprechen könnte, weil der Meditierende *ist*, was er sucht, und sucht, was er ist), sollte jedem, der die vorangegangenen Seiten gelesen hat, annehmbar erscheinen.

Im Gegensatz zu jenen Symbolen, die einen Zustand darstellen, der für den Menschen zugänglich oder gar ihm innewohnend ist, gibt es eine andere Gruppe von Symbolen, die im Geist des Meditierenden das göttliche Wesen oder spirituelle Wesenheiten außerhalb von ihm darstellen. Diese Meditationsobjekte würde man für gewöhnlich ebenso wie die Namen oder Attribute Gottes oder die Geister, die durch Magier oder Schamanen erweckt werden, als religiös in dem Sinn einstufen, als die Haltung oder der Glaube, der ihnen entgegengebracht wird, und das Verlangen nach Verbindung oder Einswerdung mit ihnen die ganze Bedeutung des Begriffs Religion ausmachen.

Ein zeitgenössischer Psychologe mit seinem Wissen um Projektionen würde ganz natürlich dem monistischen Standpunkt zuneigen, der die vielen Abbilder Gottes, welche der Mensch hervorgebracht hat, als Veräußerlichung seiner eigenen Erfahrung oder als Aspekte seiner selbst versteht.

Andererseits könnte, gerade wegen der Kluft zwischen dem gewöhnlichen menschlichen Bewußtsein und dem Gotteszustand, kein gedankliches Modell mehr der menschlichen Erfahrung entsprechen als das dualistische, das ihm das göttliche Wesen als außerhalb und jenseits von ihm selbst darstellt. Vielleicht ist dies der Grund dafür, daß selbst in nichttheistischen Religionen der dualistische Standpunkt wesentlich die emotionale Haltung des Suchers nach Erleuchtung bestimmt. Selbst wenn der Mahayana-Buddhist behauptet, daß die »andere Seite« hier ist, ist seine Erfahrung doch eine der Aspiration, der Intuition einer Wirklichkeit jenseits der Egogrenzen und des hingebungsvollen Empfindens, das so bezeichnend für den religiösen Geist überall in der Welt ist.

Außerdem hat, wie Lama Govinda bemerkt, »selbst der Buddha der Pali-Texte nicht davor zurückgeschreckt, das Sich-Üben in den höchsten spirituellen Qualitäten während der Meditation (wie Liebe, Mitgefühl, Sympathie, Gleichmut) als ›Sein in Gott‹ (brahmavihara) oder als ›Sein in einem göttlichen Zustand‹ zu bezeichnen.«[12]

In diesem Zusammenhang stellt das Göttliche nicht nur eine Projektion in einen Bereich dar, der jenseits menschlicher Ziele und Verlangen liegt, sondern einen notwendigen Begriff, um über eine tatsächliche Erfahrungsverwirklichung zu sprechen, und natürlicherweise stellt sich die Frage, warum die *menschlichsten* Qualitäten einem übermenschlichen Wesen zugeschrieben werden sollen. Der Grund dafür liegt, wie ich glaube, nicht in dem einfachen Gegensatz zwischen der besten und der gewöhnlichsten Verfassung des Menschen, ein Gegensatz, der dazu führt, erstere als etwas Außergewöhnliches anzusehen und die Erfüllung des Natürlichen als etwas Unnatürliches. Unabhängig davon und unabhängig von der Eignung des »Göttlichen«, die höchsten Werte zu symbolisieren, kann man die Essenz des »Andersseins« gerade im Innersten der Folgsamkeit des Menschen gegenüber seiner wahren Natur finden. Unsere »Tugenden« haben ihren wahren Ursprung in unserem eigenen Wesen, und sie fehlen, wenn der Mensch seine wahre Wirklichkeit betrügt. Aber dieses »wahre Selbst« von uns ist – ganz anders als unser selbstherrliches Ego – nur ein Kanal, durch den sich natürliche Gesetze ausdrücken. In dem Maße, wie wir »wir selbst« werden, sind wir auch ein Teil des Kosmos, eine Gezeit im Ozean des Lebens, eine Verbindung in dem Gewebe von Vorgängen, die in der Umhüllung durch unsere Haut weder beginnen noch enden. Dieser Gedanke, den sich jeder vorstellen kann, scheint für Menschen aller Länder eine Erfahrungsverwirklichung gewesen zu sein, Menschen, die, indem sie sich an ihr wahres Wesen überantwortet haben, auch fühlten, daß sie Teil eines Organismus wurden, der größer war als sie selbst. Ebenso wie sich eine Zelle als kleiner Bestandteil eines größeren Organismus verstehen könnte, ist die Erfahrung wahrer Natürlichkeit für den Menschen in seinem Geist untrennbar mit der Erfahrung verknüpft, durch größere Gesetze getragen zu werden, nur ein Zweig des Lebensbaumes zu sein, eine individuelle Verkörperung des Wegs (Tao, das Gesetz; Dharma, Gottes Wille). Die Sinnbilder für dieses »größere Ganze« verändern sich entsprechend ihrem jeweiligen Interpreten ebenso wie die verschiedenen Teile des Elefanten in der Sufi-Erzählung. Aber alle, von dem Naturmystiker bis zu dem Anbeter eines Gottes jenseits dieser Welt, beschreiben die Erfahrung des Selbst als Teil, des Selbst als Träger oder Instrument, des Selbst als Ausdrucksebene für das Ganze, des Selbst als Kanal – mit anderen Worten geht die Erfahrung der Selbst-Wirklichkeit Hand-in-Hand mit der individuellen Erfahrung von Selbstlosigkeit oder Leere, wie sie zuvor besprochen wurden.

Nach Ansicht der Buddhisten ist das »Selbst« eine völlige Illusion, eine begriffliche Abtrennung des Individuums vom Mutterboden des Seins. Andere wiederum, wie etwa der Islam, stellen das Ego als Wirklichkeit dar, die sterben muß. Aber all dies sind nur verschiedene Worte, alternative Arten der Symbolisierung. Jeder Mystizismus bestätigt die grundlegende Erfahrung der Selbstentleerung und des Verschmelzens mit der Einheit des Seins. Vergleichen wir zum Beispiel die folgenden Dokumente:

1. Als in Attars *Parliament of Birds* die dreißig Überlebenden der suchenden Vögel, nachdem sie die sieben Täler überquert haben, den Simurgh finden, den König, den sie suchten, »strahlte die Sonne der Majestät ihre Strahlen aus und im Widerschein ihrer Antlitze erkannten diese dreißig Vögel (Si-Murgh) der äußeren Welt das Antlitz des Symbols der inneren Welt. Dies verwunderte sie so sehr, daß sie nicht wußten, ob sie noch sie selbst seien oder ob sie zum Simurgh geworden waren. Schließlich erkannten sie im Zustand der Kontemplation, daß sie der Simurgh waren und der Simurgh die dreißig Vögel. Als sie auf den Simurgh blickten, sahen sie, daß es tatsächlich der Simurgh war, der dort war, und als sie ihre Augen auf sich selbst richteten, sahen sie, daß sie selbst der Simurgh waren. Indem sie beide zugleich erblickten, sie und Ihn, erkannten sie, daß sie und der Simurgh das gleiche Wesen waren. Niemand in der Welt hat jemals von etwas gehört, das diesem entspricht.« Und einige Zeilen weiter sagt der Simurgh: »Vergeht sodann freudig und glorreich in Mir, und in Mir sollt ihr euch finden.«[13]

2. »Beim Bogenschießen«, sagte Mumeji, der japanische Meister des Bogenschießens, »muß ein Mensch zu seiner reineren Natur sterben, jener, die frei von aller Künstlichkeit und Überlegung ist, wenn er vollkommenes Genießen des Tao erlangen will. Lerne das Ausströmen der Wahrheit zu kontrollieren, die wie eine ewige Quelle strömt . . . dieser Weg ist sehr einfach und direkt. Der schwierigste ist, sich in der Handlung des Schießens sterben zu lassen. Um den Tod des niederen Selbst zu erleichtern, muß sich ein Mensch unermüdlich üben, um nach und nach die rechte Haltung zu erreichen.«[14]

3. Und Richard von St. Victor: »Die Seele, die in das Feuer göttlicher Liebe getaucht wird, ist wie ein Eisen, das zuerst seine Schwärze verliert und dann, während es weiß glüht, zum Feuer selbst wird. Zuletzt schließlich wird es flüssig und verwandelt sich, indem es seine Natur verliert, in eine vollständig andersgeartete Seinsqualität.«[15]

Die gegenseitige Abhängigkeit zwischen der Erfahrung der Selbstentleerung und der Überantwortung an Gott, Tao, Dharma oder die Wirklichkeit kann Grundlage für ein Verständnis der Verbindung zwischen eigentlicher Meditation und den Übungen sein, welche die Menschen als Ritual, Kult oder Gebet ansehen. Meditation betont das Kultivieren der Empfänglichkeit, der Leere; Gottesdienst (einschließlich dem Gebet) betont das Errichten einer Verbindung zwischen einem egobefangenen Bewußtsein und einer Wirklichkeit jenseits seiner Grenzen. Der Betende steht vor einem »anderen«, und Gebete wurden tatsächlich als »in der Gegenwart Gottes stehen« beschrieben. Diese Verbindung, die das Ziel der Hingabe ist, verlangt, um wirksam sein zu können, ein gewisses Maß an Egoauflösung, die auch durch die Meditation angestrebt wird. Umgekehrt bedeutet das Verwirklichen des Empfänglichseins im Meditierenden, daß das Individuum durchlässig für die Wirklichkeit wird. Bei den Meditationsformen, die ein sichtbares oder imaginäres Objekt einbeziehen, öffnet sich das Individuum zu der Wirklichkeit, die darin symbolisiert ist, und nähert sich dadurch der Haltung des Anbetenden. Bei Formen, die kein Verweilen bei einem göttlichen Wesen oder Symbolen der höchsten Wirklichkeit oder des Selbst beinhalten, verweilt der einzelne bei seiner Erfahrung, überantwortet sich an seine eigene Existenz und macht sich empfänglich für jenes, *welches ist*, ohne dafür das Brennglas einer symbolischen Konstruktion zu verwenden.

Meditation und Anbetung kann man nur willkürlich voneinander trennen; Wirksamkeit der einen Form führt zu der Entdeckung der anderen, wobei die meisten Arten der Übung Elemente aus beiden beinhalten. Wenn dies nicht immer offensichtlich ist, liegt es an dem unglücklichen Schicksal der Rituale, die gewöhnlich zu »bloßen Ritualen« werden, und an der Tendenz, daß Gegenstände der Anbetung ihre wahre Funktion als Instrument spiritueller Übung verlieren, um schließlich als reine Gegenstände des Aberglaubens zu enden. Indem wir die Meditationsobjekte als symbolische Darstellung des Ziels des Meditierenden betrachtet haben – Symbole, die ihn daran erinnern, was er ist, Symbole, zu denen er im Laufe eines Vorgangs *wird*, der zugleich Selbstentleerung und Selbstausdruck ist – sind uns verschiedene Aspekte dieses subtilen Vorgangs bewußt geworden, den die Meditation jenseits ihrer scheinbaren Form äußerer Prozesse darstellt. Wir haben die Meditation als Übung zur Zentrierung im Sinne der Konzentration unserer Energien studiert und im Sinne der Entdeckung des Zentrums unseres Wesens. Wir haben sie als Übung der Überantwortung an unsere wahre Natur betrachtet, als Übung zur Steigerung der Empfänglichkeit und der Natürlichkeit, als Übung, um das Strömen von Energien zuzulassen, die gewöhnlich unter unserem Rollenverhalten, unserem Selbstprogramm, unseren bewußten Absichten und Vorstellungen begraben liegen. Wir haben die Meditation als Akt der Vereinigung betrachtet, sowohl im Sinn der Transzendierung der Dualität von Subjekt und Objekt als auch im Sinne des gleichmütig über den Polaritäten unserer Persönlichkeit Stehens. Wir haben in der Meditation ein Element der Anbetung entdeckt und bemerkt, daß »Anbetung« nur eine andere Art ist, über diese eine Erfahrung zu sprechen, mit hingebungsvoller Aufmerksamkeit ein Wesen oder ein Ding wahrzunehmen, das für uns zu einem Ausdruck unserer eigenen höchsten Werte wird.

Bis zu diesem Punkt haben wir über Meditationsobjekte hauptsächlich im Sinne visueller Abbildungen und Ideen gesprochen, was aber dem ganzen Gebiet konzentrativer Meditation nicht gerecht wird. Der Vorgang, seine vollständige Aufmerksamkeit auf ein mentales Abbild zu richten und sich mit ihm zu identifizieren, ist beispielsweise qualitativ nicht verschieden von der physischen Ausführung eines derartigen Bildes, und auf diese Weise können wir verstehen, welchen Nutzen das Mudra hat, Haltungen und Gesten, die gewisse innere Verfassungen hervorrufen. Und ebenso wie eine Abbildung nicht statisch zu sein braucht, sondern auch Bewegung miteinschließen kann, so kann die physische Ausführung von Abbildungen (bei der der Meditierende die Identifikation mit seinem »Objekt« unterdrückt) die Form physischer Bewegung annehmen. Einige Arten der Meditation in der Bewegung haben sich so erhalten, wie die Derwischtänze und bestimmte tibetische Tanzweisen. Andere Arten, wie Tai-Chi-Chuan, werden oft von Leuten angewandt, die anstelle des ursprünglichen andere Ziele (Gesundheit, Selbstverteidigung) anstreben. Wieder andere, wie etwa der indonesische Tanz, haben sich zu einer Kunstform entwickelt, bei der das unterhaltende Element bis zu einem Grade entwickelt wurde, daß der ursprüngliche Zweck der Disziplin vergessen wurde.

Die Verbindung zwischen Meditation und Kunst ist natürlich nicht auf das Gebiet des klassischen Tanzes und Dramas beschränkt, bei denen der Darstellende sein physisches Wesen einer Urbildform leiht, sondern breitet sich über alle Bereiche künstlerischer Gestaltung aus. So mußte im Fall klassischer indischer Skulptur der Künstler eine Reihe komplexer innerer Abläufe durchschreiten, die lange Übung verlangten, bevor er sich mit seinen Materialien an der äußeren Welt betätigte:

> Der Künstler (*sadhaka, mantrin* oder *yogin*, wie er jeweils anders, aber bezeichnend genannt wird) soll nach zeremonieller Reinigung an einen einsamen Ort gehen. Dort soll er das siebenfältige Opfer darbringen, beginnend mit der Anrufung der Buddha- und Bodhisattvascharen und der Darbringung wirklicher oder imaginärer Blumen. Dann muß er sich die vier Unermeßlichkeiten (apramanani), als da sind Freundlichkeit, Mitleid, Heiterkeit und Gleichmut, vergegenwärtigen. Darauf soll er über die Leere (sunyata), die Nicht-Existenz aller Dinge – »denn durch das Feuer des Abgrundes, so ist gesagt, werden die fünf psychischen Faktoren (skanda) für immer zerstört« – oder die Ich-Bewußtheit meditieren, und erst dann sollte er die ersehnte Gottheit durch Aussprechen des geeigneten Samenwortes (bija) anrufen und sich mit der Gottheit, die gemeint ist, identifizieren. Indem er dann zum Schluß das Dhyana-Mantra rezitiert, in welchem die Attribute definiert sind, wird die Gottheit sichtbar, »wie eine Widerspiegelung« oder »gleichsam wie im Traum«, und dieses leuchtende Bild ist das Modell des Künstlers![16]

Der Vorgang willentlicher Identifikation mit einem Urbild stellt nicht nur die Brücke zwischen Meditation und Anbetung sowie zwischen Meditation und Kunst dar, sondern ist auch Grundlage magischer Beschwörung. Vergleichen wir zum Beispiel folgendes Zitat mit dem Vorangegangenen aus buddhistischen Quellen:

> Laßt uns die magische Methode der Identifikation beschreiben. Zuerst wird die symbolische Form des Gottes mit der gleichen Liebe studiert, die ein Künstler seinem Modell entgegenbringen würde, damit der Geist ein völlig klares und unveränderliches Vorstellungsbild des Gottes erhält. Auf die gleiche Weise werden die Eigenschaften des Gottes in Rede

gekleidet, und diese Reden werden vollkommen der Erinnerung übergeben. Dann wird die Erweckung mit einem Gebet an den Gott beginnen, welches dessen physische Attribute immer mit einem tiefgründigen Verständnis ihrer wahren Bedeutung in die Erinnerung zurückruft. Im zweiten Teil der Erweckung hört man die Stimme des Gottes, und Seine charakteristische Äußerung wird rezitiert.

Im dritten Teil der Erweckung erklärt der Magier die Identität zwischen ihm und dem Gott. Im vierten Teil wird der Gott abermals erweckt, diesmal so, als würde die Erweckung durch Ihn selbst geschehen, als wäre es die Äußerung des Willens dieses Gottes, daß Er sich in dem Magier manifestieren solle.[17]

Ebenso wie die Kunstformen, die ursprünglich spirituelle Disziplinen waren, von ihrer anfänglichen Zielsetzung losgelöst wurden, kann manche »Magie« als leere Hülle oder abergläubische Mystifizierung einer Disziplin aufgefaßt werden, die nicht anders geartet ist als jene, mit der wir uns hier beschäftigen.

Im gleichen Maße wie die gegenwärtige Psychiatrie Bestandteile dessen verarbeitet, was einst Funktion traditioneller spiritueller Disziplinen war, gliedert auch die Psychotherapie – bewußt oder unbewußt – Meditationstechniken in ihr Lehrgebäude ein. Einige Psychotherapeuten haben begonnen, sich für traditionelle Formen der Meditation zu interessieren (Fromm[18] und Heider[19]); andere haben die psychotherapeutische Wirksamkeit der Meditationstechniken untersucht (Deikman[20]) oder haben sie in ihre Praxis einbezogen. Wieder andere haben psychotherapeutische Methoden entwickelt, die sich auf ähnliche Prinzipien wie die Meditation gründen, manchmal ohne eine Nachahmung oder Modifikation traditioneller Formen zu beabsichtigen.

Zwei Arten psychotherapeutischer Übung sind für die Besprechung konzentrativer oder absorbierender Meditation besonders relevant: die psychotherapeutische Anwendung des *Agierens*, wie etwa beim Rollenspielen, Psychodrama und bei der Gestalttherapie; und zum zweiten die Anwendung der Suggestion.

Die ständig umfassendere Eingliederung dramatischer Quellen in die Psychotherapie hat ihren Ursprung wahrscheinlich in der Erkenntnis, daß Agieren, welches von dem Schauspieler großes *Einfühlungsvermögen* verlangt, ein echter Weg zu intuitivem Verstehen sein kann. Durch Agieren verstehen wir etwas, indem wir es *werden*, und nicht so sehr, indem wir darüber *nachdenken*. Sich identifizieren heißt – von einem anderen Standpunkt gesehen – die Verbindung mit *präexistenten* Gefühlen oder Erfahrungen in uns herzustellen und auszudrücken, die sich mit dem gespielten Inhalt oder Gegenstand decken.

Es gibt einen wesentlichen Unterschied zwischen den neueren Techniken und den Bemühungen traditionell Meditierender, sich mit ihrem Objekt zu identifizieren und dadurch Absorption zu erreichen. Der Unterschied liegt in der Wahl des Objekts, das bei den traditionellen Weisen typisch urbildhaft und vor allem ein Symbol der Integration ist. In der gegenwärtigen psychologischen Praxis hingegen ist das typische Objekt die Personifikation eines Aspektes der Persönlichkeit des Menschen, der mit sich uneins ist. Diese kontrastierenden Annäherungsweisen kann man als »Weg des Aufstiegs« und »Weg des Abstiegs« charakterisieren, als Bemühung, die vielen Fragmente der Psyche zu erforschen, zu berühren und zu assimilieren, die in das Göttliche Ganze integriert werden sollen, im Gegensatz zu dem Versuch, sich mit den verschiedenen Seinsweisen der Ganzheit zu identifizieren. (Darüber wird später noch ausführlicher gesprochen. Siehe Seite 64 f.)

Die Frage der Ähnlichkeit und der Unterschiedlichkeit von Zuständen konzentrativer Meditation und hypnotischen Zuständen ist verwickelt, und ich werde sie hier nicht in Einzelheiten besprechen. Jedoch sind, ebenso wie bei der Meditation, konzentriertes Sich-ausrichten auf einen Gegenstand und Wiederholung die Hauptwege zur Hypnose, und bei beiden Zustandsformen kann der Mensch in »Trance« fallen. Während der Mensch aus tiefer Hypnose keine Erinnerungen zurückbringt und die hypnotische Trance allgemein am besten als Zustand *eingeschränkter* Wahrnehmung beschrieben werden kann, kennt die Meditation keinen Gedächtnisverlust und die Wahrnehmung ist zumindest erweitert.

Eine andere Ähnlichkeit zwischen Suggestion und Meditation mit Hilfe eines Gegenstandes ist, daß sich in beiden Fällen der Mensch *dem Einfluß von Symbolen unterordnet* – verbalen, visuellen oder anderen – und die entsprechenden Auswirkungen der Symbole auf seine Emotionen, seinen Körper oder seine Geistesverfassung erfährt.[21]

Suggestion kann in der Form, in der sie bei unterstützender Psychotherapie oder Hypnotherapie angewendet wird, als Form der Manipulation angesehen werden, durch die der Psychotherapeut im Geist eines Willigen den gewünschten Zustand hervorruft. Bei vielen der Techniken der Psychosynthese (wie bei der Selbsthypnose) können wir von einer Selbstmanipulation sprechen, bei der ein Mensch das Wissen anwendet, wie Symbole Gefühlszustände hervorrufen können. Allgemein gesagt ist ein Meditierender jemand, der die Befähigung erlangt hat, innere Zustände zu kontrollieren – nicht im Sinn einer filternden und unterdrückenden Kontrolle, sondern im Sinn der Fähigkeit, seine geistigen Verfassungen zu erschaffen.

Diese Fähigkeit zur Selbstmanipulation kann wie eine Alternative zur Ursprünglichkeit erscheinen; so neigen wir, wenn wir vom »Agieren« sprechen, dazu, das Wort nur als bloße Simulation auszulegen statt als Hervorbringen echter Gefühle. So zutreffend im Falle subjektiver Erfahrungen die Unterscheidung zwischen Absichten und Spontanem auch sein mag, glaube ich doch, daß wir in der Tiefe *immer* agieren und daß es einen Bewußtseinszustand gibt, in dem der Gegensatz zwischen Absichtlichem und Spontanem verschwindet. Auf einer bestimmten Ebene unterliegen *alle* unsere Geisteshaltungen unserer Wahl – aber »*wir*« identifizieren uns kaum mit dem Vollbringer unserer Taten. Der Meditierende kann den Punkt erreichen, an dem er eins ist mit seinem tieferen Selbst, eins mit dem verantwortlichen Übermittler, für den jede Erfahrung eine Wahl bedeutet, das ganze Leben ein bewußtes Spiel. Ebenso wie sich die Bedeutung der Worte »Spekulation« und »Reflektion« von dem ursprünglichen nichtvorstellenden Empfänglichsein zum weitschweifigen Denken verändert hat, hat sich auch der Begriff »Meditation« sinnverändert. In der Umgangssprache bedeutet »Meditation« jetzt »Nachdenken«. Im Laufe der Geschichte haben wir vergessen, daß es die Kunst des »Verweilens« bei geistigen Inhalten und Vorstellungen bedeutet. Aber dennoch ist dieses *Verweilen* bei einer Idee, das die Meditation wesentlich darstellt, das genaue Gegenteil von *Nachdenken*. In der hochgradig anti-intellektuellen Tradition des Zen-Buddhismus nimmt die Meditation über Gedankenformen einen wesentlichen Platz (zumindest in der Rinzai-Schule) in Gestalt der Koanübung ein.

Ein Koan ist ein Meditationsobjekt, das, obgleich es dem Medium des Gedankens präsentiert wird, jedem Versuch trotzt, über es nachzudenken. Es ist eine Äußerung, die einen Bewußtseinszustand ausdrückt und gleichzeitig dem Verstand undurchdringlich geheimnisvoll erscheint, so daß sie nur durch Intuition erfaßt werden kann. Oder, genauer gesagt, wird das Koan von jenem erfaßt, der die gleiche Verstehensweise teilt, aus der es entstanden ist. Isshu Miura zitiert in einem Kommentar über einen Vers von Fu-Daishi: »Wenn du auf Ausdrucksweisen wie diese stößt und dabei die gleiche Empfindung hast, als würdest du auf einer verkehrsreichen Kreuzung einem nahen Verwandten von Angesicht zu Angesicht begegnen und ihn ohne den geringsten Zweifel wiedererkennen, dann kann man von dir sagen, daß du Dharmakaya verstanden hast. (›Der Bereich, der uns offenbart wird, wenn wir in unsere wahre Natur blicken‹, lautet eine von vielen Definitionen. Das Dharmakaya zu verstehen ist Inhalt und Ziel vieler Koans. C. N.) Aber wenn du den gesunden Menschenverstand verwendest, um darüber zu mutmaßen, oder hin und her eilst und versuchst, den Worten anderer zu folgen, würdest du niemals das Dharmakaya kennenlernen.«[22]

Zen-Studierende werden aufgefordert, ihre Koanübungen nicht untereinander zu besprechen, und auf jeden Fall wird solch eine Diskussion als ebenso intime und feine Sache angesehen wie die Art und Weise, auf die man liebt. Ohne in die näheren Bereiche des Meditationsvorganges eindringen zu wollen, ist es doch von Interesse zu lesen, was D. T. Suzuki über seine Selbsterfahrung mit den beiden ersten Koans geschrieben hat, die er während seiner Ausbildung erhielt. Das folgende Zitat betont das vollständige Verbundensein des Meditierenden mit seiner Aufgabe bis zu einem Punkt, an dem es eine Frage auf Leben oder Tod wird. Dies ist ein Aspekt, den ich nicht ausreichend betont habe und der in einer Abhandlung, die Meditation nur als »Übung« beschreibt, übersehen werden könnte. Dr. Suzuki berichtet, wie er für etwa ein Jahr erfolglos an seinem ersten Koan arbeitete und dann sein Lehrer starb. Der Roshi, der nachfolgte, änderte das bisherige Koan in *Mu* um und dann

folgten für mich vier Jahre des Mühens, ein Mühen, das geistig, physisch, moralisch und intellektuell war. Mein Gefühl sagte mir, es müsse letztendlich ganz einfach sein, *Mu* zu verstehen, aber wie sollte ich diese einfache Sache erfassen? Sie mochte in einem Buch zu finden sein, weshalb ich alle Bücher über Zen las, die ich ausfindig machen konnte. Dem Tempel Butsunichi angegliedert, in dem ich zu jener Zeit lebte, war ein Schrein, der Hojo Tokimune geweiht war, und in einem Zimmer dieses Schreins waren alle Bücher und Aufzeichnungen aufbewahrt, die dem Tempel gehörten. Während des Sommers verbrachte ich beinahe alle verfügbare Zeit in diesem Zimmer und las alle Bücher, deren ich habhaft werden konnte. Meine Kenntnisse der chinesischen Sprache waren noch unvollständig, so daß ich viele der Texte nicht verstand. Dennoch tat ich mein Bestes, um intellektuell alles über *Mu* herauszufinden . . . Dann pflegte ich auf dem Weg moralischer Übung viele Nächte in einer Höhle an der Rückseite des Shariden-Gebäudes zu verbringen, wo sich der Zahn des Buddha befand. Jedoch stellte sich immer eine Schwäche der Willenskraft ein, so daß ich es oft versäumte, die ganze Nacht in der Höhle zu sitzen, und Entschuldigungen wie zum Beispiel die Moskitos fand, sie zu verlassen.

Während dieser vier Jahre beschäftigte ich mich mit verschiedenen Schriften, einschließlich dem Übersetzen von Dr. Carus' *Gospel of Buddha* in die japanische Sprache. Aber die ganze Zeit über stand das Koan hinter mir und beunruhigte mich. Es war ohne Zweifel meine Hauptbeschäftigung. Ich erinnere mich daran, wie ich auf einem Feld saß, mich an einen Reis-Schober lehnte und dabei dachte, daß das Leben für mich sinnlos sei, wenn ich *Mu* nicht verstehen könne . . .

Es kommt oft vor, daß eine Art Lebenskrise nötig ist, um alle Kräfte für die Entschlüsselung des Koan zu aktivieren. In einer Geschichte aus dem Buch *Keikyoku Soden, Stories of Brambles and Thistles*, ist dieser Vorgang gut dargestellt. Die Geschichte wurde von einem Schüler Hakuin Zenshis zusammengestellt und berichtet von verschiedenen prickelnden Erlebnissen bei der Ausübung des Zen.

»Ein Mönch kam aus Okinawa, um Zen bei Suio, einem von Hakuins großen Schülern zu studieren, der ein rauher und geistesstarker Bursche war. Es war derselbe, der Hakuin beibrachte, wie man malt. Der Mönch blieb bei Suio drei Jahre, um an dem Koan des Klangs der einen Hand zu arbeiten. Schließlich kam die Zeit der Rückkehr nach Okinawa näher, aber er hatte das Koan noch nicht enträtselt; er wurde sehr traurig und kam weinend zu Suio. Der Meister tröstete ihn und sagte: ›Sorge dich nicht. Verschiebe deine Abfahrt um eine Woche und sitze weiter mit aller Macht.‹ Sieben Tage verstrichen, aber dennoch entschlüsselte sich das Koan nicht. Wieder kam der Mönch zu Suio, der ihm den Rat gab, die Abreise um eine weitere Woche zu verschieben. Als diese Woche vorüber war und er das Koan noch immer nicht gelöst hatte, sagte der Meister: ›Es gibt viele Beispiele von Leuten, die Satori nach drei Wochen erlangt haben, darum versuche eine dritte Woche.‹ Aber auch die dritte Woche verging und das Koan blieb ungelöst. Dann sagte der Meister: ›Fünf weitere Tage versuche.‹ Aber die fünf Tage vergingen und der Mönch war der Lösung nicht näher gekommen. Schließlich sagte der Meister: ›Dieses Mal versuche drei weitere Tage, und wenn du nach drei Tagen das Koan noch nicht gelöst hast, mußt du sterben.‹ Danach entschloß sich der Mönch zum ersten Mal, den ganzen noch verbleibenden Lebensrest der Lösung des Koans hinzugeben. Nach drei Tagen enträtselte er es.«

Die Moral dieser Geschichte ist, daß man entschlossen sein muß, wirklich alles, das man hat, der Bemühung zu opfern. »Des Menschen Höchstes ist Gottes Gelegenheit.« Oft geschieht es, daß gerade dann Satori kommt, wenn man den Tiefpunkt an Verzweiflung erreicht hat und entschlossen ist, seinem Leben ein Ende zu bereiten. Ich kann mir vorstellen, daß für viele Satori kam, als es gerade zu spät war. Sie waren bereits auf dem Weg zum Tod . . .

Diese Krise oder Höhepunkt trat bei mir ein, als es endgültig feststand, daß ich nach Amerika gehen sollte, um Dr. Carus zu helfen . . . Dieser Winter mochte meine letzte Gelegenheit sein, zum Sesshin zu gehen. Und wenn ich jetzt nicht mein Koan löste, konnte es sein, daß ich niemals mehr dazu in der Lage sein würde. Ich steckte meine ganze spirituelle Kraft in das Sesshin.

Bis zu diesem Augenblick war ich mir immer bewußt, daß *Mu* in meinem Geist ist. Aber solange *ich* mir *Mu* bewußt machte, bedeutete es, daß ich bis zu einem gewissen Grad von *Mu* abgetrennt war, und das ist kein echter Samadhi. Aber am Ende dieses Sesshin, so um den fünften Tag, hörte ich auf, mir *Mu* bewußt zu machen. Ich war eins mit *Mu*, ich identifizierte mich mit *Mu*, so daß die Abtrennung verschwunden war, die in dem Sich-bewußt-machen von *Mu* enthalten ist. Dies ist der wahre

Zustand des Samadhi.

Aber dieser Samadhi allein genügt nicht. Du mußt aus diesem Zustand herauskommen, aus ihm erwachen, und dieses Erwachen ist Prajna. Dieser Augenblick, wenn man aus dem Samadhi herauskommt und ihn sieht, wie er wirklich ist – das ist Satori.

. . . Ich möchte betonen, wie wichtig es ist, sich dessen bewußt zu werden, was man erfahren hat. Nach dem Kensho war ich mir meiner Erfahrung noch nicht voll bewußt. Ich lebte immer noch in einer Art Traum. Diese größere Verwirklichungstiefe kam erst später, als ich in Amerika war, wo mir der Zen-Spruch . . . »der Ellbogen biegt sich nicht nach außen« plötzlich klar wurde. »Der Ellbogen biegt sich nicht nach außen« scheint eine Art Notwendigkeit auszudrücken, aber plötzlich sah ich, daß diese Einschränkung in Wirklichkeit Freiheit war, die wahre Freiheit, und ich spürte, daß für mich die ganze Frage der Willensfreiheit gelöst war.[23]

Die »irrationale Qualität« des Koan hat bei den Sufis eine Parallele im Gebrauch von Witzen als Meditationsgegenstand. Die erheiternde Wirkung von Witzen ist es, die genau mit jener paradoxen Qualität in ihnen verbunden ist, die in einem Bruch logischer Konsistenz besteht, die jedoch kein Bruch im Zusammenhang auf einer nicht-logischen Verständnisebene ist. Es gibt eine ganze literarische Sammlung, die aus Geschichten besteht, die dem scheinbar törichten Weisen Nasrudin zugeschrieben werden, von denen sich viele als Witze über die ganze Welt verbreitet haben, über deren tieferen Sinn niemand mehr nachdenkt. Hier ist die Version einer bekannten Geschichte aus dem Mittleren Osten, wie sie Idries Shah erzählt:

Einmal traf ein Nachbar Nasrudin an, wie er kniend etwas suchte.
»Was hast du verloren, Mulla?«
»Meinen Schlüssel«, sagte Nasrudin.
Nach einigen Minuten des Suchens sagte der andere Mann: »Wo hast du ihn fallen lassen?«
»Zu Hause.«
»Ja, warum im Himmel, suchst du dann hier?«
»Weil hier mehr Licht ist.«[24]

Obgleich die Geschichte beim ersten Hinsehen genug Sinn ergibt, um ein erheitertes Echo hervorzurufen, könnte der Leser daran Interesse finden, ihre Bedeutung tiefer auszuloten, indem er der dargestellten Situation einige Minuten ausschließlicher Aufmerksamkeit schenkt. Außerdem könnte er darüber nachdenken, was das Verlieren des *Schlüssels*, die Aussage, daß er *zu Hause* liegt und daß man dort nach ihm *sucht*, wo mehr Licht ist, bedeuten mag. Zu diesem Zweck mag er es als Hilfe empfinden, die Geschichte in seinem Geist ablaufen zu lassen und Nasrudin, der Schlüssel, das

Heim, das Licht, der Freund *zu sein*. Zuletzt mag er sich, indem er der Frage nachgeht, kurz in das Gedächtnis zurückrufen, bis zu welchem Grad Nasrudins mißliche Lage seine eigene ist, »sie zum Maßnehmen anprobieren«. »*Ich* suche den Schlüssel am falschen Platz« etc. Diesen Nasrudin-Geschichten wird in einigen Sufi-Orden große Bedeutung beigemessen. »Die Anwendung, welche die Erzählungen von Nasrudin in Sufi-Zirkeln finden«, schreibt ein Informant, »zeigt, daß der Lehrer beabsichtigt, im Schüler jene Denkform zu entwickeln, die sich von gewohnten Mustern unterscheidet . . . Es heißt, daß gewisse Ebenen menschlichen Verstehens nicht angesprochen werden können, bevor das Gehirn auf mehr als nur eine Weise wirken kann. Dies ist das Äquivalent zum ›mystischen Erleuchtungsprozeß‹ einiger anderer Systeme, aber die Naqshbandis scheinen der Ansicht zu sein, daß das Gehirn allmählich vorbereitet wird, ohne daß dabei diese Erleuchtung gleichermaßen heftig verläuft wie bei anderen Methoden.«[25]

Ist die Samenidee, die das Meditationsobjekt bildet, eine, die in wenige Worte gekleidet werden kann, kann die Wiederholung solcher Worte für den Meditierenden als Mittel dienen, Ablenkung zu vermeiden. So wie Konzentration, neben anderen Dingen, beim Atemvorgang wichtig ist, da er einen konkreteren Wahrnehmungsakt darstellt als innere Vorgänge, so bietet auch Konzentration auf verbale Wiederholung eine greifbare Unterstützung für das Anliegen der Meditation, was wiederum hilft, andauernde Wahrnehmung zu sichern.

Die Wiederholung von Worten oder Wortfolgen kann laut, leise, geschrieben oder durch das Medium bildlicher Vorstellungen geschehen. Dennoch liegt das Wesen der Übung in jedem Fall jenseits der mechanischen äußeren Erscheinungsform. So wie bei jeder Meditationsweise ist das Ziel der Übung, daß der Mensch in der Idee, bei der er verweilt, aufgeht, und keine noch so große Wiederholungszahl wird ein Ersatz für die richtige Haltung und vielleicht auch für die geeignete Anleitung sein. Der nachfolgende autobiographische Text von Mohammed Alawi klärt über die »inneren Dimensionen« dieser Art der Übung auf. Er berichtet über seinen Lehrer:

Seine Art und Weise, die Schüler Schritt für Schritt zu führen, ist vielfältig. Einigen würde er von der Form, in der Adam erschaffen wurde, erzählen, anderen von den höchsten Tugenden und wieder anderen vom göttlichen Wirken, wobei jede Anweisung dem jeweiligen Schüler entsprechen wird. Aber die Richtung, der er am meisten folgte und die auch ich einschlug, war, dem Schüler die Anrufung des einen Namen aufzuerlegen, verbunden mit intensiver Vorstellung seiner Buchstaben, bis sie in sein Gedächtnis eingeprägt waren. Dann würde er ihm sagen, er solle sie ausstreuen und vergrößern, bis sie den ganzen Horizont erfüllten. Der Dhikr würde auf diese Weise fortfahren, bis die Buchstaben zu Licht werden. Dann wird ihm der Sheikh den Weg von diesem Standpunkt fort weisen – es ist in Worten unmöglich zu sagen, wie er das tut –, und mit Hilfe dieses Hinweises würde der Spirit des Schülers schnell jenseits des erschaffenen Universums anlangen, vorausgesetzt, daß er ausreichend vorbereitet und befähigt ist – ansonsten wären Reinigung und andere spirituelle Übungen notwendig. Durch den oben erwähnten Hinweis wird der Schüler in die Lage versetzt, zwischen dem Absoluten und dem Relativen unterscheiden zu können, und er wird das Universum als Schale oder Lampe in einer anfangslosen, grenzenlosen Leere schweben sehen. Dann wird es, während er mit der Anrufung, begleitet von Meditation, fortfährt, schwächer sichtbar werden, bis es nicht länger ein bestimmtes Objekt, sondern eine bloße Erscheinung darstellt. Schließlich wird es selbst diese Qualität verlieren, bis der Suchende nach geraumer Zeit in die Welt des Absoluten eingetaucht ist und seine Gewißheit durch ihr reines Licht gestärkt wird. Bei all diesen Vorgängen würde der Sheikh über ihn wachen und ihn nach seinem Glauben befragen und ihn mehr und mehr im Dhikr bestärken, bis er schließlich den Punkt erreicht hat, an dem er sich dessen bewußt wird, was er durch seine eigene Kraft sah. Der Sheikh wird sich nicht zufrieden geben, bevor dieser Punkt erreicht ist, und wird die Worte Gottes zitieren, die von einem sprachen, »dem sein Herr Gewißheit gegeben hat und dessen *Gewißheit er dann zum unmittelbaren Beweis machte*«.

Hat der Schüler diesen Grad unabhängiger Wahrnehmung erreicht, der entsprechend seiner Befähigung stark oder schwach ausgeprägt ist, wird ihn der Sheikh wieder in die Welt äußerer Formen zurückbringen, die er zuvor verlassen hatte, und sie wird ihm nun als Umkehrung dessen erscheinen, was sie zuvor war, in dem Zustand, bevor das Licht seines inneren Auges aufgestiegen war. Er wird sie als *Licht über Licht* sehen, und so war sie in Wirklichkeit auch zuvor gewesen.[26]

Die Anwendung lautlicher Wiederholung ist in Form des Mantras und der Litanei, in Form von Rezitation, von Sutras, im Kirtan (dem Singen göttlicher Namen im Hinduismus), dem Nembutsu, in der Praxis des reinen Land-Buddhismus und bei gewissen Gebetsformen weit verbreitet. Ihre höchste Entwicklung findet man wahrscheinlich in Sufi-Zirkeln, bei denen die Übung eine bedeutende Funktion erfüllt und als *Dhikr* bekannt ist, was sowohl Wiederholung als auch Erinnerung heißt. Dies ist eine passende Doppelbedeutung, denn der Begriff »Erinnerung« ist dem psychologischen Aspekt der Übung ebenso angemessen, wie »Wiederholung« dem physischen oder wörtlichen Aspekt entspricht. In der Moslemtradition ist das Nennen des Namens Gottes bezogen auf Gottes Befehle, wie sie durch die Hand des Propheten vermittelt werden: »Erinnere dich an deinen Herren in dir mit Reue und Ehrfurcht . . . Erinnere dich an Mich und Ich werde mich an dich erinnern.« An dieser Äußerung können wir jenes Phänomen erkennen, das wir auf allen Seiten dieses Buches als einen Aspekt der Meditation hervorgehoben haben: Meditation bedeutet die Erschließung eines Seinszustandes in uns, der nicht erst erschaffen werden muß, sondern unsere tiefste Wirklichkeit ist. Andererseits müssen »wir« beiseite treten, damit diese unsere Wirklichkeit erwachen kann. Übersetzt man dies in die vollständigen Worte des Dhikr, bedeutet es, daß Zakir (der Erinnernde) seine Aufmerksamkeit mehr und mehr der Bedeutung des Gesagten zuwendet, bis er »nicht mehr so sehr mit dem Dhikr (der Erinnerung) beschäftigt ist, sondern mit dem Mazkur (dem Einen, der angerufen wird oder an den man sich erinnert)«[27]. Diese zweifache Bewegung, die transzendente Einheit des Daseins zu bestätigen und das Anhangen des Ego an unvollständigen Reflektionen der Einen Wahrheit abzulehnen, bildet den Inhalt einer der weitverbreitetsten Formen des Dhikr: die Wiederholung der Worte des Propheten Mohammed: »LA ILAHA ILLA'LLAH« (Keinen Gott, sondern GOTT gibt es).

Der folgende Abschnitt aus Najmeddin Daya, einem Sufiklassiker des 13. Jahrhunderts, beschreibt sowohl den äußeren als auch den inneren Aspekt der Wiederholung besonders deutlich:

Nachdem er einen leeren, dunklen und sauberen Raum bereitet hat, in dem er nach Wohlgefallen einige süß duftende Räucherstäbchen entzündet, läßt ihn sich dort mit gekreuzten Beinen niederlassen, mit dem Gesicht zur Qibla (Richtung nach Mekka).

Während er seine Hände auf die Oberschenkel legt, läßt ihn sein Herz ins Wachsein rufen und seine Augen kontrollieren. Dann sollte er mit tiefer Verehrung laut: LA ILAHA ILLA'LLAH sagen. Das LA ILAHA sollte aus der Wurzel des Nabels geschöpft werden, damit sich die kraftvollen Wirkungen des Zikr (Dhikr) in allen Gliedern und Organen zeigen. Aber läßt ihn seine Stimme nicht zu laut erheben. Er sollte danach streben, sie soweit wie möglich abzudämpfen und zu senken, entsprechend der Worte ›Erwecke Den Herren in dir, demutsvoll und mit Reue, ohne gewöhnliche Sprache‹ . . . Nach diesem Muster wird er dann das Zikr wiederholt und bedacht aussprechen, wobei er im Herzen über dessen Bedeutung nachdenkt und jegliche Ablenkung vermeidet. Wenn er an das LA ILAHA denkt, sollte er zu sich selbst sagen: Nichts will ich, nichts suche ich, nichts liebe ich ILLA'LLAH außer Gott. Auf diese Weise wird er mit LA ILAHA alle sich bekämpfenden Objekte vereinen und ausschließen mit ILLA'LLAH die göttliche Majestät bestätigen und zum einzigen Gegenstand seiner Liebe, Suche und seines Bestrebens erheben.

In jedem Zikr sollte sein Herz von Anfang bis zum Ende wach und gegenwärtig (hazir) in Verneinung und Bestätigung sein. Findet er in seinem Herzen etwas, an dem er anhangt, so soll er es nicht beachten, sondern seine Aufmerksamkeit der göttlichen Majestät schenken und die Gnade der Hilfe vom Schutz seines spirituellen Vaters erwarten. Laßt ihn mit der Verneinung LA ILAHA dieses Anhangen auswischen, die Liebe zu diesem Ding aus seinem Herzen reißen und mit ILLA'LLAH an seine Stelle die Liebe zur Wahrheit (Gott) setzen.[28]

Liest man diesen Bericht, bei dem der *Inhalt* betont wird, könnte man die Bedeutung übersehen, die der *Form* oder dem phonetischen Aspekt der meisten verbalen Wiederholungen beigemessen wird.

Die Namen der Gottheit, der göttlichen Eigenschaften und der Emanationen (ebenso wie die Namen der Engel, Dämonen oder Djinn, die bei den Zauberern angerufen werden) werden in allen Überlieferungen für ein wichtiger Schlüssel zum Erfolg bei der theurgischen Unternehmung gehalten. Der jeweilige Name der spirituellen Kraft wirkt wie ein Schlüssel, der ihre Kraft freisetzen kann. Darum können wir verstehen, warum die ägyptischen Priester der Aussprache von Worten unter bestimmten Bedingungen Bedeutung beimaßen (wie es der bekannte Ägyptologe Sir E. A. Wallis Budge bemerkte) oder welche Bedeutung die geheime Aussprache des Tetragrammaton hat.[29]

Die Vorstellung, daß Worte und Klänge »Macht« besitzen, mag dem modernen Verstand zugänglich und akzeptabel erscheinen, wenn sie auf folgende Art und Weise beschrieben wird: Die »Mächte«, die durch Worte hervorgerufen werden, sind Bewußtseinszustände und Aspekte unserer Psyche.[30] In einer natürlichen Symbolik besteht eine Verbindung zwischen diesen und besonderen Klängen, ebenso wie eine Verbindung zwischen Bewußtseinszuständen und bestimmten Gesten, Körperhaltungen, Farben, Körperteilen und Naturelementen besteht. Bis zu einem gewissen Grad erkennt dies jeder gute Dichter und wendet diese Erkenntnis stillschweigend an, wenn er den entsprechenden Klangausdruck für seine Ideen sucht.[31] Ein Wort ist ein übliches, konventionelles Symbol, wenn eine bestimmte Bedeutung willkürlich mit einem bestimmten Klang verbunden wird. Aber Worte sind auch *natürliche* Symbole, wenn ihre Klangstruktur in uns bestimmte Empfindungen oder eine Atmosphäre von Assoziationen hervorruft. Im ersten Fall ist das Wort ein intellektuelles Symbol; im zweiten Fall ein Gefühlssymbol – das heißt, der Träger einer direkten Erfahrung.

Der Gebrauch des vollständig phonetischen und nicht-intellektuellen Aspekts der Wortsymbolik hat seine höchste Entwicklung offenbar in der Hindutradition des Mantra-Yoga erreicht und ist auch ein wesentlicher Bestandteil des Vajrayana (Tibetischer Buddhismus). Wie das Mantra Shastra (die Gesetzmäßigkeit, die mantrischen Klängen zugrunde liegt; d. Übers.) sagt, hat jedes Element oder jede Kategorie des Universums sein eigenes natürliches Klangbild, das sein Samen (bija) genannt wird. Jedes einzelne der Elemente hat sein Mantra, und neue Mantren bilden sich aus der Kombination dieser Elementarmantren. Jede Gottheit hat ein Mantra und jedes Mantra eine Gottheit. AUM wird als Königin aller Mantren bezeichnet und ebenso als deren Ursprung. Über die Bedeutung von AUM und die Technik der Meditation, darüber gibt es eine ganze Literaturgattung.

Der phonetische Aspekt eines Gedichts kann für jedermann, der seine Worte versteht, in höchstem Maße ausdrucksstark werden, so daß die Form dann für den Inhalt das gleiche wird wie das Blut für den Körper. Andererseits können die gleichen Klänge für jemanden, der die Sprache nicht versteht, ohne Ausdruckswert sein. Gleicherweise bedeutet die Aussage, daß gewisse Töne besser als andere Töne, Ausdrucksweisen und Erinnerungen an bestimmte Erfahrungen sind, nicht, daß die Wirksamkeit des Mantra unabhängig vom Wissen des Meditierenden über seine Bedeutung ist. Oder, anders gesagt, man darf nicht erwarten, daß Mantren »magisch« in dem Sinne seien, daß sie mechanisch wirksam sind. Sir John Woodroffe, der sich ausgiebig mit dem Thema beschäftigt hat, sagt ausdrücklich: »Das Aussprechen eines Mantra ohne das Wissen um seine Bedeutung oder die Mantra-Methode bleibt eine bloße Lippenbewegung, nichts weiter. Das Mantra schläft. Es gibt eine ganze Reihe von Vorgängen, die dem Sprechen des Mantra vorausgehen und in das Sprechen hineinverwoben sind . . .«[32]

Mantren sind wie visuelle Symbole, Körperhaltungen oder Ideen nur Bildschirme, auf die der Meditierende Aspekte seines Zieles projiziert. Die Qualität des Bildschirms zählt, aber solange es nur ein Objekt bleibt, ist keiner der Meditationsgegenstände ein wirkliches Meditationsobjekt.

Wenn wir jetzt zu einer Betrachtung des Dhikr zurückkehren, das weiter oben beschrieben wurde, werden wir erkennen, daß die Übung aus mehr besteht als nur der Wiederholung bestimmter Worte. Der Beschreibung kann man klar entnehmen, daß die Übung ebenso wie viele andere Formen der Meditation (in dem weitgefaßten Sinn wie die Bezeichnung in diesem Werk verwendet wird) ein zusammenhängendes Gebilde verschiedener Bestandteile darstellt: Man findet neben anderem die Haltung der Reue und

Reinheit, die Empfindung der Ehrfurcht, eine Qualität des Gewahrseins oder »Erwachtseins«, selbstlose Demut, Gottesliebe und Losgelöstsein von allen anderen Arten der Anhänglichkeit.

Selbst in einem ganz äußerlichen Sinn stellt diese Form des Dhikr mehr dar als die Wiederholung einer Formel, denn »das LA ILAHA sollte aus der Wurzel des Nabels geschöpft werden und das ILLA'LLAH in das Herz gezogen werden, damit sich die kraftvollen Wirkungen des Dhikr in allen Gliedern und Organen zeigen mögen«. Dieser Aspekt stellt eine Verbindung zwischen dem mantrischen Aspekt des Dhikr (verbale Wiederholung) und einer ganz anderen Art konzentrativer Meditation her, die wir hier nur kurz diskutieren werden, trotz (und gerade wegen) ihrer besonderen Wichtigkeit. Es ist jene Art, bei der die Meditationsobjekte bestimmte Körperbereiche und ihre entsprechenden Funktionen oder Daseinsaspekte sind.

Meditation über die »Körperzentren«, die Chakren der hinduistischen und tibetischen Systeme und die Lataif[33] der arabischen Systeme, stellt eine komplexe spirituelle Wissenschaft dar (ebenso wie die des Mandala oder des Mantra). Aber Elemente dieses Wissens sind auch weitverbreitete Bestandteile anderer Meditationsweisen. Ebenso wie mit dem Dhikr, das oft eine vermischte Übung ist, die eine ganze Anzahl mechanischer Techniken in ein zusammenhängendes Ganzes integriert, verhält es sich auch mit den meisten anderen Meditationsformen. Selbst die äußerst einfache Übung der Zen-Tradition, den Atem zu zählen, führt eine beachtliche Anzahl technischer Bestandteile zusammen: anhaltendes Gewahrsein des Atemvorganges; Ursprünglichkeit des Atmens, die durch die Aufmerksamkeit nicht gestört wird (eine Art des Nichts-Tuns); Stille; das Einnehmen der Haltung des sitzenden Buddha im Augenblick der Erleuchtung als Mittel, um die grundlegende Identität des Meditierenden oder dessen Buddha-Natur zu erwecken; eine Handhaltung (Maha-Mudra), welche die Vereinigung der Gegensätze darstellt, und dabei im besonderen die Identität von Samsara und Nirvana; die Konzentration auf die Bauchregion, so daß man den Körper *zentriert* in einem Gebiet wahrnimmt, das sein natürliches Zentrum darstellt, und so weiter.

Viele dieser zusammengesetzten Übungen räumen dem Körper besondere Bedeutung ein. Selbst wenn sich der Meditierende mit Bildern, Ideen oder Tönen beschäftigt, faßt man sie als im Körper lokalisiert auf oder als auf ihn bezogen, so daß man sagen kann, der Körper wird zum Tempel seines Rituals.

Ein Beispiel dafür ist das »Gebet des Herzens« der christlichen Tradition. Dieses Gebet, das die Grundübung der frühen Kirchenväter war (und das später besonders von den hesychastischen Mönchen des Berges Athos gepflegt wurde), kann man ohne weiteres als christliches Dhikr bezeichnen. Der folgende Passus vom Heiligen Simon, dem Neuen Theologen, aus der *Philokalia* (einer asketisch-mystischen Anthologie, die im 18. Jahrhundert wahrscheinlich von Macarius aus Korinth und Nicodemus vom Heiligen Berg zusammengestellt und zum erstenmal 1782 in Venedig veröffentlicht wurde. Sie enthält Schriften der christlichen Kirchenväter aus dem ersten Jahrhundert), zeigt dies deutlich:

Es gibt drei Arten der Aufmerksamkeit im Gebet, durch welche die Seele erhoben und weiterbewegt oder hinabgestoßen und zerstört wird. Wer immer diese Methoden zur rechten Zeit und auf die rechte Weise anwendet, bewegt sich vorwärts.

Aufmerksamkeit sollte mit dem Gebet ebenso unzertrennbar verknüpft werden, wie der Körper mit der Seele verknüpft ist . . . Aufmerksamkeit sollte vorausgehen, um wie ein Späher den Feind auszumachen.

Die Merkmale der ersten Methode sind: Wenn ein Mensch betet und seine Hände, Augen und seinen Geist zum Himmel erhebt, göttliche Gedanken denkt, sich himmlische Segnungen vorstellt, Engelshierarchien und Wohnsitze der Heiligen, in seinem Geist alles aus den Heiligen Schriften Gelernte versammelt und darüber sinnt, während er betet, zum Himmel blickt und so die Seele zum Verlangen und zur Liebe zu Gott anregt, zu Zeiten sogar Tränen vergießt und weint, wird dies die erste Methode der Aufmerksamkeit und des Gebetes sein.

Wenn aber ein Mensch nur diese Methode des Betens sucht, geschieht es, daß er nach und nach im Herzen stolz wird, ohne es zu merken, ihm scheint sein Tun aus Gottes Gnaden zu stammen . . .

Diese Methode enthält noch eine andere Art des Sich-irrens; wenn nämlich ein Mensch mit seinen körperlichen Augen Lichter sieht, süße Düfte riecht, Stimmen hört und viele andere Erscheinungen wahrnimmt. Mancher wurde völlig besessen und wanderte in seiner Verrücktheit von Ort zu Ort . . .

Die zweite Methode ist wie folgt: Ein Mensch reißt seinen Geist los von allen wahrgenommenen Objekten und führt ihn nach innen, indem er seine Sinne überwacht und die Gedanken sammelt, so daß sie aufhören, unter den Sinnlosigkeiten der Welt umherzustreifen; nun prüft er seine Gedanken, sinnt über die Worte, die seine Lippen beten, ruft seine Gedanken zurück, wenn sie vom Widersacher geschändet werden und dem Bösen und Sinnlosen zufliegen, jetzt strebt er mit großen Mühen und Selbstüberwindung danach, zu sich selbst zu finden, nachdem er von einigen Leidenschaften gefangen und bezwungen wurde. Die Besonderheit dieser Methode ist, daß sie sich im Kopf abspielt, Gedanke, der gegen Gedanke kämpft. Bei diesem Ringen mit sich selbst kann ein Mensch niemals in Frieden mit sich selbst leben oder Zeit finden, sich in Tugenden zu üben, um die Krone der Wahrheit zu erhalten. Dieser Mensch gleicht einem, der seine Feinde in dunkler Nacht bekämpft; . . . denn er selbst verweilt im Kopf, wohingegen böse Gedanken im Herzen entstehen. Er bemerkt sie nicht einmal, da seine Aufmerksamkeit nicht im Herzen ist . . .

Diese dritte Methode ist wahrlich wunderbar und schwer zu erklären . . . Wenn jemand völligen Gehorsam gegenüber seinem spirituellen Vater pflegt, wird er von allen Sorgen befreit, denn er hat ein für allemal seine Sorgen auf die Schultern seines spirituellen Vaters gelegt. Frei von allem weltlichen Anhangen wird er fähig zu innigem und fleißigem Üben der dritten Gebetsmethode, vorausgesetzt, daß er einen wahren spirituellen Vater gefunden hat, der nicht Versuchungen unterworfen ist.

Man beginnt diese Methode, indem man nicht hinauf zum Himmel blickt, seine Hände erhebt oder seinen Geist auf himmlische Dinge richtet; diese sind, wie wir sahen, Eigenschaften der ersten Methode und stehen der Versuchung nahe. Auch besteht sie nicht darin, die Sinne mit Hilfe des Verstandes zu überwachen und darauf seine ganze Aufmerksamkeit zu richten und nicht nach dem Angriff der inneren Dämonen auf die Seele Ausschau zu halten . . .

Indem man auf diese Weise fortfährt, bereitet man sich einen echten, geraden Weg zur dritten Methode der Aufmerksamkeit und des Betens, die wie folgt aussieht: Der Geist sollte im Herzen sein – das ist ein wesentliches Merkmal der dritten Methode. Er soll das Herz betend beschützen, umwenden, immer innen bleiben und dann aus der Tiefe des Herzens Gebete an Gott richten. (Darin ist alles enthalten; arbeite auf diese Weise, bis du den Höchsten spüren darfst.)

. . . Was die anderen Ergebnisse angeht, die im allgemeinen aus dieser Arbeit hervorgehen, wirst du sie durch eigene Erfahrung kennenlernen, indem du deinen Geist wach und in deinem Herzen Jesus, das heißt, Sein Gebet hältst – Herr Jesus Christus, erbarme Dich meiner! Einer der heiligen Väter sagt: »Sitze in deiner Zelle und dieses Gebet wird dich alles lehren.«[34]

Die gleiche Quelle bietet andere Beschreibungen an und neben den Hinweisen auf wiederholendes Beten und das Richten der Aufmerksamkeit auf den Bereich des Herzens Hinweise auf Atemtechniken. Folgendes Zitat ist ein Text des Patriarchen Callisotis und seines Mitarbeiters Ignatius von Xanthopulos:

Du weißt, wie wir atmen, Bruder: Wir atmen die Luft ein und aus. Darauf gründet sich das Leben des Körpers und davon hängt seine Wärme ab. Sitze nur in dieser Zelle, sammle deinen Geist, führe ihn auf den Weg des Atems, auf dem die Luft eintritt, nötige ihn, gemeinsam mit der eingesogenen Luft das Herz zu betreten, und halte ihn dort. Halte ihn dort, aber laß ihn nicht still und müßig verweilen; gib ihm vielmehr folgendes Gebet: »Herr Jesus Christus, Gottes Sohn, erbarme dich meiner.« Das soll seine ständige Beschäftigung sein, die nie aufgegeben wird. Denn diese Bemühung macht den Geist, indem sie ihn von Träumen frei hält, unempfindlich gegenüber Einflüsterungen des Feindes und führt ihn zu Göttlichem Verlangen und Liebe.[35]

Ein besonderes Element des Nadi-Yoga, das immer wieder in Verbindung mit scheinbar unähnlichen Übungen auftaucht, ist seine erste Stufe: jene des Zentrierens oder Verdichtens der Aufmerksamkeit im Unterleib. (Einige Methoden bevorzugen den Solar Plexus – wie bei der Handhaltung des Za-Zen –, während andere einen Punkt unterhalb des Nabels wählen und wieder andere das »Wurzel-Chakra«.) Dieser Bereich wird in Japan Hara genannt, ein Wort, das nicht nur das Zentrum des Körpers bezeichnet, sondern auch das Zentrum der Seele, und es nimmt einen hervorragenden Rang in der Kultur dieses Landes ein. Nach Graf Dürckheim

> gibt es Meisterschulen, die Hara allein zum Gegenstand der Übung machen, und es gibt keine japanische Meisterkunst, die nicht in ihrem Besitz die menschliche Voraussetzung des »Gelingens« sähe. Was aber hier in der »Mitte des Wesens« erfahren wird, ist, japanisch gesehen, nichts anderes als die tragende, alles durchwaltende, formende und bergende Einheit des Lebens.[36]

Wenn wir uns mit spirituellen Disziplinen beschäftigen, die Manipulation von Bildern oder Tönen beinhalten, können wir diese als »symbolisch« auffassen und sagen, daß das Symbol eine psychologische Wirklichkeit erweckt oder daß der Mensch in seiner meditativen Versenkung zu dem »wird«, was das Symbol darstellt. Können wir, wenn wir uns mit anatomischen Meditationsobjekten beschäftigen, diese als nur symbolisch betrachten? Ist z. B. ein physisches Zentriertsein in der Unterleibsgegend nur ein symbolischer Ausdruck einer psychologischen oder spirituellen Zentriertheit oder ist die psychophysische Parallelität Ausdruck der Tatsache, daß jeder einzelne Seinszustand sowohl im Bereich der Psyche als auch im Bereich des Soma reflektiert wird?

Wenn wir glauben, daß wir der Körper *sind*, werden wir ohne Schwierigkeiten die Macht einer auf den Körper gerichteten Meditationstechnik über den Zustand eines Menschen erkennen. Wenn wir es andererseits vorziehen, die physische Lokalisierung als Symbol der inneren Verfassung anzusehen, können wir kaum übersehen, daß dies eine natürlichere Symbolik ist, die »der Sache näher kommt« als irgendeine andere. Bei dieser Symbolik repräsentiert unser ganzer Körper das »Selbst« (wie wir es gewöhnlich empfinden, wenn wir beispielsweise sagen »Faß mich nicht an!«), und verschiedene Körperbereiche beziehen sich auf verschiedene Erfahrungsbereiche. (Die Arbeit von Sheldon kann als Hinweis dafür verstanden werden, daß dies mehr ist als Symbolik.)

Die tantrische Überlieferung Indiens und Tibets versteht den

Körper als Bereich einer zweifachen Polarität: eine ist die rechts-links-Polarität (*Ida* und *Pingala*, »Sonne« und »Mond«; *Ha-Tha*, Involution und Evolution); und die andere: oben-unten (Bewußtsein und Kraft, Spirit und Materie). Die spirituelle Arbeit besteht aus der Vereinigung dieser Gegensätze und der Verwirklichung des Zentrums eines symbolischen Kreuzes. Die Integration dieser zweifachen Polarität »wird auf verschiedenen Stufen wahrgenommen, dabei besonders in aufeinanderfolgenden Chakren (Bewußtseinszentren im feinstofflichen Körper, die die Verbindung zwischen feinstofflichem und grobstofflichem Körper über das zentrale Nervensystem herstellen, Anm. d. Übers.), von denen jedes eine besondere Bewußtseinsdimension darstellt, wobei wiederum die höhere Dimension die niedere mit einschließt, ohne deren Qualitäten auszulöschen.«[37]

Genauer gesagt, man nimmt an, daß der Körper auf der vertikalen Ebene drei Bereiche umfaßt: Kopf, Brust und Unterleib, wobei in jedem dieser Bereiche die Chakren gelegen sind, welche die besonderen Merkmale dieser Region ausdrücken. Die Systeme des hinduistischen und des buddhistischen Tantra unterscheiden sich hier. Ersteres spricht von drei Chakren in jeder der Hauptregionen, die, zusammen mit dem Herzchakra, insgesamt sieben ergeben. Die buddhistische Überlieferung andererseits spricht nur von jeweils zwei Chakren in der Kopf- und der Unterleibsregion und beschäftigt sich also mit einem System von insgesamt fünf Zentren. (Der Vajrayana-Buddhismus schließt das Swadhist Chakra – das Zentrum der Geschlechtsorgane – sowie dessen oberen Gegenpol, das Ajna Chakra – das Zentrum zwischen den Augenbrauen – aus.)

Man faßt die Chakren als positive und negative (und, in den Hindu Tantras, neutrale) Ausprägungen der Funktionen auf, die durch die drei Körperregionen ausgedrückt werden. Diese Art von Körpersymbolik ist ganz natürlich und unserer Sprache geläufig. Wir sagen zum Beispiel, daß irgend jemand »Durchschlagskraft« hat oder »warmherzig« ist oder »im Kopf lebt«. Hier ist eine kurze Charakterisierung der unteren, oberen und mittleren Regionen in den Worten des Lama Anagarika Govinda:

Untere Region: Eine irdische Ebene, vorwiegend eine der erdgebundenen Elementarkräfte der Natur, des Materiellen, Körperlichen mit Betonung auf die »materialisierte Vergangenheit«;

Obere Region: Die kosmische oder universelle Ebene ewiger Gesetze, zeitlosen Wissens (die, vom menschlichen Standpunkt gesehen, als »zukünftige« Verwirklichung empfunden wird, als Ziel, das noch erreicht werden muß), ein Ort des ständigen spirituellen Gewahrseins des Unendlichen, wie er in der Grenzenlosigkeit des Raums und in der Erfahrung der Großen Leere (Sunyata) symbolisiert wird, in der Form und Nicht-Form gleichermaßen enthalten sind;

Mittlere Region: Die menschliche Ebene oder individuelle Verwirklichung, auf der die Qualitäten irdischen Daseins und kosmischer Beziehungen, die Kräfte der Erde und des Universums in der Menschenseele als eine allgegenwärtige und *zutiefst empfundene* Wirklichkeit bewußt werden. Darum wird das Herzzentrum zum Sitz der Ursprungssilbe HUM im Unterschied zu dem OM des Scheitelzentrums.[38]

Die Formulierungen des taoistischen Meditationssystems sind ganz ähnlich. Dort gibt es im Menschen drei Ströme oder Flüsse (»Samen«, »Atem« und »Spirit« genannt), die mit ihren physischen Manifestationen in Beziehung stehen, aber nicht identisch mit ihnen sind und auch umgekehrt durch sie beeinflußt werden. Diese drei »Stimmungen«, die man als Fortpflanzungskraft, vitale Kraft und spirituelle Kraft bezeichnen kann, müssen vereint werden, um den unsterblichen Menschen zu schaffen, den »Diamantenkörper«. Dementsprechend gibt es »drei Ausgangspunkte für die Meditation . . . , genannt die ›drei Felder des Zinnober‹ . . . oder Felder des alchimistischen Elixiers: Das ›obere‹ Feld befindet sich in der Mitte der Stirn und ist Sitz der ›Strahlkraft unserer essentiellen Natur‹ . . . ; das ›mittlere‹ Feld befindet sich im Herzen, dem wahren Quell des zinnoberroten Elixiers und der bewußten Seele . . . ; und das ›wahre‹ Feld befindet sich in der Körpermitte (etwa im Bereich vom Nabel bis zu den Nieren), der Sitz der vitalen Kraft . . . und der unteren Seele . . .«[39]

Der Einfachheit halber haben wir uns getrennt mit verschiedenen Gebieten der Symbolisierung beschäftigt, denen sich der Meditierende zuwenden kann, verschiedenen Sinnes-Zuständen, in denen er die Reflektion seines »Objekts« finden kann. Aber es mag hier angebracht sein, festzustellen, daß die am weitesten ausgebauten Meditationssysteme die Beziehungen zwischen den verschiedenen Bereichen anwenden. Dies scheint im Widerspruch zu dem Wesenszug der Meditation zu stehen, der bereits früher aufgezeigt wurde: jenem der einseitig ausgerichteten Aufmerksamkeit oder Konzentration. Wir werden erkennen, daß es kein wirklicher Widerspruch ist, wenn wir zwischen der Wahrnehmungsbasis des Meditationsobjekts, die man das *scheinbare Objekt* nennen könnte, und dem Erfahrungsgehalt, der in ihm enthalten ist, unterscheiden, der das *Objekt an sich* darstellt. Nur auf der letzten Stufe der Sinngebung kann der Meditierende Identifikation mit seinem »Objekt« erlangen. Tatsächlich war er schon immer das

»Objekt« gewesen, so daß er im Ablauf einer derartigen Vereinigung den Sinngehalt, der in das Abbild, den Klang oder ein anderes Symbol hineinprojiziert ist, *zurückabsorbiert* und ihn ganz als mit sich wesenseins erfährt.

Betrachten wir Meditationstechniken, die nur ein einziges Sinnesobjekt einbeziehen – sei es sichtbar, motorisch, musikalisch, mantrisch oder somatisch –, dann fällt die Konzentration auf den angesprochenen Sinn zusammen mit der Konzentration auf das Wahrgenommene, und wir können im üblichen technischen Sinn von »Konzentration« sprechen. Betrachten wir jedoch Multi-Media-Meditation, dann läuft parallel zur Konzentration auf den Gehalt, der allen symbolischen Medien gemeinsam ist, die Aufteilung der Aufmerksamkeit unter die verschiedenen Bilder, Töne, Vorgänge etc., die in diese besondere Sadhana (Disziplin) einbezogen sind. Dennoch existiert diese scheinbare Aufteilung nur an der Oberfläche: denn die verschiedenartigen Meditationsobjekte, über die jemand nachsinnen mag (wie zum Beispiel Bija, Mantra und Chakra), sind *in ihrer Essenz* das gleiche (wenn sie nicht komplementäre Aspekte darstellen, die in einem umfassenden Ganzen zusammenfinden).

Obgleich einige der Übungen, die auf den vorangegangenen Seiten beschrieben wurden, wie wir bemerkten, Zusammensetzungen waren, die verschiedene technische Hilfsmittel versammelten, könnte ein weiteres Beispiel ein vollständigeres Bild der systematischen Anwendung einer mehrfach-symbolischen Hinwendung zur Meditation vermitteln. Es handelt sich um eine tibetische Übung, deren Ziel es ist, das »innere Feuer« zu entfachen, bei der man die Überlagerung von Hingabe, Atemmeditation, Besinnen auf Bilder, Chakra-Yoga und Mantra sehen kann:

Nachdem der Meditierende seinen Geist durch devotionelle Übungen gereinigt und in den Zustand innerer Hingabe versetzt hat; nachdem er den Rhythmus seines Atems geregelt, durch mantrische Worte vergeistigt und mit Bewußtsein erfüllt hat, richtet er seine Aufmerksamkeit auf das Nabelzentrum (Manipura), in dessen Lotos er sich die Keimsilbe RAM vorstellt und über ihr die Keimsilbe MA, aus der *Dorje Naljorma* (Sanskrit: *Vajra-Yogini*), eine *Khadoma* von leuchtend roter Gestalt und von einer Flammen-Aureole umgeben, hervorgeht.

Sobald der Meditierende mit der göttlichen Gestalt der *Khadorma* eins geworden ist und sich selbst als *Dorje Naljorma* weiß, setzt er die Keimsilbe »A« in das unterste, die Keimsilbe »HAM« in das höchste Zentrum (den »tausendblättrigen Lotos«, auf dem Scheitel des Kopfes).

Sodann erweckt er durch tiefe, bewußte Atmung und höchste Konzentration die Keimsilbe »A« zu feuriger Glut und facht diese mit jedem

Atemzug anwachsende Glut, von der Größe einer feurigen Perle bis zur lodernden Flamme, die in der Mittel-*Nadi* schließlich das Scheitelzentrum erreicht, von wo nun aus der dort vorgestellten Keimsilbe »HAM« der weiße Nektar, das Elixier des Lebens, tropft und herabfließend den ganzen Körper durchdringt.

Diese Übung kann in zehn Stadien dargestellt werden: Im ersten wird die *Susumna* mit der in ihr aufsteigenden Flamme als haarfeine Kapillare vorgestellt; im zweiten Stadium, von der Dicke des kleinen Fingers; im dritten, von der Dicke eines Armes; in der vierten, so weit wie der ganze Körper: als ob der Körper selbst zur *Susumna*, zu einem einzigen feurigen Gefäß geworden sei. Im fünften Stadium erreicht die entfaltende Schauung ihren Höhepunkt: der Körper hört für den Meditierenden auf zu existieren. Die ganze Welt wird zu einer feurigen Susumna, zu einem unendlichen, sturmgepeitschten Feuer-Ozean.

Mit dem sechsten Stadium beginnt der rückläufige Vorgang der Einschmelzung der Gesichte, der Vervollkommnung und »Vollendung«: Der Sturm läßt nach, und der feurige Ozean wird vom Körper absorbiert. Im siebenten Stadium schrumpft die *Susumna* auf die Dicke eines Armes zusammen; im achten, auf die Dicke des kleinen Fingers; im neunten, auf die eines Haares; und im zehnten verschwindet sie vollkommen und geht mit allen Gedanken und Vorstellungen in die »Große Leere« (Sanskrit: *Sunyata*) ein, in der alle Dualität von Wissendem und Gewußtem aufgehoben und die große Synthese seelischer Ganzheit verwirklicht ist.[40]

An dieser Stelle können wir zwischen zwei Arten von Meditationsobjekten, entsprechend dem Wahrnehmungsbereich, dem sie angehören, unterscheiden. Auf der einen Seite finden wir jene, die wir zuerst untersucht und bei denen wir entdeckt haben, daß sie Zentralität, Ausstrahlung, Leere etc. ausdrücken, was man als Ausdruck der Gesamtheit des menschlichen Wesens oder seiner inneren Natur verstehen kann (das Kreuz, OM, Feuer etc.). Auf der anderen Seite gibt es im Sinngehalt mehr eingeschränkte Meditationsobjekte, die stellvertretend für bestimmte Aspekte der menschlichen Psyche stehen (der Halbmond, die Silbe AH, das Wasser).

Die meisten Mantren, Chakren und Abbilder entsprechen *spezifischen* Ausschnitten aus der Gesamterscheinung des Menschen, die, zusammen mit komplementären Aspekten, mit Hilfe eines meditativen Vorganges wie dem zuvor zitierten oder durch ein Ritual zum Gegenstand der Vereinigung werden können. Entsprechend diesem Vorgehen können wir zwischen kontrastierenden Meditationssystemen unterscheiden. Bei dem einen erweckt der Suchende das höchste Ziel, das Zentrum seines Wesens, den Gegenstand seiner höchsten Sehnsucht und das Ziel seiner gesteigerten Seinserfahrung. Bei dem anderen erscheint sein Ziel weniger ehrgeizig, denn er erweckt nur einen Teil seines Wesens, und die Erfolgsaussichten sind darum größer. Jedoch ist auch bei dieser Annäherungsweise das letzte Ziel die Zusammenfassung aller Befähigungen oder Erfahrungen in einer umfassenden Ganzheit, über die zuerst nacheinander meditiert wurde.

Bei der tibetischen gtum-mo-Übung wird beispielsweise das Endergebnis durch das Symbol der Integration ausgedrückt: »Das alle aus der Vereinzelung der Individuation geborene Gegensätze einschmelzende Feuer geistiger Integrierung ist somit, was das tibetische Wort *gtum-mo* im tiefsten Sinne bedeutet und was es zu einem der wichtigsten Meditationsgegenstände macht.«[41] Dies ist eine andere Annäherungsweise als jene des vedischen Rituals, bei dem das Absorbiertsein im Opferfeuer sowohl das Ende als auch der Anfang ist. Bei der tibetischen Übung, wie sie Govinda beschreibt, ist das Feuer das Ergebnis der Polarität und der Vereinigung zweier entgegengesetzter Prinzipien, die durch A und HAM symbolisiert werden. A ist die Ursilbe des weiblichen oder Mutterprinzips und HA jene des männlichen oder Vaterprinzips. A ist Weisheit (Prajna) und HA Liebe; das abschließende M, in Tibetanisch als Punkt (Bindu) geschrieben, symbolisiert die Vereinigung.

Außerdem wird die symbolische Vereinigung durch einen weiteren Aspekt der Sadhana ausgedrückt, die wir gerade betrachten:

> . . . die Keimsilbe »A«, die in der beschriebenen Meditationsübung das Erkenntnisprinzip darstellt und im hinduistischen *Chakra*-System charakteristischerweise dem Zentrum des inneren Sehens *(Ajna-Chakra)* zugehört, (wird) im untersten Zentrum vorgestellt bzw. am untersten Eingang der *Susumna* (dem Wurzel-Zentrum selbst wird hier keine Beachtung geschenkt), während die Keimsilbe HAM, die hier das schöpferische Prinzip, das Elixier des Lebens darstellt, im Scheitel-Zentrum vorgestellt wird. Letzteres ist eine symbolische Vorwegnahme des Zieles, was dadurch zum Ausdruck kommt, daß erst, wenn das Feuer oder die Hitze des entflammten, d. h. zur Erlebniswirklichkeit gewordenen »A« das »HAM« im fortgeschrittenen Stadium der Meditation erreicht, letzteres zur Aktivität erwacht und in einer geschmolzenen, verflüssigten Form als vergeistigte, sublimierte Zeugungskraft, nämlich als erleuchtetes Bewußtsein (*Bodhicitta*) den »tausendblättrigen Lotos« erfüllt und aus ihm überfließend in alle übrigen Zentren hinabsteigt.[42]

Systeme, wie das oben beschriebene, sowie die Tantras überhaupt, scheinen, wenn man sie mit der Einfachheit des christlich-mystischen Wegs zur *Ekstase* oder dem *Shikan-Taza* im Zen-Buddhismus vergleicht, unverhältnismäßig viel komplizierter zu sein. Aber diese Komplexität ist nur ein anderer Ausdruck für die Erkenntnis, daß Einfachheit nicht so leicht zu erreichen ist, wie man meinen möchte. Das höchste Ziel hervorzubringen, setzt Wissen über das Ziel voraus. Sich auf die Gottheit besinnen, verlangt Erfahrung des Heiligen. In »seine Natur blicken«, verlangt einen vorhergehenden Durchbruch in die Wirklichkeit.

Im klassischen Buddhismus gibt es eine Meditationsübung, welche die »Besinnung auf das Nirvana« oder die »Erinnerung an den Frieden« genannt wird, wobei sich der Meditierende in Einsamkeit und Abgeschiedenheit an die »Qualitäten des Nirvana erinnern soll«, was mit folgenden Worten als Beschwichtigung alles Bösen bezeichnet wird: »Soweit es Dharmas (Gesetze) gibt, mögen sie bedingter oder unbedingter Natur sein, achtet man Leidenschaftslosigkeit als höchstes Dharma, d. h. Reinigung von Gedankenbetäubung, Überwindung von Durst, Entfernen von Anhangen, das Anhalten der Runde (von Samsara), das Auslöschen von Verlangen, Leidenschaftslosigkeit, Anhalten, Nirvana (Anguttara Nikaya, 1134). Jedoch besagt der Text, daß dies Dharma ebenso wie die anderen fünf ›Erinnerungen‹ ›richtig und erfolgreich nur auf der Ebene der Heiligkeit verwirklicht werden kann‹.[43] Dies entspricht der Äußerung der Alchimisten, daß man Gold haben muß, wenn man Gold machen will.

Zusätzlich zu dieser Meditationsweise, welche die Macht hat, in die völlige Versenkung zu führen, beschreiben buddhistische Schriften aus der gleichen Schule viele andere Arten, die als Vorbereitung verstanden werden und deren Ziele weniger hoch angesetzt sind. Betrachten wir zur Erläuterung die Liste, die von dem Buddhaghosa aus dem 5. Jahrhundert in seinem »Weg der Reinheit« (»Visuddhimagga«) aufgestellt wird:

Zehn Hilfsmittel: 1. Erde; 2. Wasser; 3. Feuer; 4. Luft; 5. Blau; 6. Gelb; 7. Rot; 8. Weiß; 9. Licht; 10. eingeschlossener Raum.

Zehn abstoßende Dinge: 11. geschwollene Leichen; 12. bläuliche Leichen; 13. faulende Leichen; 14. zerrissene Leichen; 15. angenagte Leichen; 16. zerstückelte Leichen; 17. zerhackte und zerstückelte Leichen; 18. blutige Leichen; 19. wurmige Leichen; 20. Gerippe.

Zehn Erinnerungen: 21. der Buddha; 22. das Dharma; 23. das Samgha; 24. Moral; 25. Freiheit; 26. Devas; 27. Tod; 28. was zum Körper gehört; 29. Atmung; 30. Friede.

Vier Stadien des Brahma: 31. Freundlichkeit; 32. Mitgefühl; 33. entgegenkommende Freude; 34. Gleichmut.

Vier gestaltlose Zustände: 35. Zustand des grenzenlosen Raums; 36. Zustand unbegrenzten Bewußtseins; 37. Zustand des Nichts; 38. Zustand, in dem weder wahrgenommen noch nichtwahrgenommen wird.

Eine Wahrnehmung: 39. der abstoßende Aspekt der Nahrung.

Eine Zergliederung: 40. in vier Elemente.[44]

sind von den vierzig nur zwei immer und unter allen Umständen segensreich – die Pflege der Freundlichkeit und die Erinnerung an den Tod. Alle übrigen sind nur für bestimmte Leute passend und das unter genau festgelegten Umständen. Die Erinnerung an den Buddha verlangt beispielsweise starken Glauben, und Gleichmut setzt großes Vertrautsein mit den »Stadien des Brahma« voraus, die vorher kommen. Darum kann es sein, daß sich einige der Meditationen jenseits der Möglichkeiten der jeweiligen Person bewegen, andere wieder können unüberwindliche Schwierigkeiten aufwerfen, wieder andere mögen keinem nützlichen Zweck dienen. Denn die Übungen an sich besitzen keinen Wert. Man kultiviert sie nur als Gegengewicht zu besonderen ungesunden und unerwünschten Zuständen.[45]

Eine ähnliche Situation treffen wir an, wenn wir uns dem klassischen Yoga zuwenden. Patanjali sagt in seinem 21. Sutra: »Er (Samadhi) ist jenen am nächsten, die brennend nach ihm verlangen.« Und im 23. Sutra fügt er hinzu, daß Samadhi auch durch Überantwortung an Gott (Ishvara-Pranidhana) erreicht werden kann. Diese Äußerung hat die Kommentatoren verwirrt, denn die Shankya-Philosophie, nach der Patanjalis Yoga formuliert wird, ist atheistisch. Andererseits betont Patanjali nicht die Überantwortung an Ishvara als Weg zur Erleuchtung, sondern die Technik des Astanga Yoga, die sich auf Entwicklung des Konzentrationsvermögens und des Willens gründet. Aber dennoch kann er die Existenz dieser universellen Erfahrung nicht übergehen, die das Herz des Weges der Hingabe ausmacht. Mircea Eliade beantwortete seine Frage, warum Patanjali überhaupt Ishvara einbeziehen muß, selbst wie folgt:

> Ishvara entspricht einer Wirklichkeit der Erfahrung; tatsächlich kann Ishvara den Samadhi hervorrufen, vorausgesetzt, daß der Yogi sich in der Disziplin übt, die Ishvara-Pranidhana genannt wird, das heißt, wenn er Ishvara als Ziel seines Tuns annimmt. Bei seinem Versuch, alle Techniken des Yoga aus der »klassischen Tradition« zusammenzustellen und sie zu klassifizieren, konnte Patanjali kaum ungewöhnliche Erfahrungen ausschließen, die man nur durch Konzentration auf Ishvara erlangt. Das heißt: Neben der Tradition eines ausschließlich »magischen« Yoga, der nur den Willen und die persönlichen Quellen des Asketen anspricht, gab es eine andere Tradition, die »mystisch« ist, bei der die letzten Stufen der Yogaübung durch Mittel der Hingabe . . . an einen Gott zumindest erleichtert werden.[46]

So wie sich die »mystische Tradition (in begrenztem Sinn) bejahend den Höhen zuwendet, betont die »magische« Tradition, die wir besser »technische« oder vielleicht »theurgische« Tradition nennen könnten, die Vertiefung in der Besinnung auf unsere gegenwärtige

Erfahrungsebene oder sogar ein Hineingraben in eine Unterwelt, auf die sich unsere Erfahrung gründet. Dieses in die Tiefe-langen ist zweifellos der Ursprung für die »teuflischen« Assoziationen, die sich mit den tantrischen und magischen Überlieferungen verbunden haben, und auch der Ursprung tatsächlicher Gefahren. Dieser Weg des Hinabsteigens, durch Dantes Schilderung seiner Reise durch die Hölle unvergänglich geworden, besteht darin, Verbindung mit dem Unterdrückten und Verdrängten aufzunehmen, mit diesen »schlafenden Mächten«, ohne die keine Einheit des Seins möglich wäre.

Ein mittelalterliches Medaillon mit dem Text der berühmten Smaragdtafel des Hermes Trismegistus trägt eine Inschrift, die in knapper Form die zentrale Idee der Reise in die Tiefe darstellt. Es ist ein Akrostichon über das Wort »vitriol«, lateinisch für die ätzende Schwefelsäure: *Visita Interiora Terrae Rectificando Invenies Occultum Lapidem.* (Besuche das Innere der Erde. Indem du Ordnung schaffst, wirst du den Stein der Weisen finden.) Man findet den Stein der Weisen, das Ziel des alchimistischen Bestrebens, der »gewöhnliche Metalle« in »Gold« verwandeln kann, vielmehr durch ein »ätzendes« Einwirken auf die irdische Seite des Daseins als durch ein Streben nach den fernen Höhen.

Diese Bewegung des Abstiegs wurde in den spirituellen Disziplinen der Menschheit auf viele Arten ausgedrückt. Ein Aspekt davon ist sicherlich durch Dantes Hölle repräsentiert: eine Reise der Selbsterforschung. Hier wird die Besinnung nicht auf symbolische Verkörperungen des spirituellen Ziels oder auf bestimmte Aspekte der Psyche gelenkt, sondern auf Erfahrung, die nicht durch Symbole vermittelt wird. Eine ernste, unparteiische Betrachtung dessen, was wir sind, die nicht eingeschränkt oder beeinflußt wird durch das, was wir als »gut« ansehen, kann nur zu einer Neubewertung dessen führen, was wir sind, und möglicherweise zu einem »Erblikken unserer wahren Natur«. Das zweite Ausdrucksmittel für die Strategie des Abstiegs besteht in der Anwendung symbolischer Formen mit dem Ziel, die Bewohner unserer dunklen Unterwelt aus ihrem Schlummer zu erwecken. Professor Tucci schreibt:

Die altertümlichen Phantome, die Erinnerung an eine primitive und längst vergangene Welt, die Monster und fremdartigen Figuren urzeitlicher Götter, die Früchte barbarischer und grausamer Eingebungen leben in der Tiefe unserer Seele weiter, und es wäre vergebliches Mühen, sie zu unterdrücken. Sie würden unerwartet am Rande unseres Unterbewußten auftauchen. Gnosis verneint sie nicht, treibt sie nicht zurück, sondern *führt* sie, als Gäste der Sinne, auf edlere Pfade oder *transformiert* sie.

Die Annahme, auf der sich diese Unternehmung gründet, ist optimistisch und betrachtet alle unerwünschten Antriebe in der menschlichen Persönlichkeit nur als aus dem Gleichgewicht geratene oder falsch angewendete Naturkräfte, die in sich selbst nicht böse sind. Die Urbilder, die verwendet werden, um diese Kräfte zu personifizieren und zusammenzufassen, sind darum Abbilder, die als Modelle dienen, um sie in die entsprechende Richtung zu lenken. (In diesem Zusammenhang sei auf das derzeit vielleicht umfassendste Modell oder »Seelenbild« hingewiesen, das diesen psychologischen Auf- und Abstieg und die sich daraus ergebende Harmonisierung des Bewußtseins bewirken soll: die nach spirituellen Gesichtspunkten konzipierte Stadt *Auroville* in Südindien, die als Stadt und Gemeinschaftsgefüge diese Transformation, von der Prof. Tucci spricht, erreichen will. Anm. d. Übers.[47]) Man kann die dunklen Gottheiten, welche der Mensch erschaffen hat, in diesem Licht sehen. Wenn sich griechisches Genie Dionysos als verrückten Gott vorgestellt hat, hat es Göttlichkeit sogar in der menschlichen Verrücktheit erkannt und sich vertrauend verneigt vor den Kräften des Chaos in der individuellen Seele. Erst heutzutage fangen wir an, darüber nachzudenken, daß dies schließlich der beste Weg ist, mit Psychosen umzugehen und sie zu »heilen«. (Siehe Seite 99 f.) Wenn sich die Hindus Shiva als Zerstörenden vorstellen, anerkannten sie den zerstörerischen Aspekt jeder schöpferischen Handlung und die positive – ja sogar unerläßliche – Rolle der Aggression im Leben. Man kann annehmen, daß Meditation über Shiva den Menschen zur Verarbeitung dieser Einsicht führt und dazu, daß er für sein eigenes aggressives Potential eine aufbauende Richtung findet. Die »dunkle« Figur des Dionysos, der Persephone und anderer, die Vorstellung des Abstiegs in eine Unterwelt und der Vorgang des psychologischen »Todes« als Vorläufer der Erneuerung beherrschten die Mysterien der Antike, und es ist nicht weiter verwunderlich, daß diese heidnischen Riten (oder was von ihnen während des europäischen Mittelalters übrigblieb) dem christlichen Auge als Satansmessen und Teufelskulte erschienen. Die europäische Christlichkeit mit ihrem Asketentum war der Versuch, Gott zu erreichen, indem man die Natur transzendiert; die Mysterien-Religionen fanden ganz im Gegensatz dazu den universellen Seelen – Spirit *in* der Natur und suchten eine Synthese, die den natürlichen Menschen miteinbezog und erhöhte.

Ein dritter Aspekt auf dem Weg des Abstiegs in der Meditation ist die Bedeutung, die dem Körper beigemessen wird. Der nach oben strebende Westen mit seinen aufs Ziel ausgerichteten Kathedralen-

spitzen und seinem faustischen Streben wollte offenbar eine Ab-
kürzung zum Himmel, und trotz der Aussage von Jesus, daß das
Himmelreich innen liegt, wurde es zumeist als über dem Körper
befindlich vorgestellt. Dementsprechend wurden physische Techniken, wo immer sie angewendet wurden, kritisiert und von der
zentralen historischen Überlieferung ausgeschlossen. (Es gibt zum
Beispiel Kommentare der Kirchenobersten, die besagen, daß die
Atemübungen der Hesychasten etwas Teuflisches seien.) Im Gegensatz dazu hat der Osten der psychophysischen Technik als
Mittel zur Erleuchtung immer großen Wert beigemessen.

Der Osten hat allgemein erklärt, was im Westen nur die esoterischen Traditionen überliefert haben: daß der Mensch und dabei
besonders der Körper ein Mikrokosmos ist, der den Makrokosmos
reflektiert. Im Körper wohnen alle Götter, aber sie müssen erweckt
werden. Oder, in der Sprache der alexandrischen Gnostiker, der
Körper ist das Kreuz, auf das unsere Christ-Natur genagelt ist, die
Grabkammer, in der unser Spirit eingeschlossen liegt.

Im Surangama Sutra gibt es eine Passage, in der Buddha einen
Knoten nach dem anderen in ein Taschentuch knüpft und jedesmal
seinen Schüler Ananda fragt: »Was ist das?« Nachdem er den
siebten Knoten geknüpft hatte und immer die gleiche Antwort von
Ananda erhalten hatte, erklärte Buddha, daß die Knoten wegen der
Ordnung, in der sie geknüpft wurden, nicht alle gleich sind. »Wenn
wir einen Knoten lösen wollen, müssen wir zuerst herausfinden,
wie er geknüpft worden ist. Jener, der den Ursprung aller Dinge
kennt, kennt auch deren Auflösung. Aber laß mich dir eine andere
Frage stellen: ›Können alle Knoten zur gleichen Zeit geöffnet
werden?‹«

»Nein, gesegneter Meister! Da die Knoten einer nach dem
anderen in einer bestimmten Reihenfolge geknüpft wurden, können wir sie nicht auflösen, außer wir drehen die Reihenfolge
um.«

Im buddhistischen Darshan mit dem letzten Knoten beginnen,
heißt, mit dem Körper beginnen und innerhalb des Körpers (im
Chakra-System) mit seinen körperlichsten Regionen, der Grundla-
ge oder dem unteren Bereich. Der Unterschied zwischen Ost und
West in bezug auf diesem letzten Aspekt drückt auch eindrucksvoll
den herrschenden Geist der jeweiligen Kultur aus: Der westliche
Mensch mit seinem Ehrgeiz, sich aus dem Körper zu erheben, hat
sich mit dem Kopf oder als Tiefstes mit dem Herz identifiziert. Die
Orientalen haben, spirituell nicht weniger ehrgeizig, zuerst die
Wichtigkeit der Verwurzelung im Körper betont und die Wahrneh-

mung des Schwerkraftzentrums im Bauch kultiviert. Diese Erfahrung, die wie triviale psychologische Gymnastik erscheint, hat sich als Übung von weitreichenden Konsequenzen erwiesen. Wie man der folgenden Beschreibung Professor Rousselles entnehmen kann, ist die Pflege des Zentriertseins im Unterleibsbereich das herrschende Element bei der Methode taoistischer Meditation:

1. Wähle einen ruhigen Raum, der weder dunkel noch hell ist. In einem hellen Raum wird man durch äußere Bilder gestört, in einem dunklen Raum durch innere Bilder.
2. Wähle eine bequeme Position, die den Körper nicht zu baldigem Wechsel zwingt, eine sitzende Haltung. Das Überkreuzen der Beine im traditionellen Schneidersitz ist für jene, die ihn nicht gewohnt sind, unnötig. Es ist im Gegenteil gut, die Füße fest auf den Boden zu stellen.
3. Halte den Rücken gerade (wenn nötig, durch eine Lehne gestützt) und den Kopf aufgerichtet, so daß sich die Nasenspitze vertikal über dem Nabel befindet und das »Licht des Auges« leicht auf das Körperzentrum (Solar Plexus) gerichtet werden kann, was bedeutet, daß das Bewußtsein leicht auf das Unbewußte gerichtet werden kann.
4. Halte die Augen halb-geschlossen. Was für einen völlig hellen oder völlig abgedunkelten Raum gilt, gilt auch für gänzlich geöffnete oder geschlossene Augen. Die Augen – mit Blickrichtung über die Nasenspitze – schauen auf den Solar Plexus.
5. Halte die Hände zusammen, wie beim chinesischen Gruß – die rechte Hand bildet eine Faust, die von der linken umschlossen wird. Dies repräsentiert eine *communio naturarum* des Yin und Yang.
6. Bevor du zu meditieren beginnst, atme drei- bis fünfmal tief, langsam und gleichmäßig, damit der »See des Atems« (ch'i hai) im Unterleib angeregt wird. Auf diese Weise kannst du es vermeiden, während der Meditation durch das Bedürfnis nach einem tiefen Atemzug gestört zu werden. Beachte während der Meditation den Atem nicht. Der Mund soll geschlossen sein, du darfst nur durch deine Nase atmen.
7. Blicke ehrerbietig auf das Bild des Meisters (im Zeugnis des Schülers). Auf diese Weise wirst du in seiner Gegenwart sein und dich mit Vertrauen zur Meditation öffnen.
8. Verbanne alle Gedanken. Eine völlige Leere des Geistes entsteht. Meditation besteht daraus »loszulassen«. Nicht das Oberflächenbewußtsein, sondern das schöpferische Genie der tiefgründigen Psyche sollte zu uns sprechen.
9. Diese Gedankenleere wird durch ihren positiven Gegenpol gefördert, der darin besteht, das Bewußtsein zum Körperzentrum zu lenken, d. h. zum Unbewußten.
10. Du betrittst jetzt die erste von drei vorbereitenden Meditationsstufen. Alle Gedanken werden in der Vorstellung mit den Körperzentren verknüpft *(eros!)* wie Affen unter einem Baum. Das Bewußtsein wird mit Hilfe der Vorstellungskraft zum Solar Plexus verlagert, d. h. zum Unbewußten. Diese Fixierung wird *ting* genannt (im indischen Yoga: Dharana).

11. Dies bewirkt einen bestimmten Grad der Entspannung, obgleich noch eine leichte Neigung zum Festhalten besteht. Diese zweite vorbereitende Stufe zur Befreiung oder Stille wird *ching* genannt.

12. Man erlangt nun die dritte Stufe, auf der es keine weitere Bemühung oder Spannung gibt, den Zustand friedvoller Glückseligkeit *(an)*.

Jetzt ist die Stufe erreicht, auf der etwas mit dir »geschehen« kann. Was du jetzt erfährst, ist der Inhalt deiner Meditation – aber Bilder und Ideen müssen sogleich verworfen werden! Man kann sich nicht ausdenken, wie dieser Inhalt aussehen wird. Bestimmte vorübergehende Störungen der Meditation werden auftauchen, aber sie sind in Wirklichkeit Hinweis dafür, daß du richtig meditiert hast.[48]

Es wäre unnatürlich, die beiden Annäherungsweisen des Aufstiegs und des Abstiegs, die wir beschreiben, vollständig voneinander zu trennen, die Annäherungsweise der Besinnung auf Einheit von jener der Erfahrung der Vielheit; jene des Anklopfens an die Tür zum Herz der Dinge von jener des Beginnens an der Peripherie. Es gibt Systeme, wie die der Meditation über die Sephira in der europäischen Kabbala oder die Meditation über Mandalas, bei denen diese zwei Bewegungen wie Ein- und Ausatmen sind. Das Mandala beispielsweise ist ein »Kosmogramm« oder »Psychogramm«, auf das der Meditierende mit Hilfe seines Geistes zufährt, und zwar von der Vielheit des vierfachen Umfangs zum Zentrum und vom Zentrum wieder an die Peripherie. Auf diese Weise erreicht er seine eigene Vereinung und die Beziehung seines Zentrums zur Vielheit des Lichts.

Dennoch rechtfertigt das Überwiegen der einen oder anderen Annäherungsweise bei einigen der Methoden die Frage nach ihren relativen Vorzügen. Kann man von einer sagen, sie sei grundsätzlich besser als die andere, oder entsprechen die »mystischen« und »technischen« Wege verschiedenen Menschentypen? Meinungen über die unvergleichlichen Vorzüge des einen oder anderen besonderen Meditationssystems kann man in jeder der Schulen mühelos finden, und die Menge sich widersprechender Aussagen kann Anlaß sein, deren Objektivität zu bezweifeln. Devotionale Mystiker neigen beispielsweise dazu, die ganze Idee der Technik als dem spirituellen Bereich fremd anzusehen, und verstehen die höheren Bewußtseinsbereiche wiederholt als Geschenke der Gnade, die man sich nicht verdienen kann. »Die Gnade der Kontemplation«, sagt Bernard von Clairvaux, »wurde nur als Antwort auf Streben und dringliches Verlangen gewährt.« Ja, selbst dieses Verlangen ist eine Gabe göttlicher Gnade; nicht der Mensch sucht Gott, sondern Gott den Menschen. Das Gebet der christlichen Mystiker ist *oratio infuso*, eingegeben oder aus der Höhe inspiriert.

Aber selbst wenn die Erleuchtung Geschenk der Gnade Gottes ist, können wir uns für sie empfänglich machen? Grundsätzliche Forschung muß erst noch angestellt werden, um Gewißheit zu erhalten, ob die Gaben, die ein christlicher Devotionalist, ein Sufi, ein Buddhist des Reinen Landes oder ein Yogi erhält, vergleichbar sind.

Neben der Möglichkeit, daß die eine oder andere Meditationsart allgemein besser ist oder einem bestimmten Menschentyp mehr entspricht, ist es denkbar, daß die Wege des Abstiegs und des Aufstiegs verschiedenen Stufen der spirituellen Entfaltung entsprechen. Eine der bemerkenswertesten Darstellungen davon findet man in der *Göttlichen Komödie*. Dante beschreibt, wie er, kurz nachdem er auf der Hälfte seines Lebensweges erwacht und sich verloren in einem dunklen Wald findet, die Sonnenstrahlen sah, die einen Berggipfel beleuchten.

> Dann blickte ich auf und sah die Morgenstrahlen von jenem Lichtplaneten seine Schultern umfangen, der der Menschen Schritte richtig führt auf allen ihren Wegen.[49]

Als er voller Hoffnung voranschritt, dem höheren Ziel entgegen, entdeckte er jedoch, daß das Unterfangen unmöglich war. Sein Weg war versperrt durch drei aufeinanderfolgende Tiere, die so grauenvoll waren, daß er einsah, daß er sein Unterfangen, auf den Gipfel zu steigen, aufgeben mußte. In diesem Augenblick der Verzweiflung erschien ihm Vergil, um ihn zu führen. Aber Dantes Reise würde nun *un altro viaggio: eine andere* Reise sein. Nachdem der Weg zum »Ergötzlichen Berg, von dem der Anfang aller Freude kommt«, versperrt ist, muß er nun den langen Umweg durch das Todesreich einschlagen: Er muß *hinabsteigen*, bevor er fähig ist *hinaufzusteigen* (auf den Berg des Fegefeuers). In seiner Darstellung der spirituellen Suche ist der Abstieg in die Hölle das wirkliche Mittel, die Hindernisse für seinen Aufstieg zu überwinden: denn für jedes der Tiere, die den Weg versperren, wird es eine entsprechende Region oder Ebene in der Unterwelt geben. Die Reise durch die Hölle ist somit analytisch und introspektiv: eine Reise des sich Konfrontierens mit den Leidenschaften, den Antriebskräften unseres Lebens in ihrer chaotischen Wirklichkeit. Es ist ein Unterfangen reinen Gewahrseins. Das Besteigen des Läuterungs-Berges dagegen ist ein Akt des Strebens und der Hingabe, bei dem die Seele durch Erinnerung an ihr Ziel erhoben wird.

Ist dies der Weg nur eines Individuums, nämlich Dante Alighieris, oder ist darin eine Wahrheit enthalten, die der allgemeinen menschlichen Verfassung entspricht? Sollten wir uns die Reisen in die Vielheit und Einheit, in das Gegebene und das Mögliche, in die Seele und in Gott als aufeinanderfolgende und nicht als Parallelwege vorstellen? Wenn es so ist, würde die Methode für einen bestimmten Menschen davon abhängen, wo auf dem Weg er sich befindet.

Ein weiterer Unterschied, den man zwischen den Formen objektgebundener Meditation feststellen kann, die bisher beschrieben wurden (der in Beziehung zu dem eben Besprochenen steht), ist jener zwischen Techniken, die verschiedene Grade der Unterstützung in der physischen Welt einbeziehen. So finden wir auf der einen Seite der Tonleiter Übungen wie die der Konzentration auf ein einziges Vorstellungsbild. Nahe dem anderen Ende zu finden wir Übungen wie die tibetische Meditation, die zuvor erwähnt wurde, die gleichzeitige Anwendung von Atem, Visualisierung, Mantra und Chakra-Yoga beinhaltet. Jedoch sind hier die Bilder immer noch verinnerlicht, der Ton bleibt still, und die Chakren werden nur als Hilfen gebraucht, um sichtbare Bilder zu lokalisieren. Die Übung des europäischen Okkultisten dagegen, der Hermes erwecken will und dabei innerhalb eines Oktagons steht, umgeben von Inschriften, die sich besonders auf Hermes' Natur beziehen, in einer Umgebung, in der die Farbe überwiegt und wo das Weihrauchgefäß brennt, ist viel reicher an sinnlichen Eindrücken.

In seinem Kommentar über eben diese Zeremonie weist Israel Regardie auf den Unterschied hin, den wir untersuchen und den er gleichsetzt mit dem Unterschied zwischen Mystizismus und Magie:

> Mystizismus versteht die Sinne gewöhnlich als Hindernisse für das Licht der Seele und sagt, daß ihre Gegenwart wegen des störenden Einflusses und der Unruhe der Sinne und des Geistes an der Manifestation gehindert wird. Die Magie dagegen betrachtet die Sinne, wenn sie kontrolliert werden, als goldene Tore, durch die der König der Glorie eintreten kann. Bei dem Vorgang der Anrufung muß die Teilnahme jedes Sinnes und jeder Befähigung erreicht werden.[50]

Andererseits kann ein Ritual, wie wir bereits im Zusammenhang mit dem Mantra gesagt haben, nur dann psychologisch wirksam sein, wenn die Vorgänge und Wahrnehmungen, die es umfaßt, sinnerfüllt sind. Dann können wir fragen: Wenn es der Sinn ist, der zählt, warum dann komplizierte Meditation mit überflüssigen Bildern, Betätigungen, Klängen oder Drum und Dran? Eine orientalische Erzählung stellt das Problem klar heraus:

Ein geistig dem Herkömmlichen verhafteter Derwisch spazierte an einem

See entlang und hörte, wie ein anderer Derwisch den Derwisch-Ruf falsch betonte. Da er es als seine Pflicht ansah, den Unglücklichen zu berichtigen, der die Silben falsch betonte, mietete er ein Boot und fuhr zu der Insel, von woher er den lauten Ruf hörte, denn es konnte ja möglicherweise jemand sein, der keinen Lehrer hatte und wahrscheinlich »sein Bestes tat, um sich mit der Idee hinter dem Ton in Einklang zu bringen«. Er berichtigte den anderen Derwisch, der sich bedankte, und war zufrieden mit seiner guten Tat. Immerhin heißt es, daß ein Mensch, der die heiligen Formeln richtig wiederholen kann, sogar auf dem Wasser zu gehen vermag.

Während er so dachte, sah er plötzlich etwas Seltsames. Von der Insel kam der andere Derwisch über das Wasser auf ihn zugegangen. »Bruder«, sagte dieser zu ihm, als er nah genug war, »verzeih, daß ich dich störe, aber ich bin nochmals gekommen, um dich zu bitten, mir die gebräuchliche Weise zu erklären, wie man die Wiederholung macht, die du mir sagtest, da ich es mir so schwer merken kann.«[51]

Wenn die Essenz der Meditation eine Haltung ist, warum dann so viele Rituale und Techniken? Die Antwort kann die gleiche sein wie auf die Frage, warum man überhaupt symbolische Formen anwendet. Warum Bücher, wenn es der Inhalt ist und nicht die Worte, die zählen? Warum Musik, wenn Empfindung und nicht die Töne wesentlich sind?

Das Ideal der Meditation sollte sein, ihren »Sinn« so sicher zu erfassen, daß Formen überflüssig werden[52], solch direkten Kontakt zwischen Person und Wirklichkeit herzustellen, daß sie keine Technik braucht. Welchen Nutzen hat das Gerüst, wenn einmal das Haus gebaut ist?

Symbole dienen dazu, etwas jenseits von ihnen Liegendes aufzuzeigen, aber Symbole können zu Trübungen werden und den Platz dessen einnehmen, das sie symbolisieren. Religions- und Kunstformen, philosophische *Weltanschauungen* wurzeln alle in bestimmten Erfahrungen oder Ableitungen aus Erfahrungen. Dennoch sind die meisten religiösen und künstlerischen Bilder und philosophischen Formen versteinerte Symbole geworden, bloße Ikonen, die nicht mehr sprechen.

Angesichts der Neigung des einzelnen, sich an den leeren Hülsen anzuklammern und das Wort, das das Bild ausdrückt, an die Stelle des Geistes zu setzen, der dahinter steht, haben einige mystische Traditionen Meditationsformen betont, die Symbole, Rituale und Ideen vermeiden. Bei diesen Formen ist die Haltung alles, und das Objekt kann irgend etwas oder nichts sein.

Sicher vermeiden wir die Gefahr, das eigentliche Anliegen zu verwechseln und die äußeren Umhüllungen für das wahre Ziel zu halten, wenn wir Objekte und Prozeduren beiseite lassen. Aber wie kann diese allein-bedeutsame Haltung mitgeteilt werden? Es wird so schwierig sein, wie wenn man das Lächeln der Cheshire-Katze ohne die Katze malen wollte.

Je einfacher das Meditationsobjekt wird, desto weniger ist der Meditierende geneigt, sich in irgendeinen nachgemachten Ersatz seines Herzensstrebens zu verlieben, und desto mehr bleibt er sich auf der Suche, ohne Unterstützung durch eine Formensprache, selbst überlassen. Christliche Mystiker sprechen vom Gebet als »der Übung der Gegenwart Gottes«, Yogis sprechen vom »Nichtanhangen«, Moslems von der »Überantwortung«. Alle diese und andere Ausdrucksweisen zeigen auf *einen* Elefanten, aber ein Abgrund tut sich auf zwischen diesen Worten und der Erfahrung, die ihren Zusammenhang bewirkt. Was besitzt der Meditierende, wenn er keine Symbole hat, die ihn zum unaussprechlichen Ziel geleiten?

Ich glaube, es gibt zwei Antworten: (1) das Wissen darum, was *nicht* sein Ziel ist, so daß er durch Eliminierung und Herauswachsen vorankommen kann; und (2) die Anregung aus seiner eigenen Essenz, die in ihm schläft und in ihrer wesenhaften Natur die Antworten enthält, daß »er«, der sich in sich selbst mit seinen erlernten Rollen und seiner kulturellen Herkunft identifiziert, nichts weiß.

Die erste Vorstellung bildet das Rückgrat des »Negativen Wegs«, mit dem wir uns im nächsten Kapitel beschäftigen werden. Die zweite steht hinter den Methoden, die ich im vierten Kapitel als »Weg der Überantwortung« beschreibe, als »Weg des Ausdrucks« oder als »Weg der Propheten«.

3. Der negative Weg

Der negative Weg scheint das Gegenteil der zuvor beschriebenen Arten zu sein, sich der Meditation zuzuwenden (der Meditation über äußerlich gegebene Objekte oder innerlich auftauchende geistige Inhalte), jedoch nur an der Oberfläche. Außerdem *kann man die »negative« Dimension der Meditation als unsichtbares Rückgrat auffassen, das sowohl die konzentrative als auch die expressive Art der Einstimmung stützt.* Man kann klar sehen, daß die konzentrative Bemühung, die bei der Meditation über ein *einziges* Objekt einbezogen ist, tatsächlich eliminierender Natur ist. Klar ist auch, daß jene Formen der Meditation, die die Entwicklung des Empfänglichseins für die Entfaltung einer Erfahrung beinhalten, eine Passivität verlangen, die nur durch eine aktive Bemühung ermöglicht wird, den Einfluß der Gedanken auf die Imagination auszuschalten. Die Übung des »Loslassens«, die diese Meditation im Sinne einer »Überantwortung an« oder eines »Zulassens« mit sich bringt, kann nicht vollständig von einem Loslassen in einem anderen Sinn abgetrennt werden, das die Essenz des negativen Weges darstellt: das Loslassen von Gewohnheiten, vorgefaßten Meinungen und Erwartungen; Loslassen von Kontrolle und vom filternden Egomechanismus.

Weil die negative oder eliminierende Dimension der Meditation in beiden Formen gegenwärtig ist, die Konzentration auf äußere oder spontan auftauchende »innere« Objekte (als Abwendung von Sinnestätigkeiten und als passive Aufmerksamkeit) beinhalten, fallen viele ihrer technischen Formen mit jenen zusammen, die in den vorangegangenen Kapiteln beschrieben wurden oder die im letzten Kapitel dieser Abhandlung beschrieben werden. Darum werde ich mich auf den folgenden Seiten auf jene Übungen konzentrieren, die man als die bezeichnendsten für die negative oder eliminierende Annäherungsweise auffassen kann und die darum einem reinen Ausdruck dieser Richtung spiritueller Technik am nächsten kommen.

Yoga wird von Patanjali am Anfang seiner Sutras als »das *Anhalten* der Wandlungen des Geistes« definiert. Vollständig wird dieses Anhalten nur in der letzten Stufe des Samadhi erlangt (der Begriff *Samadhi* wird nicht auf einen bestimmten Geisteszustand angewendet, sondern steht für ein Feld »überbewußter« Zustände, die Patanjali auf verschiedene Weisen klassifiziert); dennoch ist die eliminierende Bemühung ein grundlegender Aspekt jeder der »Glieder« des Yoga, einschließlich jener, die der eigentlichen Meditation vorausgehen. Diesen Aspekt möchte ich besonders im Falle der ersten zwei – *Yama* und *Niyama* – betonen, weil daraus die spirituelle Bedeutung eines Aspekts der Ethik, der über die ganze Welt verbreitet ist, erhellt.

Yama, das erste Glied oder die erste Stufe des Yoga, umfaßt Gelübde zur Enthaltsamkeit oder Selbstbeherrschung: Gewaltlosigkeit, Wahrhaftigkeit, Nichtaneignung fremden Gutes, Zurückhaltung von dem Verlangen nach sinnlichem Vergnügen und Besitz. Wenn wir die Verbindung zwischen diesen Gelübden (die einigen der mosaischen Gebote entsprechen) und späteren Phasen des Yoga betrachten, werden wir die umfassendere Bedeutung verstehen, die eine Ausdehnung der Meditation in den Bereich zwischenmenschlichen Verhaltens hat, die vergleichbar ist mit den Ausdehnungen der Meditation in die rituelle Philosophie und einige Kunstformen, die wir bereits früher erwähnten.

Beim *Yama* geht es überhaupt nicht um »Moral«, wie sie üblicherweise verstanden wird, wenn man von einem nützlichen Leben für die Gesellschaft oder dem Erlangen von Glück spricht; vielmehr geht es, wie beim Yoga allgemein darum, die Große Illusion zu überwinden. Darum muß der Wanderer auf diesem Pfad sein Anhangen an die Welt aufgeben. *Ahimsa* (Gewaltlosigkeit) zum Beispiel ist in ihrem vollkommensten Ausdruck die vollständige *Transzendierung* des Drangs nach Verletzen und nicht nur eine bloße Verhaltensregel; auf die gleiche Weise bedeutet *Asteya* nicht nur das Ablassen vom Stehlen, sondern Ablassen vom Mißbrauch von Privilegien, Achtung oder Charakterzügen – es ist eine Übung, viele Formen des Anhangens aufzugeben. Eine Funktion des äußerlichen Befolgens von *Yama* ist es, die feineren Aspekte jedes Gelübdes hervorzubringen, indem man seine augenscheinlichen Aspekte befolgt. Der Yogi ist im wesentlichen mit innerlichen Arten der Enthaltsamkeit beschäftigt. So kann er sich durch Enthaltsamkeit vom Lügen seiner subtileren Lügen besser bewußt werden und wird, indem er sich mit diesen beschäftigt, in die Lage versetzt, seine Wahrheit zu erkennen und die Intuition zu entwickeln. Auf die gleiche Weise wird er sich mit Hilfe einer Regel zu sexueller Enthaltsamkeit in die Lage versetzen, das Ausmaß und die Natur seines Verlangens nach sinnlichen Vergnügungen zu verstehen und sich nicht selbst zu betrügen, indem er einen Ersatz als Ziel seiner Suche ansieht. (Es ist wichtig, darauf hinzuweisen, daß es das *Verlangen* nach Vergnügen und nicht das Vergnügen der Sinne an sich ist, das der Yoga zu überwinden sucht. Freuden entstehen aus der Erfahrung der Gegenwart, wohingegen Verlangen mit einer Projektion in die Zukunft verknüpft ist und mangelndes Akzeptieren der Gegenwart mit sich bringt.)

Im Gegensatz zu Yama oder Selbstbeherrschung wird *Niyama*, das zweite Glied des Yoga, normalerweise positiv formuliert. Dennoch ist die Essenz der Gebote, ebenso wie die der Sebstbeherrschung Nichtanhangen, und bei beiden überwiegt der eliminierende Aspekt.

Reinheit, das erste Gebot, ist grundsätzlich eliminierend. Wie ein Kommentator Patanjalis sagt: »Reinigung bedeutet das *Ausscheiden* aller Elemente und Zustände aus den Wesensteilen eines Individuums, die es an der Ausführung ihrer entsprechenden Funktionen und am Erreichen des erstrebten Zieles hindern . . .«

Zufriedenheit, das zweite Gebot, besteht aus »der Fähigkeit, unabhängig von den Umständen zufrieden zu sein«; sie gründet sich auf »vollkommene *Gleichgültigkeit* gegenüber allen persönlichen Vergnügungen und anderen Beweggründen, die die Menschheit beherrschen.« Auch dies kann nur das Ergebnis eines Ausscheidungsvorganges sein, durch den Anhangen ausgelöscht oder die Identifikation damit transzendiert wird.

Das dritte Gebot, einfache Lebensweise, umfaßt eine Vielfalt von Übungen – Fasten, Ansporn zur Selbstdisziplin, besondere Gelübde etc. –, die ausgeprägt vielerlei Arten von Entbehrungen beinhalten – Ernährung, Bequemlichkeit, Schlaf etc. Ebenso wie bei den vorangegangenen Geboten ist das letzte Ziel eine gleichmütige Verfassung, die unabhängig von physischer, emotionaler oder selbst geistiger Befriedigung ist, ein Zustand, bei dem »Bewußtsein in sich selbst ruht« und als losgelöst von jedwedem psychophysischen Mechanismus erfahren wird. Wie Patanjali erklärt, wird Kriya Yoga (das Sich-Üben in einfacher Lebensweise und den übrigen zwei Geboten, Selbstbetrachtung und Überantwortung an Gott) praktiziert, um die *Klesas* abzuschwächen und Samadhi zu erlangen.

Die *Klesas* – ein Wort, das man mit »Peinigungen« oder »Wurzeln des Schmerzes« übersetzen könnte – bilden einen grundlegenden Aspekt der Yogaphilosophie und sind für unsere Diskussion über die eliminierende Haltung in der Meditation besonders relevant. Yoga sagt tatsächlich, daß es eben die *Klesas* sind, die *ausgeschieden werden müssen*: Unwissenheit *(Avidya)* oder mangelndes Gewahrsein der Wirklichkeit; die Empfindung der Ichheit *(Asmita)*; sich von Gegenständen angezogen oder abgestoßen fühlen; und das Verlangen nach Leben (oder Angst vor dem Tod).

Avidya ist, wie Patanjali erklärt, das Wurzel-Klesa, welches das Selbst *(Atman)*, das unbestimmbar und ewig ist, dazu verleitet, seine wahre Identität zu verwechseln. Durch Maya des Wissens über seine selbstgenügsame Natur beraubt, wird Atman in die Materie verwoben und dabei besonders in den Strom seiner psychologischen Erscheinungen: Wahrnehmungen, Gefühle, Gedanken. Dieser Verfassung entspringt das zweite *Klesa*, Asmita, das Patanjali als Ineinanderübergehen von Bewußtsein *(Purusha)* und Erkennen (Buddhi) definiert.

I. K. Taimni bemerkt in seinem Kommentar über die Sutras, daß sich das Wort *Asmita* von *Asmi* ableitet, das in Sanskrit »Ich bin« bedeutet:

> »Ich bin« stellt die reine Wahrnehmung der Selbstexistenz dar und ist darum der Ausdruck . . . reinen Bewußtseins oder des Purusha. Wird das reine Bewußtsein wegen der Macht der Maya in die Materie involviert, verliert es das Wissen um seine wahre Natur, das reine »Ich bin« wandelt sich zum »Ich bin dies«, wobei »dies« das subtilste Ausdrucksmittel sein kann, durch das es wirkt, oder das stofflichste, nämlich der physische Körper. Die zwei Vorgänge – nämlich Verlieren der Wahrnehmung seiner wahren Natur und die Identifikation mit den Ausdrucksmitteln – finden gleichzeitig statt.[1]

Nichtanhangen im Kontext der Yoga-Weltanschauung ist, richtig verstanden, keine Frage des Wenig-an-der-Welt-Teilnehmens, sondern eine Frage der Identitätserfahrung. Dies wird klar, wenn man bedenkt, daß selbst das Überwinden von Verlangen und Abneigungen (die die folgenden *Klesas* bilden) nicht Inaktivität fördert, sondern ein anderes Herangehen an die Aktion. Die *Bhagavad-Gita*, die bezüglich dieser Frage vielleicht das ausgeprägteste Werk der indischen Tradition ist, beschreibt die Haltung des Karma Yogin (des Yogin, welcher der Disziplin der Befreiung durch Tätigsein folgt) als *Pflicht*, im Gegensatz zu gewöhnlichen Taten, die abhängig sind von der Freude oder dem Schmerz, den sie bringen. In letzterem Fall wird die Tat durch das Anhangen oder die Abneigung des Vollbringenden in bezug auf das Ergebnis seiner Tat motiviert; beim ersten Fall ist die Verfassung des Vollbringenden so geartet, daß er jede Tätigkeit als ihren eigenen Lohn erfährt.

Weit davon entfernt, ein besonderer Wesenszug des Yoga zu

sein, ist die Pflege des Nichtanhangens ein Aspekt jeder spirituellen Tradition. Außerdem ist Nichtanhangen in einem weniger technischen Sinn (der allzuoft zu Mißverständnissen geführt hat) ein Wesenszug aller großen Religionssysteme. (Praktisches Asketentum, das man als unformuliertes Sich-Üben im Nichtanhangen auffassen kann, ist auch ein allgemeiner Wesenszug des Schamanismus.) Es ist beispielsweise der Kern der christlichen Verneinung »der Welt« (die *Encyclopedia of Biblical Quotations* führt unter »Welt« nur negative Äußerungen an) und ist untrennbar verknüpft mit der fernöstlichen Formulierung der Leere. Und ebenso wie im Yoga bildet das Üben des Nichtanhangens im täglichen Leben (in Form von Gelübden und Geboten) eine Grundlage für das Nichtanhangen des *Ekagrata*, der ausgerichteten Geisteshaltung, die bei der Meditation verlangt wird. Auch in anderen Traditionen bildet die scheinbar ethische Manifestation der Übung eine notwendige Grundlage für eine umwälzendere Erfahrung der Transzendenz.

Die Identität zwischen Nichtanhangen als alltäglicher Lebenshaltung (eine Untersuchung spiritueller Übungen aus allen Kulturen, die Nichtanhangen beim Tätigsein beinhalten, wäre wahrscheinlich nicht weniger umfangreich als diese hier über Meditationstechniken und würde sich von schmerzhaften Pubertätsriten bis zu ausgeklügelten Übungen der Ent-Identifikation erstrecken) und Nichtanhangen als Meditationshaltung wird treffend durch eine Episode aus dem Leben des Zen-Meisters Bokusan ausgedrückt:

Während der Unruhen des neunzehnten Jahrhunderts suchte ein flüchtender Samurai Schutz im Tempel des Soto-Zen-Meisters Bokusan. Drei Verfolger kamen und wollten wissen, wo der Flüchtende sei. »Niemand da«, sagte der Zen-Meister. »Wenn du nicht sprechen willst, werden wir dir den Kopf abhauen«, und sie zogen ihre Schwerter. »Wenn ich nun also sterben soll«, sagte der Zen-Meister, »denke ich, werde ich ein wenig Wein zu mir nehmen.« Dann holte er eine kleine Flasche herunter, schenkte ein und schlürfte mit offensichtlichem Behagen.

Die Samurai blickten sich an. Schließlich gingen sie davon. Bokusan wurde wiederholt über diesen Vorfall befragt, wollte aber nicht darüber sprechen. Einmal jedoch sagte er: »Nun, davon kann man etwas lernen. Als diese Burschen kamen, tat ich nicht, was sie wollten, stritt mich aber auch nicht mit ihnen oder hielt Fürbitte. Ich gab einfach ihre ganze Welt auf und hatte nichts mit ihnen zu tun. Und nach einiger Zeit sah ich, daß sie gegangen waren.

Ebenso sollten Leute, wenn sie klagen, daß sie von Leidenschaften oder falschen Gedanken überwältigt werden, wissen, daß der rechte Weg nicht Zanken oder Sichverteidigen und Argumentieren ist. Gib einfach jeglichen Anspruch auf ihre Welt auf und habe nichts mit ihnen zu tun, und nach einiger Zeit wirst du feststellen, daß sie gegangen sind.«²

Von außen betrachtet, kann man den negativen Weg leicht als Ausdruck haßerfüllter Verneinung der Freude, der Natur und des menschlichen Körpers auffassen. Diese Fehleinschätzung ist nur allzu verständlich, da die äußerlichen Aktionen, die solch eine Disziplin in verschiedenen Ländern ausmachen, jahrhundertelang als Kanal für eine kollektive Verirrung dienten. Angst, Hemmung, Selbsthaß, Scham, Schuld – sie alle finden Ausdruck und scheinbare Rechtfertigung in der »tugendhaften« Front, die durch ein Leben der »Entsagung« gebildet wird. Gegen diesen psychopathologischen Charakterzug der westlichen Welt wandte sich Nietzsche durch seinen Zarathustra, als er sagte, daß jene, die von himmlischen Hoffnungen sprechen, wissentlich oder unwissentlich Vergifter sind:

> Gott zu beleidigen war einst die größte Beleidigung, aber Gott starb, und mit ihm starben seine Verspotter. Die Erde zu beleidigen ist jetzt das Schlimmste: die Eingeweide des Unwißbaren höher als das Ziel der Erde einzuschätzen! Einst blickte die Seele verachtend auf den Körper; das Größte war diese Verachtung. Die Seele wollte, daß dieser Körper mager, häßlich und ausgezehrt sei. Durch solche Mittel versuchte sie dem Körper und der Erde zu entkommen. Oh, aber jene Seele selbst war mager, häßlich und ausgezehrt: Grausamkeit war die Ausschweifung dieser Seele.³

Trotz historisch weitverbreiteter Formen des Pseudo-Nichtanhangens, der Pseudo-Demut, der Pseudo-Ruhe usw. (die diese und andere klassische »Tugenden« in einem gänzlich äußerlichen Sinn zu Ersatztugenden machten, der völlig unvereinbar mit ihrer wahren Natur ist) kann man unschwer erkennen, daß diese falschen Interpretationen ihre ganze Existenz aus einem wahren Modell ableiten. Nichtanhangen, Ruhe und Reinheit (um diejenigen zu wählen, die mehr verneinend sind) stellen Aspekte dieser idealen Verfassung der Psyche dar, die wir als das Ziel der Meditation erkannt und von verschiedenen Seiten aus untersucht haben.

Ein gewisses Maß an Nichtanhangen ist Quelle der Fähigkeit eines gesunden Menschen, auf seinen eigenen Füßen zu stehen, ohne seine Identität mit jener eines Besitzenden irgendeiner Sache oder dem Spieler einer Rolle zu verwechseln. Es ist auch der Ausgangspunkt für eine grundlegende Unabhängigkeit von anderen, die wiederum Voraussetzung für echte Beziehungen ist. Ein gewisses Maß des Nichtanhangens an seinen eigenen Stimmungen und Grillen ist in jene Haltung psychologischen Gesundseins verwoben, die wir als »Ichstärke« bezeichnen – die Fähigkeit, über einem selbst zu stehen –, die Hand in Hand geht mit der Fähigkeit, Schmerz, Ungemach und Frustration zu akzeptieren, anstatt sie zu unterdrücken oder zu vermeiden. Jedoch baut der negative Weg, radikaler als jede Regel geistiger Gesundheit, auf dem unbedingten Eingeständnis auf, daß der optimale Bewußtseinszustand des Menschen der des *totalen* Nichtanhangens ist: eine so vollständige Überantwortung des Menschen an seine kosmische Pflicht, daß nicht einmal das Anhangen am Leben oder Todesangst ihn von seinem Pfad abbringen können. Entsprechend dem Maß dieser Sehnsucht kann uns der große oder geringe Anteil an Unerfreulichkeit nicht verwundern, der durch Meditationsweisen auferlegt wird, bei denen dieser Bestandteil überwiegt. (Einige der kriegerischen Kunstformen des Fernen Ostens, deren Thema – von einem bestimmten Blickpunkt gesehen – das Kultivieren der Ruhe ist, können buchstäblich die Konfrontation mit dem Tod einbeziehen.)

Die Übung, die sich am unmittelbarsten mit der Frage des Nicht-Tuns auseinandersetzt (und mit der zugrundeliegenden Egoauslöschung) ist eine, die man nicht wirklich als Technik bezeichnen kann:

> Dies Ch'an ist das höchste Ch'an (Ch'an ist das chinesische Äquivalent für »Zen«, von dem sich der japanische Ausdruck ableitet) des unmittelbaren Erblickens seiner eigenen Buddha-Natur. Aber wenn es so ist, warum sollte man sich darum sorgen, die sogenannte Sieben-Tage-Meditation zu üben? (Du mußt verstehen, daß) sich die Fähigkeit der Menschen, das Dharma zu üben, immer mehr auflöst. Heutzutage haben die Menschen zu viele störende Gedanken in ihrem Geist. Darum haben die Patriarchen besondere Methoden und Techniken entworfen . . .
>
> – Rede des Meister Hsu Yun[4]

Unter den Techniken jedoch kommt keine einem reinen Ausdruck des Wu-Wei (des Nicht-Tuns) näher als jene, die japanisches Zen Shikan-taza nennt, ein Begriff, den man ungefähr mit »nur sitzen« übersetzen kann.

Vor nicht allzulanger Zeit wurde Shunryu Suzuki Roshi, der Abt des Tassajara Zen-Klosters in Big Sur, Kalifornien, an die Stanford-Universität eingeladen, um Zen-Meditation zu demonstrieren. Er legte sein Kissen auf den Boden, verneigte sich zum Gruße vor ihm, setzte sich und erklärte, daß man beim Za-Zen den Rücken gerade hält, die Ohren in einer Linie mit den Schultern, die Hände werden über dem Bauch plaziert und formen – wie er andeutete – ein Mudra, die Augen, halb geschlossen, werden auf einen Punkt etwa einen Meter vor dem Meditierenden fixiert. Danach begann er zu meditieren und sprach nicht mehr zu seinem Publikum, bis eine Stunde vergangen war, nach der er sich vor den restlichen Anwesenden verneigte und ging.

Falls Suzuki Roshis Nicht-Vorlesung noch nicht deutlich genug ist, kann man vielleicht ihre Botschaft anhand von Äußerungen herausarbeiten, die er bei anderen Gelegenheiten verlauten ließ. Einige seiner Aussagen mögen provozierend oder überhaupt unverständlich für jemanden sein, der nicht mit Zen oder den Erfahrungen, mit denen Zen sich beschäftigt, vertraut ist. Trotzdem können sie eher die innere Dimension des »Nur Sitzens« aufzeigen als irgendeine scholastische und sorgfältig logische Abhandlung. Die folgenden Auszüge stammen aus einem Vortrag, den er während eines Sesshin im Sommer 1966 hielt:

> Die meisten von euch sind Anfänger, weshalb es für euch ziemlich schwierig zu verstehen ist, warum wir Za-Zen oder Meditation auf diese Weise üben. Wir sagen immer, »sitze nur«, und wenn ihr das tut, bemerkt ihr, daß Zenübung – nur zu sitzen – nicht so einfach ist. Nur zu sitzen kann die schwierigste Sache sein. An etwas zu arbeiten ist nicht schwierig; aber an gar nichts zu arbeiten ist recht schwer. Wenn wir die Vorstellung von »selbst« haben, suchen wir nach einem Grund, warum wir an etwas arbeiten. Aber wenn du keine Vorstellung des Selbst hast, kannst du still und ruhig bleiben, gleichgültig, ob du an etwas arbeitest oder nicht. Du wirst deine Haltung nicht verlieren. Darum ist still und ruhig zu bleiben eine Art Prüfung, der du unterzogen wirst. Wenn du es tun kannst, heißt es, daß du keine Vorstellung von selbst hast. Wenn dein Leben sich auf der gewöhnlichen Idee des Selbst gründet, wird dein Tun in seinem wahren Sinn nicht erfolgreich sein. Es wird auf eine bestimmte Art erfolgreich sein, aber auf der anderen Seite gräbst du dein eigenes Grab. Darum ist es sehr wichtig, ohne die Idee des Selbst zu arbeiten. Das ist viel wichtiger als einen guten Vorsatz zu fassen. Selbst ein guter Vorsatz wird Schwierigkeiten für dich und andere bringen, wenn er auf einer einseitigen Idee von selbst gegründet ist . . .
>
> Alle Schwierigkeiten, die ihr beim Za-Zen habt, sollten sich nicht außerhalb eures Geistes abspielen. Eure Mühen sollten innerhalb des Geistes behalten werden. Anders gesagt, müßt ihr die Schwierigkeit akzeptieren, nicht anders zu sein, als ihr seid. Ihr sollt nicht versuchen, irgendwelche bestimmten probeweisen Bemühungen zu machen, die sich auf euren kleinen Geist gründen – wie »Meine Übung sollte besser sein«. *Meine* Übung, sagst du, aber Za-Zen ist nicht deine Übung. Es ist die Übung Buddhas. Deine Übung gründet sich auf den großen Geist, aus dem du nicht herauskannst. Wenn dein kleines Selbst ohne die Fürsorge des großen Geistes zu handeln beginnt, ist das nicht Zen. Was du tun sollst, danach sollte ganz der große Geist schauen.[5]

Und auf einem Vortrag im Mountain Center sagte Suzuki 1968:

Ich möchte Shikan-taza erklären, was es bedeutet, *nur zu sitzen.* Einige Mönche sagten zu einem Zen-Meister: »Wie kann es möglich sein, irgendwo zu sitzen, wo weder heiße noch kalte Witterung ist?« Der Meister antwortete: »Ist es heiß, sollt ihr heißer Buddha sein. Ist es kalt, sollt ihr kalter Buddha sein.« So versteht Dogen Zenji die Geschichte. Tatsächlich sagte der Meister: »Wenn es heiß ist, sollt ihr heiß töten. Wenn es kalt ist, sollt ihr kalt töten.« Aber wenn ihr *töten* sagt, steht das *Töten* für sich. Wenn ihr Erleuchtung erlangen sagt, steht das *Erlangen* für sich. Dogen war sehr unmittelbar, als er sagte: »Ist es heiß, sollt ihr heißer Buddha sein. Ist es kalt, sollt ihr kalter Buddha sein.« Das ist es, was Shikan-taza, nur sitzen, heißt.

Wenn eure Übung nicht gut ist, seid ihr armseliger Buddha. Ist sie gut, dann seid ihr guter Buddha. Und *armselig* und *gut* sind selbst Buddhas. Was immer ihr denkt, sagt, jedes Wort wird Buddha. Ich bin Buddha. *Ich* ist Buddha und *bin* ist Buddha und *Buddha* ist Buddha. Buddha, Buddha, Buddha. Was du auch sagst. Dann gibt es keine Probleme. Dann braucht man es nicht ins Englische übersetzen, man braucht es nicht mit spitzfindigen Erklärungen auseinanderzusetzen, was Buddhismus sei. Alles ist Buddha: sich hinlegen ist Buddha, jedes Wort ist Buddha. Wenn ihr sagt: Buddhabuddhabuddhabuddhabuddha, dann ist das unser Weg, das ist Shikan-taza. Wenn ihr mit solchem Begreifen Za-Zen übt, das ist echtes Za-Zen. Selbst wenn wir sagen, sitze nur, so ist es doch schwer zu verstehen, und darum mag uns Dogen Zenji so viele Lehren hinterlassen haben. Aber das bedeutet nicht, daß die Lehren schwierig sind. Wenn ihr sitzt, wißt ihr, ohne zu denken, was er meint, und ohne etwas davon zu erwarten. Wenn ihr euch selbst als Buddha anerkennt oder als eine Entfaltung der absoluten Lehre, der Wahrheit, des ersten Prinzips oder als ein Teil des großen Wesens anerkennt, wenn ihr dies Verständnis erreicht, dann ist alles, was ihr denkt oder seht, die eigentliche Lehre des Buddha, und was immer ihr tut, die eigentliche Übung des Buddha. Probleme stellen sich ein, weil ihr versucht, etwas zu tun, oder weil ihr denkt, daß nichts entsteht wird, weil man etwas tut oder weil ihr fühlt, daß ihr euch auf etwas verlassen könnt . . .

Meister, die den Soto-Weg begriffen haben, können dir das Koan *Mu* geben, anstatt dich aufzufordern, nur zu sitzen. *Nur zu sitzen?* Es gibt keinen Unterschied, und *nur zu sitzen* wird eine Vielzahl von Koans sein. Es mag Tausende von Koans geben, und nur zu sitzen enthält sie alle. Das ist der direkte Weg zur Erleuchtung, Befreiung, Nirvana oder was immer du sagst.[6]

Eine andere Form der Meditation, die die negative Annäherungsweise in hohem Maße einbezieht, ist jene, die im Buddhismus als »Einsicht-Meditation« oder *Vipassana Methode* bekannt ist (im Gegensatz zur absorbierenden Meditation, die zu den Jhanas – den Trancezuständen – führt, deren Merkmal viel mehr Aufhebung der Gedanken und Gelassenheit ist als Einsicht).

Obgleich in buddhistischen Texten ausführlich beschrieben, war die Vipassana Methode bis zu diesem Jahrhundert scheinbar vergessen, als der burmesische Mönch Mahasi Sayadew sie »wiederentdeckte« und lehrte. Gegenwärtig stellt sie die dominierende Meditationsform in Burma dar und verbreitet sich von diesem Land in andere buddhistische Zentren der Welt.[7]

Der Begriff »Einsicht« (Vipassana), der angewendet wird, um diese Methode zu bezeichnen, kann irreführend sein, da er ein aktiv intellektuelles Streben anzugeben scheint, das aber nicht Teil dieser Technik ist. Die Übung ist so angelegt, daß sie den Meditierenden zur Einsicht in die »drei Wesenszüge des Daseins« führt: Unbeständigkeit *(Anicca)*, Leid und Unzulänglichkeit *(Dukkha)* sowie Unpersönlichkeit *(Anatta)*. Aber diese Einsicht, die sein Üben krönt, wird nicht das Ergebnis diskursiven Denkens sein, sondern Ergebnis der *direkten Beobachtung* von Erfahrung.

Die Grundlage der Vipassana Methode besteht aus dem Üben der »richtigen Geisteshaltung« oder »der Grundlagen von Achtsamkeit«, wie es die buddhistischen Schriften nennen. Richtige Geisteshaltung ist der siebte Faktor des »achtfachen Pfads, der zum Erlöschen des Leids führt«, der wiederum die vierte der Vier Edlen Wahrheiten des Buddhismus darstellt.

Richtige Geisteshaltung gründet sich auf zwei Fähigkeiten, die in buddhistischen Texten »reine Aufmerksamkeit« und »klares Verstehen« genannt werden. Bisweilen wird »Geisteshaltung oder Achtsamkeit« *(Sati)* jedoch in Verbindung mit dem Ausdruck »klares Verstehen« *(Sampajanna)* gebraucht, und in solchen Fällen wird, wie Nyaponika Thera erklärt hat, »Achtsamkeit vor allem als Haltung und Übung reiner Aufmerksamkeit und völlig empfänglicher Geisteshaltung verstanden«.

»Reine Aufmerksamkeit« liefert den Zugang zu den verschiedenen Methoden des Satipatthana und »begleitet das systematische Üben von Anfang an bis zum Erlangen des höchsten Ziels«. In der reinen Aufmerksamkeit finden wir die charakteristische Ausrichtung des *negativen Weges.*

Der Ausdruck »*reine* Aufmerksamkeit« an sich weist auf den eliminierenden Aspekt der Übung hin, der darin besteht, die Sinneseindrücke, Gefühle oder geistigen Zustände nur zu registrieren, »ohne auf sie durch Tat, Sprache oder geistigen Kommentar zu reagieren . . . Indem man eine empfängliche Geisteshaltung kultiviert, die die erste Stufe des Wahrnehmungsprozesses ist, *reinigt* bloße Aufmerksamkeit den Geist und bereitet ihn für nachfolgende geistige Vorgänge vor«. Der reinigende Aspekt der Übung wird wiederholt in den Pali-Texten betont. Die Grundlagen der Achtsamkeit dienen »der Reinigung des Wesens«.

Reine Aufmerksamkeit, die man sich als mentalen Vorgang vorstellen könnte, der zu einer Schwächung der Erfahrung führt, kann, ganz im Gegenteil, die Komplexität der Welt offenbaren, sobald diese nicht mehr durch unsere Simplifizierungen verhüllt ist. Nyaponika Thera sagt, daß der einzelne

> zuerst herausfindet, daß dort, wo er glaubt, sich mit einer Einheit zu beschäftigen, d. h. mit einem einzigen Objekt, das durch einen einzigen Wahrnehmungsakt präsentiert wird, tatsächlich Vielheit ist, d. h. der ganze Ablauf physischer und mentaler Prozesse, die durch korrespondierende Wahrnehmungen vermittelt werden, die in schneller Reihenfolge hintereinander kommen. Mit Bestürzung wird er auch bemerken, wie selten er sich eines bloßen oder reinen Objekts ohne fremde Beimischungen gewahr ist. Die normale visuelle Wahrnehmung, wenn sie für den Betrachter von Interesse ist, wird das sichtbare Objekt in den seltensten Fällen rein und einfach übermitteln. Das Objekt wird im Lichte beigefügter subjektiver Urteile erscheinen: schön oder häßlich, erfreulich oder unerfreulich, nützlich oder nutzlos oder schädlich. Ist es die Wahrnehmung eines lebendigen Wesens, werden sich mit der vorgefaßten Vorstellung ebenfalls Dinge verbinden wie: Dies ist eine Persönlichkeit, ein Ego wie auch »ich«! . . . Reine Aufmerksamkeit dient dazu, all diese fremden Beifügungen von dem eigentlichen Objekt *abzutrennen*, welches wahrgenommen wird.[8]

Auf welche Weise reine Aufmerksamkeit zur Grundlage der Einsicht werden kann, wird durch die Aussage (in dem Kommentar zum Sutta Nipata) angedeutet, daß »nur Dinge, die durch Achtsamkeit gut untersucht wurden, von der Weisheit verstanden werden können, und nicht durcheinandergeratene«. Auch »erlaubt reine Aufmerksamkeit den Dingen, für sich selbst zu sprechen, ohne sie zu unterbrechen«. Dieser Befehl beinhaltet besonders das Unterdrücken von Fantasie oder Tagträumen, »die wegen ihrer zähen und klebrigen Substanz endlos wiederholenden Charakters den engen Raum des gegenwärtigen Bewußtseins bevölkern und keine Möglichkeit für dessen Formung zulassen, sondern es tatsächlich noch formloser und schlaff machen«.

Der Umriß der Vipassana Methode wird am Anfang von Buddhas Abhandlung über die Grundlagen der Achtsamkeit zusammengefaßt – dem Maha Satipatthana Sutta.

Die vier Bereiche der Kontemplation, auf die in den Zitaten, die zuvor angeführt wurden, hingewiesen worden ist – Körper, Gefühl, Geist und Geistobjekte – werden in dem Rest des Sutra im einzelnen abgehandelt. Achtsamkeit des Körpers umfaßt zum Beispiel Achtsamkeit des Atmens, Achtsamkeit der Haltungen und Bewegungen und verschiedene Übungen, bei denen der Meditierende den Körper von besonderen Gesichtspunkten aus betrachtet. Die Übung der Atemmeditation *(Anapana Sati)* ist ein Eckstein der ganzen Methode und wird detailliert in den Vinaya- und Sutta-Pitakas behandelt (die Anweisungen sind auch in Buddhaghosas »Path of Purification« enthalten).

Bereits im ersten Kapitel habe ich eine modifizierte Form achtsamen Atmens beschrieben, die in unserer heutigen Zeit durch den burmesischen Meister Mahasi Sayadaw eingeführt wurde. Bei dieser Übung achtet der Meditierende auf die Empfindung des sich hebenden und senkenden Unterleibs statt auf die taktilen Empfindungen, die durch die durchströmende Luft in der Nase hervorgerufen werden, wie es die Sutras beschreiben. Ebenso wie es zutreffend war, diese Methode im Zusammenhang mit der Rolle zu besprechen, welche konzentrierte Aufmerksamkeit bei der Meditation spielt, ist sie auch eine gute Darstellung des Prinzips der Spontaneität und des Aufgebens absichtlicher Kontrolle, welches das Thema des vierten Kapitels ist. Dies rückt nochmals die Aussage am Anfang dieses Kapitels in den Vordergrund, daß die negative Annäherungsweise nicht nur vereinbar mit den anderen zwei Dimensionen der Meditation ist, sondern deren Rückgrat darstellt.

Ebenso wie der absorbierende Aspekt der Meditation seine Parallelen in der heutigen Psychotherapie hat, hat der negative Aspekt eine Parallele, die wegen ihrer Ähnlichkeit mit der Satipatthana Methode überraschend ist: die Übung des »Gewahrseins-Kontinuum« in der Gestalttherapie.

Ebenso wie bei der buddhistischen Achtsamkeitsübung ist das Anliegen dieser Übung, die für die Gestalttherapie von zentraler Bedeutung ist, einfaches Gewahrsein. Der Schöpfer dieser Methode, Frederick S. Perls, bestand sogar auf: Gewahrsein des *Offensichtlichen.* Wie bei der Satipatthana Methode beinhaltet Gewahrsein des Offensichtlichen die Unterdrückung von Fantasie, Minderung der begrifflichen Aktivität und Eliminierung des Vorwegnehmens oder Erinnerns. »Ich habe nur ein Ziel«, sagt Perls, »einen Bruchteil dessen mitzuteilen, was das Wort *jetzt* bedeutet. Für mich existiert nichts außer dem Jetzt. Jetzt-Erfahrung-Gewahrsein-Realität. Die Vergangenheit gibt es nicht mehr, und die Zukunft ist noch nicht.« Vergleichen wir diese mit Nyaponika Theras Aussage: »Richtige Geisteshaltung gibt dem Menschen die verlorene Perle seiner Freiheit zurück, indem sie diese aus den Klauen des Zeitdrachens schnappt. Richtige Geisteshaltung befreit den Menschen von den Fesseln der Vergangenheit, die er in seiner Dummheit selbst immer wieder zu verstärken sucht, indem er wiederholt mit verlangenden Augen, mit Groll oder mit Bedauern, zurückblickt. Richtige Geisteshaltung hält den Menschen davor zurück, sich selbst jetzt an seine Imaginationen von Ängsten und Hoffnungen zu ketten, die sich auf vorgestellte Ereignisse der Zukunft beziehen. Auf diese Weise gibt richtige Geisteshaltung dem Menschen eine Freiheit zurück, die man nur in der Gegenwart findet.«[9]

Der Unterschied zwischen Gestalttherapie und Satipatthana Methode liegt darin, daß bei ersterer die Wahrnehmungsübung verbalisiert wird, wodurch Überwachung möglich wird. Genau diese korrigierende Überwachung macht sie mehr als ein Wahrnehmungstraining (wie es manchmal genannt wird) zu einer *Therapie*.

Über den psychotherapeutischen Vorgang will ich nicht mehr sagen, als auf die Verbindung zwischen den Übungen der Gestalttherapie und der Meditation allgemein (denn sie ist eine Wahrnehmungsübung) und die Verbindung mit dem negativen Weg im besonderen hinzuweisen (denn sie beinhaltet Eliminierung von Gedanken, Fantasie, Erinnerung und Vorausdenken).[10]

4. Der Weg der Überantwortung und des Selbstausdrucks

Der Weg des Za-Zen kann als Weg der Überantwortung persönlicher Vorlieben angesehen werden: ein sich Selbstentleeren von vorgefaßten Meinungen (im intellektuellen Aspekt), Gier (im emotionalen Aspekt) und Selbst-Willen, um zu entdecken, daß Erleuchtung die Befriedigung jener Gewohnheiten, die wir unsere Persönlichkeit nennen, umgeht oder nicht davon abhängig ist. Wir können sehen, daß in der Meditation neben der Bewegung der Überantwortung oder des *Loslassens* auch Platz für eine Haltung der Überantwortung *an* etwas ist.

Dies mag als ein zum Scheitern verurteilter Versuch erscheinen, wenn wir bedenken, daß jede Überantwortung an unsere Vorlieben dazu führt, daß wir jenen Impulsen in unserer Persönlichkeit unterworfen bleiben, die gerade das Gefängnis oder den bösartigen Kreislauf bilden, den wir transzendieren wollen. Wenn sich das »Nein« zu unserem kleinen Ego als wirksam herausstellt, könnte ein »Ja« ebenso wirksam sein? Hier, wie bei anderen Dingen, scheinen Paradoxe vereinbarer mit der empirischen Realität als mit logischem Vernünfteln zu sein, und Erfahrung weist darauf hin, daß Überantwortung *an* Impulse nicht die Sackgasse ist, die sie zu sein scheint.

Eine Anekdote mag hier angebracht sein, um darauf hinzuweisen, wie eine respektvolle Haltung gegenüber dem spontanen Antrieb des Augenblicks ein Schlüssel zum Meditationsvorgang werden kann. Dies ist eine Geschichte über einen alten Hindukönig, der sehr seinem Reichtum anhing und dennoch nach Meditation verlangte, um die zeitlose Wirklichkeit zu begreifen, da er ein Gefühl für die Nichtigkeit seines gewaltigen Reichtums entwickelt hatte. Ein Yogi gab dem König Anweisungen:

Der König ließ sich nieder, um ernsthaft zu meditieren, aber sobald er versuchte, seinen Geist auf das Ewige auszurichten, entleerte sich dieser. Ohne es zu bemerken, begann seine Vorstellung recht bald bei seinem schönen Armband herumzulungern, in das er besonders vernarrt war. Vor seinen bewundernden Augen fing das tatsächliche Armband an, in allen Regenbogenfarben zu leuchten. Sobald er sich in diese Fantasie verstrickt fand, erkämpfte er sich seinen Weg zurück zu Gott. Aber je mehr er versuchte, seinen Geist auf Gott zu konzentrieren, desto größer war die Enttäuschung, die er erfuhr. Gott verwandelte sich in seinem Geist beständig in das Armband. Mit großer Demut ging nun der König zu dem Yogi, um weitere Anweisungen zu erhalten. Der Yogi wußte, wie man die Schwäche selbst in einen Quell der Stärke verwandelt. Er sagte zu dem König: »Da dein Geist so sehr dem Armband anhangt, beginne genau dort. Meditiere über das Armband. Betrachte seine Schönheit und seine prächtigen Farben. Dann untersuche den Ursprung dieser Schönheit und dieser Farben. Das Armband in seiner objektiven Essenz ist eine Gestaltung von Energieschwingungen. Der beobachtende Geist ist es, der ihm seine Schönheit und Farbe verleiht. Versuche darum die Natur des Geistes zu verstehen, der die Welt, wie du sie siehst, erschaffen hat.«[1]

Der Entschluß, über das Armband zu meditieren, richtet sich in dieser Geschichte nach dem, was wir als Weg des Abstiegs bezeichnet haben, nach der Betrachtung individueller Aspekte der Wirklichkeit statt nach ihrer symbolischen oder ihrer direkten Erfahrungseinheit. Obgleich die übermächtige Anziehungskraft der kostbaren Gegenstände den König von dem Einen fortführt und zu einem der hunderttausend Dinge leitet, ist nicht jedes dieser weltlichen Objekte auch ein Echo des Einen?

Im Gegensatz zum Weg des Nichtanhangens, der uns auffordert, die Welt als Maya anzusehen, können wir statt dessen eine Haltung der Ehrfurcht dem ganzen Dasein gegenüber entwickeln und auf den Kompaß vertrauen, den das Leben in unser Herz gesetzt hat. Wenn wir dann unseren Gefühlen folgen, anstatt sie zu zwingen, werden wir höchstwahrscheinlich herausfinden, daß unsere Vorlieben von heute im Angesicht der von morgen überholt erscheinen; die Musik, die wir jetzt genießen, das Buch, das uns etwas gibt, die Frau oder der Mann, mit dem wir uns im Gleichklang fühlen, können alle abgeschmackt, sinnentleert, zu oberflächlich oder schal im Vergleich mit unseren künftigen Wahrnehmungen, Bevorzugungen und Verlangen erscheinen. Jedoch wäre dieser Haltungswandel, der unsere gegenwärtigen Gefühle wahllos oder richtungslos erscheinen ließe, genau durch Sättigung und nicht durch Verneinung entstanden. Ebenso wie wir im Leben durch ein Darüber-Hinauswachsen wachsen und wir über etwas hinauswachsen, indem wir es ganz ausleben, können unsere Wahrnehmungen verfeinert werden, indem wir uns im höchsten Maße an unsere inneren Stimmen hingeben.

Obgleich die Haltungen, die bei dem konzentrativen und rezeptiven Weg gefordert sind, wie vollkommene logische Gegensätze erscheinen, muß dies in der eigentlichen Erfahrung nicht so sein. Es wäre besser, sie als verschiedenartige Wege anzusehen, die sich im gleichen Ziel treffen. Man mag sie am Anfang der Reise als verschiedenartig empfinden, aber als Aspekte der gleichen Haltung, sobald der Meditierende höhere Bewußtseinsebenen erreicht. Dabei führt Einfühlungsvermögen in ein bestimmtes anziehendes Objekt zu einem Zustand der Verlangensfreiheit – gerade die Freiwilligkeit der Schönheit und des Nichtanhangens machen die Welt lebendiger und nicht tot. Wie Ch'an-Meister Hsu Yun es ausdrückt: »Oh Freunde und Schüler, wenn ihr den zehntausend Dingen nicht im Geiste anhangt, werdet ihr entdecken, daß der Lebensfunke aus *allem* entspringt.«[2]

Die Grenzlinie zwischen der negativen Haltung des »nur sitzens« und jener der Überantwortung an die Erfahrung ist wirklich heikel und am besten im Fall von Visionen, Offenbarungen und physischen Empfindungen zu erkennen, die bei der Meditation auftreten. Die japanische Zen-Tradition nennt sie alle *Makyo* (d. h. »teuflische Erscheinungen«), die, obgleich sie nicht als grundsätzlich böse angesehen werden, für potentielle Hindernisse beim Za-Zen gehalten werden. Nach *Za-Zen Yojinki*, »kann der Schüler die Fähigkeit entwickeln, durch feste Gegenstände zu blicken, als wären sie durchsichtig, oder seinen eigenen Körper als durchscheinende Substanz erfahren. Er kann Buddhas und Bodhisattvas sehen. Tiefschürfende Einsichten können ihm plötzlich kommen, oder Abschnitte der Sutras, die zuvor besonders schwer zu verstehen waren, können ihm plötzlich leuchtend klar erscheinen. »Dennoch«, sagt das Buch weiter, »sind diese abnormalen Visionen und Empfindungen nur Symptome einer Schwächung, die aus einem Mißverhältnis zwischen Geist und Atem entspringt.«[3]

Die Gleichgültigkeit der Zen-Meister gegenüber diesen Erscheinungen mag den Schüler überraschen und kaum jemandem verständlich sein, der mit dem Weg der Leere nicht vertraut ist. *Makyo* können als in höchstem Grade lohnenswert und wünschenswert erfahren werden und werden in anderen Religionen geschätzt. Dennoch unterscheidet sich diese Haltung des Zen gegenüber ungewöhnlichen Bewußtseinsinhalten nicht von dessen Haltung bezüglich Bewußtseinsinhalten im allgemeinen – das Ziel ist Gewahrsein des Gewahrseins an sich: das unmittelbare Erfahren von Geist durch Geist. (Das Wort *Hsin*, das oft mit »Geist« übersetzt wird, kann auch mit »Herz« oder »Bewußtsein« ausgedrückt werden.) Das wurde durch Yasutani Roshi klar herausgestellt, dem japanischen Zen-Meister, der überall in den Vereinigten Staaten

Vorträge hielt. Er hat erklärt, daß Makyo eine allgemeine und besondere Bedeutung hat:

> Allgemein gesprochen, stellt das ganze Leben des Durchschnittsmenschen nichts anderes dar als Makyo. Selbst solche Bodhisattvas wie Monju und Kannon weisen Spuren von Makyo auf, obgleich sie hoch entwickelt sind; sonst wären sie höchste Buddhas, vollständig frei von Makyo. Einer, der dem anhangt, was er durch Satori verwirklicht, hält sich immer noch in der Welt von Makyo auf. Ihr seht also, daß es Makyo selbst nach der Erleuchtung gibt . . .[4]

Die Haltung, die angesichts von Makyo empfohlen wird, ist darum nicht anders als jene, die Zen im allgemeinen charakterisiert: unbeschwertes Gewahrsein. Die Frage verdient nur deshalb besondere Beachtung, weil die außergewöhnliche Natur des Phänomens nach einer Ausnahme zu rufen scheint. Es wird zum Beispiel von Fällen berichtet, bei denen Menschen Dinge niedergeschrieben haben, die sich als echte Voraussagen erwiesen, oder die Verbindung mit göttlichen Wesen fühlten. Die Meinung des Zen über diese Zustände jedoch ist, daß sie eine Vermischung von Wirklichem und Unwirklichem darstellen, bei der die wahre Erleuchtung fehlt. Sie weisen auf Fortschritt bei der Meditationsübung hin, wären jedoch nicht Teil einer konzentrierteren Verfassung.

> Ebenso wie ein Mensch nicht in tiefem Schlaf, sondern nur im Halbschlaf träumt, kommen Makyo nicht zu jenen, die sich in tiefer Konzentration oder Samadhi befinden. Verfalle nie der Versuchung zu denken, daß diese Erscheinungen wirklich seien oder daß die Visionen an sich eine Bedeutung hätten. Eine schöne Vision eines Bodhisattvas zu erblicken heißt nicht, daß du dem näher gekommen seist, selbst einer zu werden, ebensowenig wie der Traum, daß du ein Millionär seist, bedeutet, daß du reicher seist, wenn du erwachst. Darum gibt es keinen Grund, über diese Makyo freudig erregt zu sein. Ebenso braucht man sich nicht zu fürchten, was immer auch für ein Monstrum dir erscheint. Vor allem aber laß dich nicht durch Visionen des Buddha oder von Göttern verlocken, die dich segnen oder eine göttliche Botschaft vermitteln, oder durch Makyo, die Voraussagen beinhalten, die sich als wahr erweisen. Dies bedeutet, seine Energien dafür zu verschwenden, dummen Aberglauben nachzulaufen.[5]

Eben die Phänomene, vor denen Zen seine Schüler als betrügerische Stellvertreter der Erleuchtung warnt, bilden die Substanz des Trancezustandes, der durch die alternative Meditationsweise kultiviert wird. Der Bereich der Überantwortung oder des Loslassens ist ganz typisch jener der visionären Erfahrung, der automatischen Bewegungen, der Freisetzung ungenutzter physischer Energien, der inspirierten Äußerung, des automatischen Schreibens und jener der Geisterbesessenheit.

Aber wenn wir diese sich oberflächlich unterscheidenden Haltungen genau genug betrachten, können wir sehen, wo sie sich treffen. Einerseits kann der Weg des Nichtanhangens in seiner vollen Reife nicht anders als zulassend sein; eine Bemühung um Unterdrückung würde Bindung an eine Vorliebe oder an eine Wahrnehmung hervorbringen und an dem Nicht-Tun vorbeigehen. (Es ist kein Zufall, daß Makyo beim Za-Zen erscheinen. Der Grund dafür ist, daß dieses System einen Zustand ungeteilter Aufmerksamkeit kultiviert, und obgleich der Meditierende davor gewarnt wird, seinen Visionen anzuhängen, wird ihm nicht empfohlen, sie zu unterdrücken, sondern fortzufahren, sowohl nicht-zu-tun als auch zuzulassen, was Shikan-taza charakterisiert.) Andererseits wird auch vollständige Überantwortung Nichtanhangen beinhalten, da ein gieriges Interesse am Erlangen gewisser Geisteszustände ganz und gar nicht Überantwortung wäre. Man könnte sagen, daß es eine Verfassung des *Offenseins zu Erfahrung* gibt, die sowohl durch Nichtanhangen als auch durch Überantwortung ausgedrückt wird.

Bei der tatsächlichen Erfahrung der Meditation mag es jedoch geraume Zeit in Anspruch nehmen, diesen Treffpunkt von Überantwortung und Losgelöstsein zu finden. Und darum sehen wir auf ihren weniger vollkommenen Stufen einen scharfen Gegensatz zwischen einem trockenen geistigen Asketentum (wofür es zahllose Beispiele unter den Vätern der Wüste im Christentum und in der Geschichte des Hinayana-Buddhismus gibt) und einem ungestümen dionysischen Spirit; zwischen dem ernsten Geist des Mönches und der scheinbaren Verrücktheit des Propheten; zwischen dem Streben nach Leere und dem Phänomen des Besessenseins durch Götter oder kosmische Kräfte.

Besessensein durch Götter, Geister oder Energien ist tatsächlich die hervorstechendste Erfahrung in dem Bereich der Spiritualität, die wir an dieser Stelle besprechen, ebenso wie ein Gleichmut, der alle Gefühle und Gedanken transzendiert, besonders bezeichnend für den apollinischen Weg ist (siehe Skizze I, Seite 21). Besessensein unterscheidet sich von dem absorbierenden Meditationsweg auch insofern, als es beim Besessensein keine *Vereinigung* von Subjekt und Objekt gibt (die das Sanskritwort *Samadhi* widerspiegelt – *Sam* in Sanskrit heißt »zusammen« oder »mit«), sondern einen Zustand, bei dem das Subjekt völlig verschwindet und zu einem bloßen Kanal wird. Wie der Mensch im Zustand des Absorbiertseins kann er sagen, »Ich bin Gott«, aber es ist nicht er, sondern die Wesenheit, die durch ihn spricht, die »Ich« sagt. Auch scheint es, trotz des abgrundtiefen Unterschiedes zwischen einem Zustand des Besessenseins und dem gewöhnlichen Zustand hypnotischer Trance, gerechtfertigt, der Frage nachzugehen, ob beide von einer ähnlichen Neigung der Person zu einem bewußtseinsgespaltenen Zustand abhängen – d. h. einem Zustand, bei dem die gewohnte Rolle, der gewohnte Stil und das gewohnte Bewußtseinszentrum ausgelöscht sind und eine andersgeartete Persönlichkeitsrolle, Stil und Bewußtseinszustand angenommen werden, oft ohne zu wissen oder sich zu erinnern, daß dies geschehen ist.

Wenn man die orgiastisch-prophetische Dimension des offenbarenden Zustandes mit der Dimension des Nichtanhangens und des Gleichmuts vergleicht, die wir zuvor besprochen haben, können wir sehen, daß der Hauptunterschied zwischen beiden die Bedeutung ist, die dem *Inhalt* zugeschrieben wird. Alles, was der Zenmönch als Makyo ansehen würde – Vorstellung, Gefühle, Stimmen usw. – wird hier mit größter Wahrscheinlichkeit zum ganzen Ziel der Meditation. Die innere Schau, Idee oder inspirierte Äußerung des Schamanen, der Sibyllen oder Propheten wird wiederholt nicht als Nebenerscheinung einer individuellen Suche, sondern als für sich selbst sprechendes Ergebnis unserer Funktion in der Gesellschaft angesehen: ein Kanal der Offenbarung zu sein.

Von diesem Blickwinkel aus können wir auch den offenbarenden und konzentrativen Meditationsweg vergleichen. Während beide Formen Inhalt-zentriert sind, unterscheiden sie sich (besonders bei den degradierten Formen beider) in der relativen Betonung der sozialen oder individuellen Rolle (Produkt im Gegensatz zur Person, Botschaft im Gegensatz zum Zustand) und, noch radikaler, durch den Gegensatz zwischen dem strukturierten Inhalt der ersten und dem unstrukturierten, innerlich bestimmten Inhalt der anderen Form. Während ein Christ versuchen mag, die Idee des Todes und der Auferstehung auf sein eigenes Leben anzuwenden und innerlich eine »Nachahmung des Christus« zu spielen, würden sich die dionysischen Bacchauten bedingungslos dem Wirken ihrer tieferen Natur ausliefern, um dort, ohne es zu wollen, den ewigen Rhythmus von Tod und Auferstehung zu finden.

Die beste Illustration für vieles, was ich sagte, findet man vielleicht im Schamanismus, der, als Ganzes gesehen, ebensosehr den orgiastisch-offenbarenden Aspekt der Erfahrung verkörpert, wie der Buddhismus die Dimension der Leere verkörpert. Nicht nur ist der Schamanismus allgemein eine Mystik der Besessenheit, sondern die Trance des Schamanen ist gewöhnlich Inhalts-orientiert. Ein wirklicher Schamane (der Schamane spielt die Rolle des Priesters, Medizinmannes, Propheten, Künstlers und sollte nicht mit dem formellen Priester oder Medizinmann verwechselt werden, den es in einigen Kulturen zusätzlich zum Schamanen gibt. Das Wesensmerkmal des Schamanen ist seine Fähigkeit, sich »in andere Welten zu begeben«, d. h. veränderte Bewußtseinszustände zu erfahren) ist kein Sucher nach Erleuchtung oder ein Mensch, der veränderten Bewußtseinszuständen als Teil einer Disziplin persönlicher Entwicklung frönt. Er ist jemand, der Verbindung mit dem Übernatürlichen aufgenommen hat (in den meisten schamanistischen Konzeptionen mit einer Geisterwelt) und als Mittler zwischen Geistern oder Göttern und dem Menschen fungiert und die Wünsche des einen dem anderen bekannt macht. In diesem Sinn kann man ihn als primitiven Propheten bezeichnen. Seine Ekstase scheint nicht für sich selbst, sondern für andere da zu sein: für seine Patienten, seine Schüler oder für die ganze Gemeinschaft. Dennoch dürfen wir nicht vergessen, daß er, indem er zum Sprachrohr der Götter wird, *sein* Rufen erfüllt – und einige Berichte deuten darauf hin, daß ein Schamane, der keine Gelegenheit zum Schamanisieren hat, zur Krankheit neigt.

Es gibt kein besseres Beispiel als den Schamanismus, um die archetypische – innerlich angeregte – Natur der Symbole zu erkennen, welche die späteren Religionen zu Standardformen kristallisiert haben.

Vorstellungen wie die Reise in die Unterwelt, der Aufstieg zum Himmel, Tod und Auferstehung sind im Schamanismus nicht nur *Ideen*, sondern von Generation zu Generation immer wieder erneuerte tatsächliche Erfahrungen. In Ländern, die so weit voneinander entfernt sind wie Australien, Südamerika und der arktische Kreis, findet man sie in der gleichen geistigen Frische vor. Unveränderlichkeiten wie diese werden allgemein als Hinweise auf eine schamanistische »Tradition« interpretiert, die sich durch Auswanderungen verbreitete. Aber überbetonen wir nicht die Notwendigkeit der Tradition wegen unserer ungenügenden Erfahrung des archetypischen Bereichs? Es ist sehr gut möglich, daß die Essenz der Tradition in einer Tradition der Nicht-Tradition zu finden ist: die Pflege von Offensein (was vielleicht in vorindustriellen Kulturen einfacher als in unserer ist), wodurch der einzelne in sich selbst all das entdecken kann, was seine Vorfahren seiner Weltsicht nicht aufzwangen. Betrachten wir als Beispiel folgenden Bericht eines sibirischen Schamanen über sein Einweihungserlebnis, in das er unerwartet und ohne es überhaupt zu wollen eintauchte:

A. A. Popov liefert folgenden Bericht über einen Schamanen der Avam Samojeden. An Pocken erkrankt, blieb der zukünftige Schamane drei Tage bewußtlos und wie tot, so daß man ihn am dritten Tage beinahe begrub. Seine Einweihung fand während dieser Zeit statt. Er erinnerte sich, in die Mitte eines Sees getragen worden zu sein. Dort hörte er seine Krankheit (das heißt, die Pocken) zu ihm sprechen: »Von den Herren des Wassers wirst du die Gabe des Schamanisierens empfangen. Dein Schamanen-Name wird Huottarie (Taucher) lauten.« Dann erregte die Krankheit das Seewasser. Der werdende Schamane kam heraus und kletterte auf einen Berg. Dort traf er eine nackte Frau und begann an ihrer Brust zu saugen. Die Frau, die wahrscheinlich die Herrin des Wassers war, sagte zu ihm: »Du bist mein Kind; darum darfst du an meiner Brust saugen. Große Mühsal wird dir begegnen und du wirst sehr erschöpft sein.« Der Gatte der Herrin des Wassers, der Herr der Unterwelt, gab ihm dann zwei Führer, einen Hermelin und eine Maus, die ihn in die Unterwelt führen sollten. Als sie an einem hochgelegenen Platz ankamen, zeigten ihm die Führer sieben Zelte mit zerrissenen Dächern. Er betrat das erste und fand dort die Bewohner der Unterwelt und die Männer der Großen Krankheit (Syphilis). Diese Männer rissen ihm sein Herz aus und warfen es in einen Topf. In anderen Zelten fand er den Herrn der Verrücktheit und die Herrin aller nervlichen Leiden sowie die bösen Schamanen. Auf diese Weise lernte er alle Krankheiten kennen, die die Menschheit quälen.

Dann folgte der werdende Schamane seinen Führern in das Land der Schamaninnen, die seine Kehle und seine Stimme stärkten. Er wurde dann an die Küsten der neun Seen gebracht. In der Mitte des einen der Seen befand sich eine Insel, und in der Mitte dieser Insel streckte sich eine junge Birke zum Himmel. Es war der Baum des Herrn der Erde. Daneben wuchsen neun Kräuter, die Ahnen aller Pflanzen der Erde. Der Baum war von Seen umringt, und auf jedem dieser Seen schwamm eine Vogelart mit ihren Jungen. Es gab verschiedene Entenarten, einen Schwan und einen Sperber. Der werdende Schamane besuchte alle Seen; einige davon waren Salzseen, andere so heiß, daß er nicht in die Nähe des Ufers treten konnte. Nachdem er die Seen besucht hatte, erhob er seinen Kopf und sah im Wipfel eines Baumes Menschen verschiedener Nationen: Tavgi Samojeden, Russen, Dolganen, Jakuten und Tungusken. Er hörte Stimmen: »Es ist beschlossen worden, daß du eine Trommel haben sollst (das heißt, den Körper einer Trommel), die aus einem Zweig dieses Baumes gemacht ist.« Er begann mit den Vögeln der Seen zu fliegen. Als er das Ufer verließ, rief der Herr des Baumes ihm zu: »Mein Zweig ist gerade heruntergefallen; nimm ihn und mache eine Trommel daraus, die dir dein ganzes Leben dienen wird.« Der Zweig gabelte sich dreimal, und der Herr des Baumes bat ihn, daraus drei Trommeln zu machen, die von drei Frauen behütet werden sollten, wobei jede der Trommeln für eine besondere Zeremonie bestimmt ist – die erste, um Frauen bei der Geburt zu schamanisieren, die zweite, um die Kranken zu heilen, die dritte, um Menschen zu finden, die sich im Schnee verirrt haben.

Der Herr des Baumes gab auch allen Menschen, die sich im Baumwipfel befanden, Zweige. Aber er sagte, während er vom Rumpf bis zur Brust in menschlicher Gestalt erschien: »Nur einen Zweig gebe ich nicht den

Schamanen, sondern behalte ihn für die übrige Menschheit. Sie können aus ihm Häuser bauen und ihn so für ihre Bedürfnisse verwenden. Ich bin der Baum, der allen Menschen Leben gibt.« Der werdende Schamane ergriff den Ast und war bereit zum Weiterfliegen, als er wieder eine menschliche Stimme hörte, die ihm diesmal die medizinischen Wirkungen der sieben Pflanzen offenbarte und ihm bestimmte Anweisungen bezüglich der Kunst des Schamanisierens gab. Aber die Stimme fügte hinzu, daß er drei Frauen heiraten muß (was er später tatsächlich tat, als er drei Waisenmädchen heiratete, die er von den Pocken geheilt hatte).

Danach kam er an einen endlosen See, und dort fand er Bäume und sieben Steine. Die Steine sprachen einer nach dem anderen zu ihm. Der erste hatte Zähne wie Bärenzähne und eine korbförmige Höhle und offenbarte ihm, daß er der Stein sei, der die Erde hält; er drückte auf die Felder mit seinem Gewicht, damit sie vom Wind nicht davongetragen würden. Der zweite diente zum Schmelzen des Eisens. Für sieben Tage verweilte er bei diesen Steinen und lernte so, wie sie für die Menschen nützlich sein konnten.

Dann führten ihn der Hermelin und die Maus, seine beiden Führer, zu einem hohen, abgerundeten Berg. Er erblickte vor sich eine Öffnung und betrat eine helle Höhle, die mit Spiegeln bedeckt war, in deren Mitte sich etwas ähnliches wie ein Feuer befand. Er sah zwei nackte Frauen, die jedoch wie die Rentiere mit Fell bewachsen waren. Dann sah er, daß kein Feuer brannte, sondern daß das Licht von oben durch eine Öffnung kam. Eine der Frauen erzählte ihm, daß sie schwanger sei und zwei Rentiere gebären würde; eines würde das Opfertier der Dolganen und Evenki sein, das andere jenes der Tavgi. Sie gab ihm auch ein Haar, das ihm beim Schamanisieren für Rentiere hilfreich sein würde. Die andere Frau gebar ebenfalls zwei Rentiere, die Symbole für die Tiere waren, die dem Menschen bei allen seinen Arbeiten helfen und auch seine Nahrung liefern würden. Die Höhle hatte zwei Öffnungen, zum Norden und zum Süden; durch jede davon sandten die jungen Frauen ein Rentier, um den Waldleuten zu dienen (den Dolganen und Evenki). Auch die zweite Frau gab ihm ein Haar. Wenn er schamanisiert, wendet er sich geistig der Höhle zu.

Dann kam der werdende Schamane zu einer Wüste und erblickte in der Ferne einen Berg. Nach dreitägiger Reise erreichte er ihn, trat durch eine Öffnung und fand einen nackten Mann vor, der einen Blasebalg bediente. Auf dem Feuer stand ein Kessel »so groß wie die halbe Erde«. Der nackte Mann entdeckte ihn und fing ihn mit einer großen Zange. Der Novize hatte gerade noch Zeit zu denken, »ich bin tot«. Der Mann schnitt seinen Kopf ab, zerstückelte seinen Körper und warf alles in den Kessel. Darin kochte er seinen Körper drei Jahre lang. Es waren auch drei Ambosse da, und der nackte Mann schmiedete den Kopf des Kandidaten auf dem dritten, welcher derjenige war, auf dem die besten Schamanen geschmiedet wurden. Dann warf er den Kopf in einen der drei Töpfe, die da standen, und zwar in jenen, in dem das Wasser am kältesten war. Er offenbarte dem werdenden Schamanen jetzt, daß es sinnlos sei zu schamanisieren, wenn er gerufen würde, um jemanden zu heilen, und das Wasser im Ritualtopf sehr heiß sei, da dann der Mensch bereits verloren sei; ist das Wasser warm, dann ist der Mensch krank, wird sich aber wieder erholen; kaltes Wasser weist auf einen gesunden Menschen hin.

Der Schmied fischte dann die Knochen des werdenden Schamanen aus einem Fluß, in dem sie schwammen, setzte sie zusammen und bedeckte sie wieder mit Fleisch. Er zählte sie und sagte, daß er drei zuviel habe; er sollte sich darum drei Schamanenkleider beschaffen. Er schmiedete seinen Kopf und lehrte ihn nun die Buchstaben lesen, die sich in ihm befinden. Er wechselte seine Augen aus; das ist der Grund, warum er beim Schamanisieren nicht mit den körperlichen Augen, sondern mit diesen mystischen Augen sieht. Er durchbohrte seine Ohren und befähigte ihn, die Sprache der Pflanzen zu verstehen. Dann fand sich der werdende Schamane auf der Spitze eines Berges wieder und erwachte schließlich in der Yurte unter seinen Familienmitgliedern. Jetzt kann er unbegrenzt singen und schamanisieren, ohne jemals müde zu werden.[6]

Die Ähnlichkeit zwischen schamanistischer Erfahrung und den mystischen Erfahrungen, die man in den »Hochreligionen« antrifft, bezieht sich nicht nur auf den Inhalt, so auffallend dieser Aspekt auch sein mag (das Todes-Wiederauferstehungs-Thema bei Osiris, Attis, Adonis, beim tibetischen Tchöd-Ritual sowie die Reisen des Äneas, Enoch, Mohammeds, des hl. Paulus und anderer in die andere Welt). Auch der psychologische Charakter der schamanistischen Erfahrung ist ziemlich konstant und stellt den Prototyp des Wesenszuges dar, den wir bei Propheten und anderen inspirierten Menschen aus weniger alten Kulturen antreffen. Der Aspekt schamanistischer Erfahrung wird durch den einzelnen entweder als Trennung der Seele vom Körper ausgedrückt (so daß sie andere Plätze und Daseinsebenen besuchen kann) oder als Durchdrungensein des seelenfreien Körpers durch andere Geister (tierischer, dämonischer oder engelhafter Natur); möglicherweise durch beide zur gleichen Zeit. Die Griechen benannten diese beiden Konzepte: Den Flug aus dem Körper nannten sie εχγταολσ (Ekstase) und die Durchdringung durch Geister εωθεοσ (Enthusiasmus – wörtlich, »in Gott«, oder »Gott im Innern«). Die Qualität, die solche Interpretationen hervorruft, scheint Erfahrungen miteinander zu verbinden, die zeitlich, räumlich oder kulturell voneinander abgetrennt sind. Die Ähnlichkeit wird noch offensichtlicher, wenn man die wiederholt auftauchenden physischen oder sichtbaren Begleiterscheinungen dieser Erfahrungsart betrachtet: die Raserei des Sehers, sein scheinbarer Wahnsinn, der die Form von Agitation annimmt, seine krampfartigen Bewegungen, Glossalalia (von dem griechischen »mit Zungen reden«, abgeleitet), mangelnde Beachtung seiner sozialen Standesrolle oder physischen Sicherheit, gefolgt von einer Periode der Ruhe und zuletzt des Vergessens des ganzen Ereignisses. Vergleichen wir zum Beispiel folgende Beschreibungen:

> Schon während sie sprach, blieben weder ihre Gesichtszüge noch ihr Aussehen gleich, noch ließ sich ihr Haar von der Borte halten; ihre Brust hob sich und ihr wildes Herz war von Raserei besessen; ihre Figur schien dem Auge länger zu sein, ihre Stimme unmenschlich: so schnell wurde sie durch den Atem des Gottes inspiriert, als er näher kam . . . sich nicht länger Phoebus unterwerfend, tobte die Prophetin außer sich in ihrer Höhle, damit es ihr gelänge, wenn es so sein soll, den mächtigen Gott von ihrer Brust zu stoßen. Um so mehr benützt er ihren rasenden Mund, bändigend ihr wildes Herz, und formt ihren Willen durch Zwang. – *Äneis*, Buch VI.

> (Als David schutzsuchend zu Samuel floh): Da sandte Saul Boten, daß sie David holten; und sie sahen zwei Chöre Propheten weissagen, und Samuel war ihr Aufseher. Da kam der Geist Gottes auf die Boten Sauls, daß sie auch weissagten. (Saul sandte dreimal Botschafter.) Da ging er selbst gen Rama . . . Und der Geist Gottes kam auch auf ihn und ging einher und weissagte, bis er kam gen Najoth in Rama.

> Und er zog auch seine Kleider aus und weissagte auch vor Samuel und fiel bloß nieder den ganzen Tag und die ganze Nacht. – I *Samuel*, 19.

> Und als der Tag der Pfingsten erfüllet war, waren sie alle einmütig beieinander. Und es geschah schnell ein Brausen vom Himmel, als eines gewaltigen Windes, und erfüllte das ganze Haus, da sie saßen. Und es erschienen ihnen Zungen, zerteilt wie von Feuer; und er setzte sich auf einen jeglichen unter ihnen. Und wurden alle voll des heiligen Geistes und fingen an zu predigen mit anderen Zungen, nachdem der Geist ihnen gab auszusprechen.

> Es waren aber Juden zu Jerusalem wohnend, die waren gottesfürchtige Männer aus allerlei Volk, das unter dem Himmel ist . . . Sie entsetzten sich aber alle und wurden irre und sprachen einer zum andern: Was will das werden? Die andern aber hatten ihren Spott und sprachen: Sie sind voll süßen Weins. – *Apostelgeschichte*, 2

Trotz der Unveränderlichkeit der Wesenszüge bei der Besessenheitstrance scheint es doch nötig zu sein, zwischen Zuständen höherer und minderer *Qualität* zu unterscheiden, und zwar im Sinn der Erfahrungsebene, auf die sie sich beziehen, oder der Güte ihres Inhalts. Diese Unterscheidung wird in allen Kulturen anerkannt und den Wesenheiten, von denen der Mensch besessen ist, zugeschrieben. Islamisches Denken unterscheidet zum Beispiel zwischen Inspiration durch Jinn oder Engel, und man sagt, daß selbst Mahomet anfangs seinen eigenen Zuständen mißtraut hat und sie als Jinn-Einflüsse und nicht als göttliche Offenbarungen ansah. Selbst unter den Jinn findet man Qualitätsunterschiede. Während einige als Inspiratoren der Dichter und Wahrsager betrachtet wer-

den (*Arraf*, der bisweilen seine Orakel in Versform mitteilt),
inspirieren andere die weniger tiefgründigen Äußerungen der
Rutengänger (*Kahin*, der Eingebungen bei praktischen Fragen gibt,
wie etwa für das Auffinden verlorener Gegenstände. Die orthodo-
xeren Moslems betrachten nur den Propheten als vom Göttlichen
besessen – seine Worte werden durch den Erzengel Gabriel eingegeben. Darin erkennen wir die Tendenz aller Orthodoxen, die Verwirklichung des einzelnen durch jene des Heilands zu ersetzen,
anstatt ihr höchstes Vorbild als Verkörperung eines universellen
Ideals und einer allgemeinen Möglichkeit zu verstehen. Darum
wurden andere Fälle der Gottes-Inkarnation [wie der Sufi Hallaj]
in der Moslemwelt als häretisch betrachtet.).

Obgleich der einzelne meist den Kontakt mit einem bestimmten
Wesen beibehält (Jinni, Geisthelfer, »vertrauter Geist«, etc., entsprechend der Tradition) oder auch mit Wesen einer bestimmten
Ebene mystischer Verwirklichung, gibt es Ausnahmen im Fall von
Schamanen, die behaupten, in Verbindung mit *vielen* Geisthelfern
zu stehen, die sich mit den verschiedensten Fragen auseinanderset-
zen, wie Weissagung bezüglich der Jagd und dem Führen der Seelen
von Verstorbenen. Selbst im Falle eines so ehrwürdigen Propheten
wie Elisa finden wir eine Situation, in der er um ein Orakel nach
einer Wasserquelle gebeten wird:

> . . . Und da der Spielmann auf den Saiten spielte, kam die Hand des Herrn
> auf ihn. Und er sprach: So spricht der Herr: Macht hier und da Graben an
> diesem Bach. Denn so spricht der Herr: Ihr werdet keinen Wind noch
> Regen sehen; dennoch soll der Bach voll Wasser werden, das ihr und euer
> Gesinde und euer Vieh trinkt.   – II *Könige*, 3

Wir können nicht nur verschiedene »Ebenen« bei Fällen der Offenbarung unterscheiden, die sich vom Bühnenwahrsager bis zum
Propheten erstrecken, sondern auch Qualitätsunterschiede auf einer gegebenen Ebene – stilistische Unterschiede, die man mit den
verschiedenen Farben des Spektrums gleichsetzen könnte.

Plutarch gibt uns diese Unterscheidung, wenn er Inspiration oder
»Enthusiasmus« aufteilt in den Wahrsager, der durch Apollon
angeregt wird; die bacchantische Raserei, hervorgebracht durch
Dionysos, Cybele und Pan; die kriegerische Raserei des Ares; die
Raserei des Dichters, inspiriert durch die Musen; und die feurigste
Raserei von allen, jene der Liebe.[7]

Heutzutage würden wir die griechischen Götter »Archetypen«
nennen und sie, wie es Jung ausdrückt, als »Organe der Psyche«[8]
auffassen, vergleichbar den Körperorganen. Ungeachtet dieser

Veränderung des Standpunkts (die die Götter von Persönlichkeiten in Kräfte umwandelt, die in uns wirken), ist die Klassifizierung Plutarchs zutreffend für unser Wissen über Besessenheit in allen Kulturen, unabhängig von den Namen oder Auslegungen, mit denen diese Zustände bedacht werden.

Die letzte wichtige Unterscheidung ist jene, die viele Kulturen bezüglich der guten oder bösartigen Natur der Wesen treffen, die vom Menschen Besitz ergreifen.

Zumindest in der jüdisch-christlichen und der Moslemwelt scheint die Tendenz, jedwede Besessenheit als durch Teufel oder den Teufel hervorgebracht aufzufassen, mit dem Errichten formalisierter Orthodoxie parallel zu laufen. Während man die Jinn zu früheren Zeiten als unmoralisch anzusehen schien, betrachtete man sie später mehr und mehr als Shaitans (Satane), und während man in der frühen jüdischen Geschichte keine Aufzeichnung über Besessenheit vorfindet, ist sie die einzige Art, von der die Autoren der Evangelien berichten.

Wir können annehmen, daß sowohl die positive Haltung der Besessenheit gegenüber als auch das wiederholte Auftreten des Phänomens in der christlichen Welt als Konsequenz der Erfahrung der Apostel zu Pfingsten wieder zunahm. Aus den Schriften des heiligen Paulus können wir folgern, daß die Wirkungen des Heiligen Geistes zu seiner Zeit gut bekannt waren. (Denken wir nur an die Ermahnung in dem Brief an die Epheser: »Seid nicht trunken vom Wein, in dem Aufruhr ist, sondern seid erfüllt vom Geist.«) Ekstatische Voraussagen wurden von der frühen Kirche mit Mißtrauen beobachtet, und als sie durch Montanus im zweiten Jahrhundert wiederbelebt wurden, sind er und seine Nachfolger ausgerottet worden. Die Worte des Montanus sind erfüllt von dem prophetischen Geist aller Zeiten und Orte:

> Der Mensch ist wie eine Leier und Ich (der Heilige Geist) spiele ihn wie ein Plectrum. Der Mensch schläft; Ich (der Heilige Geist) bin wach.

Die Haltungen und Interpretationen, welche die Kirche gegenüber dem Wiedererwachen der Besessenheit in der mittelalterlichen Hexerei zum Ausdruck brachte, sind nur allzu bekannt, um weiter ausgeführt werden zu müssen. Erst mit der Reformation fand diese Erscheinung einen bescheidenen Platz im Christentum: bei den frühen Treffen der Quäker im England des siebzehnten Jahrhunderts und in der Gegenwart als religiöser Kern kleiner Sekten, wie die der Pentecostals.

Diese historische Abschweifung ist besonders wichtig für die

Behandlung der Frage der Technik auf dem Weg der Überantwortung, denn wenn der »Teufel« die Mißdeutung des »Gottes« ist (wegen unserer engstirnigen Annahmen und unserer unvollständigen Überantwortung), wird dann nicht das Besessensein durch den Teufel der unvermeidliche erste Schritt für jenen, der diesem Wege folgt? Anders gesagt, es kann sein, daß der Mensch, indem er sich seiner eigenen Natur überantwortet, zuerst das Auftauchen der unbewußten »teuflischen« Eingebungen erfährt und erst später zu einer »Übereinkunft« mit jenem kommt, das nach all dem nichts anderes als seine eigene Energie war, sein eigenes konstruktives Potential.

Ich denke dabei nicht im besonderen an »Teufelsanbetung«, obgleich man einige ihrer historischen Formen mit diesem Prozeß in Verbindung bringen könnte, sondern an ein allgemeineres Prinzip: die Umwandlung von »negativen« in »positive« Kräfte oder das Erkennen einer konstruktiven Macht in dem, was zuerst destruktiv schien. Ein typisches Beispiel dafür findet man in der schamanistischen Weise, sich Helfergeistern anzunähern, die man oft erst in furchterregender Form sieht, die aber »gezähmt« werden müssen, indem der Schamane seine Nervenkrise überwindet.

Was bei den Angmagssalik Eskimos oft die Form einer spontanen Krise des Schamanen annimmt, unterscheidet sich höchstwahrscheinlich nicht von der Art (obgleich vielleicht im Ausmaß) der Krise, die der Schamane in seiner Funktion als Heiler hervorbringen kann. Genauso wie er in der Lage war, mit scheinbar zerstörerischen Kräften umzugehen (durch Nachgeben oder »mit ihnen reiten«), ist er auch fähig, andere Menschen auf einer ähnlichen Reise zu führen. Dies hat ein Umdirigieren der Antriebe zur Folge, die man in Gestalt geistiger oder psychosomatischer Krankheiten manifest sieht, und ist im wesentlichen ein Vorgang, durch den man solchen Antrieben einen *Ausdrucks*kanal öffnet: Tanzen, Imaginationen, Zeichnen, Dramatisierungen, das emotionell ausdrucksvolle Medium des Kauderwelsch (Glossalalia). Dadurch daß er ausgedrückt worden ist, hat der »Geist« sein Rufen erfüllt: ist er einmal akzeptiert worden, braucht er nicht mehr in der Form von Krankheit an das Bewußtseinstor des Menschen zu klopfen.

Wenn wir diese Situation überdenken, in der sich Religion, Medizin und Kunst zusammenfinden, können wir gewiß sagen, daß *sich* der Mensch nur dadurch *ausdrücken* kann, daß er es zuläßt, von einem Geist *besessen zu werden* (im Tanz, Lied usw.) und dadurch schöpferisch und geheilt wird. Nur indem er von einem Genie überwältigt wird, kann er ein Genius werden. (Das Wort »Genius«, das heutzutage verwendet wird, um eine besondere Art der Vollkommenheit auszudrücken, leitet sich von der Vorstellung ab, durch ein Genie oder Jinn besessen zu sein. Genius zu »haben« bedeutete einst, einen Helfergeist, einen Dämon zu haben.)

Einen besonders interessanten Fall der Transmutation von Krankheit in konstruktiven Ausdruck stellt der Zar-Kult dar, den man im Iran, Äthiopien, Ägypten und Arabien bis zum heutigen Tag vorfinden kann. Dies ist eine Form des Heilens, bei der der Patient (der von emotionalen oder psychosomatischen Störungen geplagt wird, wie wir heute sagen würden) von Anfang an *als besessen angesehen wird*, und indem man ihm klarmacht, daß in seiner Besessenheit der Grund seines Übels zu finden ist, wird er auch aufgefordert, die Wesenheit auszudrücken, die ihn in Besitz genommen hat. Bei der Zar-Heilmethode fällt der Patient in eine Trance, während deren sich der Geist, der in ihn eingedrungen ist, äußern und seine Ansprüche stellen kann. Ist er zufriedengestellt, willigt er ein, den Patienten in Frieden zu lassen.

Daß Krankheit als Besessenheit interpretiert wird, ist keine Seltenheit. Dies ist nicht nur die landläufige Meinung im Mittleren Osten der heutigen Zeit, sondern war auch im alten Ägypten und Babylonien weitverbreiteter Glaube. Wir können den Vorgang, der sich im Zar-Kult (oder bei ähnlichen Übungen abspielt) als *stellvertretenden* Ausdruck auffassen: Durch die besonderen Umstände der Zeremonie und besonders unter dem Vorwand, daß ein fremder Geist in seinem Körper sei, kann der Patient *sich selbst* zum Ausdruck bringen, kann er sagen, was *er* will, kann er seine unerfüllten Bedürfnisse befriedigen. Aber entspricht hier die *Idee* der Besessenheit nicht einer machtvollen therapeutischen Technik, ohne die auf der psychoanalytischen Couch der läuternde Prozeß möglicherweise Jahre gedauert hätte?

Die gleiche Interpretation geben andere Kulturen (Grönland, Australien), wenn sie davon sprechen, daß man von einem Monster verschluckt wird und aus ihm als neuer Mensch hervorgeht (Jonas) oder in die Unterwelt gebracht wird, zerrissen und wieder zusammengesetzt wird, getötet und zu neuem Leben erweckt:

> Zuerst muß der Schüler einen bestimmten einsamen Ort aufsuchen, eine Schlucht oder eine Höhle. Dort muß er einen kleinen Stein nehmen und ihn auf der Spitze eines größeren Steins in Richtung des Sonnenverlaufs reiben. Haben sie das drei Tage ohne Unterbrechung getan, sagen sie, daß ein Geist aus dem Stein komme. Er wendet sein Gesicht zur aufgehenden Sonne und fragt, was der Schüler will. Dann stirbt der Schüler unter den

schrecklichsten Qualen, teilweise aus Angst, teilweise aus Übermüdung; aber er findet später am Tag zum Leben zurück.[9]

Es gibt besondere Beispiele für die Anwendung solcher Personifikation in der modernen Psychotherapie - hervorzuheben sind dabei die Gestalttherapie und das Psychodrama –, die uns eine Art des psychologischen Heilens zeigen, das sich in seiner Essenz nicht von der schamanistischen Umwandlung eines »Feindes« in einen »Helfer« unterscheidet. Indem sich der Patient mit den Aspekten seiner Persönlichkeit konfrontiert und sogar verbündet, die er bisher verdrängt hat, lernt er, daß diese sich auf Weisen ausdrücken lassen, die seinem Leben nicht entgegenstehen, sondern es bereichern. Wenn das möglich wird, ist der abwegige Mechanismus am Grund seiner Symptome nicht mehr nötig.

Die plötzliche Überflutung des Verstandes durch unbewußte (oder besser gesagt ego-fremde) Inhalte, die bezeichnend ist für die Arten der spirituellen Übung, die wir gerade besprechen, stellt sich nicht nur äußerst dramatisch dar, sondern birgt auch echte Gefahren. Die Beziehung zwischen Besessenheit, begleitet von visionären Erscheinungen und Psychose kann man auf allen Ebenen erkennen. Nicht nur verhalten sich der Prophet und »Gottestrunkene« oft wie Verrückte, es scheint auch, daß eine besondere Pathologie aus dem Versagen des einzelnen hervorgeht, die Energielawine zu bewältigen, die durch eine derartige Übung ausgelöst wird. Auch scheint es angebracht zu sein, viele Fälle der Schizophrenie als Ergebnis des spontanen Sprungs einer unreifen Person in dieses Erfahrungsgebiet zu betrachten, das, sofern es richtig integriert wurde, den Genius vom Durchschnittsmenschen unterscheidet.

Der schamanistische Prozeß, die ägyptischen und griechischen Mysterienkulte, die Wissenschaft der Sufis, die angewendet wird, um das Lataif zu öffnen, die Übungen, auf die westliche und taoistische Texte über Alchimie indirekt anspielen, sie alle scheinen sich mit jenem Erfahrungsbereich zu beschäftigen, der die Macht besitzt, den Menschen in harmonische Verbindung mit seinen unbekannten, noch schlafenden Kräften zu bringen oder ihn, als andere Möglichkeit, in einen Spielball der Kräfte zu verwandeln, die er nicht kontrollieren kann. Ein Grund für den esoterischen Wesenszug viele dieser Techniken, die durch die verschiedenen Traditionen angewendet werden, ist die Gefahr des Mißbrauchs, die sie enthalten. Eine Derwischerzählung illustriert diesen Punkt. Sie berichtet – in der Version, die in den *Arabischen Nächten* zu finden ist – von einem Fischer, der mit seinem Netz eine Flasche aus dem

Ozean zog. Als er sie öffnete, sprang ein Jinn heraus und drohte ihn zu vernichten, aber der Fischer brachte es fertig, den Jinn zu überlisten, so daß dieser in die Flasche zurückging. Dann warf er die Flasche wieder in das Meer . . .

Viele Jahre vergingen, bis eines Tages ein anderer Fischer, der Enkel des ersten, sein Netz am gleichen Platze auswarf und die gleiche Flasche herauszog.

Er legte die Flasche in den Sand und wollte sie gerade öffnen, als er sich an etwas erinnerte. Es war der Ratschlag, der ihm von seinem Vater gegeben wurde, der ihn wiederum von *seinem* Vater erhalten hatte.

Er lautete: »Der Mensch kann nur anwenden, was er gelernt hat anzuwenden.«

Und so geschah es, daß der Jinn, erwacht aus seinem Schlummer durch die Bewegungen seines Metallgefängnisses, durch das Messing rief: »Sohn Adams, wer du auch bist, öffne den Verschluß dieser Flasche und befreie mich: denn ich bin der Jinnoberste, der das Geheimnis wundersamer Vorgänge kennt.« Der junge Mann, der sich an das alte Sprichwort erinnerte, verstaute die Flasche vorsichtig in einer Höhle und kletterte auf eine nahegelegene Klippe, um die Zelle eines weisen Mannes aufzusuchen, der dort lebte.

Er berichtete dem Weisen, was vorgefallen war, und dieser antwortete: »Dein Sprichwort ist völlig wahr. Und du mußt diese Angelegenheit selbst erledigen, obgleich du auch wissen mußt, wie.«

»Aber was soll ich machen?« fragte der junge Mann.

»Es gibt sicher etwas, das du gerne machen möchtest?« kam als Antwort.

»Ich würde gerne den Jinn befreien, damit er mir Wunderwissen gibt oder vielleicht Goldberge und Smaragdseen und all die anderen Dinge, die Jinns schenken können.«

»Es ist dir natürlich noch nicht in den Sinn gekommen«, sagte der Weise, »daß dir der Jinn diese Dinge gar nicht geben könnte, wenn er frei ist; oder daß er sie dir gibt und sie wieder zurücknimmt, weil du keine Möglichkeiten hast, sie zu bewachen; abgesehen davon, was dich befallen könnte, wenn du solche Dinge hättest, da ›der Mensch nur anwenden kann, was er gelernt hat anzuwenden‹.«

»Was soll ich denn machen?«

»Verlange von dem Jinn eine Probe dessen, was er dir anbieten will. Suche nach einem Mittel, diese Probe dir zu erhalten und sie zu überprüfen. Suche Wissen, nicht Besitz, denn Besitz ohne Wissen ist nutzlos und Quell all unserer Wirrnis.«

Da er ein wacher und bedachtsamer Mensch war, arbeitete der junge Mann jetzt auf dem Weg zurück zu der Höhle, in der er den Jinn zurückgelassen hatte, seinen Plan aus.

Er pochte an die Flasche, und die Stimme des Jinns erklang gedämpft durch das Metall, aber immer noch furchterregend: »Im Namen Salomons des Weisen, mit dem Friede sein möge, befreie mich, oh, Sohn Adams!«

»Ich glaube nicht, daß du derjenige bist, für den du dich ausgibst, und daß du die Kräfte hast, von denen du erzählst«, antwortete der junge Mann.

»Mir nicht glauben! Weißt du nicht, daß ich nicht lügen kann?« brüllte der Jinn zurück.

»Nein, weiß ich nicht«, antwortete der Fischer.

»Wie kann ich dich dann überzeugen?«

»Indem du mir ein Beispiel für deine Fähigkeiten gibst. Kannst du irgendeine Kraft durch die Wände der Flasche schicken?«

»Ja«, gab der Jinn zu, »aber ich kann mich durch diese Kräfte nicht befreien.«

»Sehr gut, dann befähige mich, die Wahrheit des Problems zu erkennen, das mich gerade beschäftigt.«

Im selben Augenblick, als der Jinn seine seltsame Kraft aussandte, erkannte der Fischer den Ursprung des Sprichwortes, das durch seinen Großvater weitergegeben wurde. Er sah auch, wie der Jinn aus der Flasche befreit wurde; und er erkannte auch, wie er anderen dazu verhelfen konnte, solche Befähigungen dem Jinn abzuverlangen. Jedoch erkannte er auch, daß er nicht mehr als das tun konnte. Darum ergriff der Fischer die Flasche und schleuderte sie, wie sein Großvater, in das Meer.

Den Rest seines Lebens verbrachte er nicht als Fischer, sondern als Mensch, der den anderen zu erklären versuchte, wie gefährlich es sei, »anzuwenden zu suchen, was man nicht gelernt hat anzuwenden«.

Da aber nur wenige Menschen Jinns in Flaschen fanden und auch kein Weiser Mann da war, der sie führen konnte, stutzten die Nachfolger des Fischers zurecht, was sie seine »Lehre« nannten, und spielten seine Beschreibungen. Bald verwandelten sie diese in eine Religion mit Messingflaschen, aus denen bisweilen in kostspieligen und reichgeschmückten Tempeln getrunken wurde. Und da sie die Verhaltensweise des Fischers respektierten, versuchten sie seine Taten und sein Verhalten auf jede nur erdenkliche Weise nachzuahmen.

Die Flasche ist jetzt nach vielen Jahrhunderten das heilige Symbol und Geheimnis für diese Leute. Sie versuchen sich zu lieben, nur weil sie diesen Fischer lieben; und an dem Ort, an dem er sich niedergelassen und eine bescheidene Hütte gebaut hatte, umgeben sie sich jetzt mit Glanz und Putz und führen weitschweifige Rituale auf.

Ihnen unbekannt, leben die Schüler des weisen Mannes immer noch; die Nachfahren des Fischers sind unbekannt. Die Messingflasche mit dem schlummernden Jinn liegt am Grunde des Meeres.[10]

Die Gefahr einer Psychose, die den legendären Zauberlehrling befällt, ist heute eine Frage von aktuellem Interesse, denn wir beginnen zu erkennen, daß eine Psychose nicht nur Ergebnis einer Unfähigkeit des Ego ist (mit seinem Unbewußten umzugehen), sondern auch eine dem Normalzustand überlegene Seinsverfassung. Julian Silverman hat sich darüber geäußert, wie ein Schamane als Teil seines Einweihungsprozesses etwas durchläuft, was wir als psychotischen Zustand diagnostizieren würden.[11] Er wird nicht gepflegt und »behandelt«, sondern sein Zustand wird ganz im

Gegenteil respektiert, und es wird zugelassen, daß er seine natürliche Entwicklung durchläuft. Konsequenterweise stellt sich die Frage: Sind nicht einige der Syndrome, die wir als schizophren, tobend oder gar als kataklystisch behandeln, Stufen einer Entwicklung, die wir aus mangelndem Vertrauen unterbrechen, anstatt ihnen zu erlauben, eine positive Richtung zu nehmen?

Ein neuer Zugang zur Psychose, der immer mehr Anhänger findet, ist respektvoller als der traditionelle, und wir können deshalb hoffen, daß bald wirkliche Antworten auf diese Frage gefunden werden. (Über den Wert psychotischer Erfahrungen wurde 1968 im Esalen Institut eine internationale Konferenz abgehalten und ein in Kürze erscheinendes Buch von J. Silverman wird die wesentlichsten Aussagen zusammenfassen.) Auf jeden Fall kann man aufgrund der bekannten Tatsachen sagen, daß Übungen zur Überantwortung der Kontrolle (wie etwa bei der mediumistischen Haltung) zu psychotischen Zuständen führen *können* und daß vorübergehende, der Psychose verwandte Zustände Teil der inneren Reise *einiger* Schamanen, Mystiker und Künstler sind.

Neben dem esoterischen Wesenszug einiger Übungen gibt es eine ganze Reihe von Faktoren, die es erschweren, über die Techniken zu berichten, die der offenbarenden Dimension der Meditation zugeordnet sind. Einer dieser Faktoren bezieht sich auf die Natur der definierenden Haltung. Wegen der Offenheit zu den Eingebungen aus der tieferen Natur und dem Horchen auf die innere Stimme kann man annehmen, daß der Weg in höchstem Maße *individualistisch* ist. Wenn wir Analogien für den schamanistischen Weg in der modernen Welt suchen, werden wir sie am ehesten im Leben einiger Künstler finden, deren Bestreben es war, ihrem »Ruf« oder inneren Berufung zu folgen. Ihr Einstimmen auf sich selbst (oder, wenn wir so wollen, auf das, was sich durch sie ausdrücken wollte) kann im allgemeinen nicht von ihrem Ausdrucksvorgang abgetrennt werden, so daß ihre Kunst gleicherweise ein Ergebnis und eine Disziplin ist. Wenn die Griechen von dem Dichter sagten, er sei von den Musen besessen, war dies kein leeres Reden. Für viele war die visionäre oder hellhörende Erfahrung ebenso Tatsache wie jene, von der Sokrates berichtet, wenn er über seinen Dämon spricht, und sie sind für eine ganze Reihe von Künstlern unserer eigenen Tradition Erfahrungstatsachen geblieben.

Dante schreibt: »Ich bin einer, der, wenn Liebe mich inspiriert, aufmerkt; und ich fahre fort, dies darzulegen, nach der Weise, die Liebe in mir diktiert.« Bei Whitman lesen wir:

Oh, gewiß bin ich, sie kommen von Dir, der Drang, die Ordnung, der Wille unüberwindbar, der machtvolle, empfundene, innere Befehl, der stärker ist als Worte sind. Eine Botschaft der Himmel, die zu mir flüstern für immer im Schlaf.

Beide sprechen von der echten Erfahrung der *Inspiration*, die heutzutage für die meisten Menschen wenig mehr ist als eine Redewendung. Solche Erfahrungen unterscheiden sich in ihrer Essenz nicht von jener, die Alfred de Musset mit folgenden Worten beschreibt: ». . . es ist nicht Arbeit. Es ist bloßes Lauschen. Es ist, als würde irgendeine unbekannte Person in dein Ohr sprechen.«

Ein anderer Faktor, der die Beschreibung von Meditationstechniken erschwert, ist, daß die Wirksamkeit jeder Technik von einem außerhalb der Technik gelegenen Faktor »persönlicher Anstekkung« abzuhängen scheint.

Die infizierende Natur des Besessenseins von Teufeln wird zu allen Zeiten bestätigt, und es ist beeindruckend, Aufzeichnungen zu lesen wie etwa die Beschreibung der Epidemie von Loudun, die zeigt, daß selbst scheinbar gesunde Priester, die zur Teufelsaustreibung abgesandt wurden, durch die vorherrschenden Umstände beeinflußt worden sind.[12]

Was für unerwünschte Teufelsbesessenheit zutrifft, trifft offenbar ebenso auf Seinsverfassungen zu, die erwünscht sind und besonders gepflegt werden. Bei vielen Völkern ist die Trance ein kollektives Phänomen, bei dem, wie man glaubt, die Verfassung des Fortgeschritteneren jene des Anfängers fördert. Die Kung-Buschmänner der Kalahariwüste zum Beispiel verstehen die Wesenheit, von der man besessen ist, nicht als Geist, sondern als Energie (bisweilen auch »Medizin« genannt. Interessanterweise ist dies eine »Medizin«, die, ähnlich wie das taoistische Elixier oder die Kraft des Kundalini-Yoga in der Magenhöhle liegt und durch Erhitzung in Gestalt von Dampf durch das Rückgrat aufsteigt), die dem Menschen ursprünglich von Gott gegeben wurde und jetzt mittels direkter *Übertragung* von Mensch zu Mensch erhalten wird. Nach Dr. R. Lee, der die Trancetänze studiert hat, verbringen die praktizierenden Heiler viel Zeit damit, »Medizin« in die Körper der Lernenden zu übertragen.[13]

Daß die direkte Übertragung spiritueller Energie oder die Befähigung eines göttlich inspirierten Menschen, einen anderen in Verbindung mit seiner scheinbar übernatürlichen Quelle der Inspiration zu setzen, von den verschiedenen mystischen Traditionen immer anerkannt wurde, können wir an den stereotyp gewordenen Ausdrücken sehen, die ihre ursprüngliche Bedeutung verloren haben, wie etwa der Begriff des »Segens« oder die christliche Einsageformel während der Taufe: »Empfange den Heiligen Geist«. In anderen Fällen ist es jedoch ein nichtverbaler Vorgang, durch den ein Meister einen Schüler in einen neuen Erfahrungsbereich einführen kann. Folgende Passage des Sufimeisters Ibn' Arabi – der als »Schüler des Khidr« bekannt ist – erzählt von dessen eigener Einweihung in den Zustand der Einheit mit der kosmischen Entität, die die Sufis gleichsetzen mit dem Heiligen Geist, mit dem Engel Gabriel und mit dem historischen Elijah:

Diese Vereinung mit Khidr wurde durch einen unserer *Shaikhs*erfahren, den *Shaikh* 'Ali ibn 'Abdillah ibn Jami, der einer der Schüler von 'Ali al-Mutawakkil und von Abu Abdillah Qadib Alban war. Er lebte in einem Garten, den er am Rand von Mosul besaß. Dort hatte Khidr ihn in Gegenwart von Qadib Alban mit dem Mantel bekleidet. Und am gleichen Ort war es, in dem Garten, in dem ihn Khidr bekleidet hatte, wo der *Shaikh* auch mich mit ihm bekleidete, indem er die gleiche Zeremonie durchführte, die auch Khidr beachtete, als dieser ihm die Bekleidung gab. Ich hatte diese Bekleidung bereits erhalten, jedoch mehr indirekt aus der Hand meines Freundes Taqiuddin ibn Abdirrahman, der sie wiederum von Sadruddin erhalten hatte, dem *Shaikh* der *Shaikhs* in Ägypten, dessen Großvater sie von Khidr erhalten hatte. Zu dieser Zeit begann ich von der Bekleidung mit dem Mantel zu sprechen und sie auf gewisse Leute zu übertragen, da ich entdeckte, wie wichtig dem Khidr dieser Ritus war. Zuvor hatte ich über diesen Mantel, der jetzt allgemein bekannt ist, nicht gesprochen. Dieser Mantel ist für uns ein echtes Symbol der Brüderschaft, ein Zeichen, das uns im gleichen spirituellen Kulturkreis, bei der Ausübung des gleichen *Ethos*, gemeinsam ist. Es ist unter den Meistern der Mystik zur Regel geworden, daß sich der *Shaikh* im Geiste mit dem Zustand der Vollkommenheit identifiziert, den er vermitteln will, wenn er bei seinem Schüler einen Fehler entdeckt. Hat er diese Identifikation vollzogen, nimmt er im Augenblick der Verwirklichung dieses spirituellen Zustandes seinen Mantel von den Schultern und umhüllt den Schüler damit, dessen spirituelle Verfassung er vervollkommnen will. Auf diese Weise vermittelt der *Shaikh* seinem Schüler die spirituelle Verfassung, die er in sich selbst hervorgerufen hat, und die gleiche Vollkommenheit wird in der Verfassung des Schülers erreicht. Solcherart ist das Ritual der Bekleidung, das bei uns allgemein bekannt ist; es wurde uns durch die erfahrensten unter unseren *Shaikhs* mitgeteilt.[14]

Für jede Art der konzentrativen Meditation wird man eine entsprechende Art der expressiven Meditation finden. Meditation über extern vorgegebene Abbilder hat unter den expressiven Techniken ihr Gegenstück im Besinnen auf spontan auftauchende Vorstellungen; Meditation über eine Wortformel, die einen bestimmten Geisteszustand herausarbeitet (wie etwa das Koan) enthält in sich den bisher unformulierten Zustand des Meditierenden. Den traditionell stereotypisierten Tanzformen entspricht eine Tanzweise, durch die der Mensch danach strebt, durchlässig für die Musik zu werden und, gewissermaßen, den Tanz sich selbst tanzen zu lassen. (Dabei gibt es jedoch Ausnahmen: einige Trancetänze – wie die balinesischen – sind stereotyp geworden. Bei den hochgradig strukturierten Bewegungen des Tai-Chi-Chuan andererseits ist das Ziel Spontaneität, und der Fluß von *Chi* stellt eine Energie dar, die man sich auf die gleiche Weise wie die Buschmänner vorstellt.)

Selbst im Bereich des Atmens können wir die beiden Übungsweisen einander gegenüberstellen. Auf der einen Seite finden wir formalisierte Übungen wie Pranayama (das vierte Glied des Astanga Yoga oder Raja Yoga), die Atemkontrolle und Aufgabe spontaner Bevorzugungen zugunsten eines vorgegebenen Rhythmus beinhalten; auf der anderen Seite haben wir eine Übung, die Auflösung der Kontrolle beinhaltet und ein Überantworten der Bevorzugungen an eine Spontaneität beim Atemvorgang, die ihren Ursprung in einer Schicht hat, die unterhalb unserer bewußten Wahl liegt. Selbst in diesem einfachen psychophysischen Bereich finden wir somit Zusammenhänge zwischen den beiden Übungsweisen, ein Zusammenfluß, den die Religionen als Wirken von Gottes Willen beschrieben haben: der Weg des Gesetzes, von außen auferlegt, und der Weg der Offenbarung, die aus dem Innern kommt; das Entfalten des Göttlichen Samens, eingepflanzt in des Menschen innerste Natur.

Die Atemübungen stellen sich in solchen Beschreibungen vielleicht als einfach durchführbar und sogar trivial dar. Wir mögen zu der Annahme neigen, daß »natürliches Atmen« die einfachste Sache der Welt sei und daß wir es schon tun. Wir *tun es* tatsächlich, aber *nur, wenn wir uns nicht vergegenwärtigen,* daß wir atmen. Solange wir unseren gewohnten Tätigkeiten nachgehen, lenkt unser Atemzentrum – das Tier in uns – mit großer Weisheit den Atemvorgang entsprechend den Bedürfnissen unseres Organismus'. Sobald »wir« jedoch unser Atmen bemerken, können »wir« es nicht vermeiden dazwischenzufahren. Unser bewußtes Ich ist ein großer Beeinflusser, der nur durch besondere Übung lernt, *nur* gewahr zu sein. Sich in spontan bewußtem Atmen zu üben heißt darum, ein zulassender Beobachter zu werden, ein Zeuge der Natur, der nicht eingreift – es ist somit ein Sich-Üben im Überantworten und im Nicht-Tun. Diese Übung, der in der buddhistischen Tradition große Bedeutung beigemessen wird, kann man als das einfachste vorstellbare Üben im Natürlichsein betrachten und als ersten Schritt beim Üben natürlicher Bewegung (wie etwa Zen-Bogenschießen und -Malerei) und geistiger Weite.[15]

Die Haltung, die wir oben beschrieben haben, die man als Haltung des Zulassens eines Vorgangs bezeichnen kann, als »durch seinen Atem geatmet werden«, wird im Bereich visueller Darstellungen zu einer, die die Entfaltung von Vorstellungen ohne bewußten Eingriff zuläßt. Ebenso wie im Fall des Atmens gehen wir falsch in der Annahme, daß wir dies ja bereits mit unserer gewöhnlichen Tagträumerei tun. Nur in *unbewußten* Tag- oder Nachtträumen – wenn »wir« nicht da sind – lassen wir von der Kontrolle unserer imaginären Aktivitäten ab, und selbst dann nur in geringem Maße.

Wahre geistige Freiheit ist eine Haltung, die viele Dichter und Maler absichtlich entwickelt haben. Sie hat ihnen das Gefühl vermittelt, daß sich ihre Arbeit durch sie erschafft. Im Bereich reiner Imagination ist die Situation jedoch vereinfacht, da hier irgendwelche technischen Anforderungen, wie das Halten von Zeichenstift und Pinsel, wegfallen.

Die Übung unstrukturierter Besinnung auf Imaginationen ist so weitverbreitet, daß sie so verschiedenartige Beispiele wie das »Jagen nach Visionen« der amerikanischen Indianer und das astrale »Schauen in den Kristall« der Magiere mit einschließt. Unter der Bezeichnung »aktive Imagination« nimmt sie einen wesentlichen Platz in der Jungschen Psychologie ein[16] und unter der Bezeichnung »geleiteter Tagtraum« stellt sie eine andere Version der Übung dar, die kürzlich von Desoille entdeckt wurde.[17] Viele psychotherapeutische Schulen (wie die Gestalttherapie und die Psychosynthese) wenden heutzutage die nach innen gerichtete Entfaltung visueller Fantasien entsprechend der Gelegenheit und ihrer besonderen Stilrichtung an. Ohne zu vergessen, daß Fortschritt beim Erlangen der Fähigkeit – sowohl bei Fantasien als auch beim Atmen –, von willentlichen Manipulationen abzulassen, vielmehr eine Frage der Übung und der Selbstbeobachtung als eine Frage hochentwickelter Techniken ist, ist es doch gut, sich verschiedene Bedingungen zu vergegenwärtigen, wie z. B. die Notwendigkeit andauernder, konzentrierter Aufmerksamkeit gegenüber den sich entfaltenden Vorstellungen. Entspannung der Muskeln kann ebenfalls nützlich für die Übung sein. Außerdem ist Regelmäßigkeit wie bei jeder Übungsweise, die sich über eine gewisse Zeit erstreckt, wesentlich für den Erfolg. Durch anhaltendes Üben werden selbst Leute, die kein gutes Vorstellungsvermögen haben, bemerken, daß sich die Qualität ihrer Imaginationen verbessert. Während ihre Fantasieprodukte, zu Anfang den Tagträumen ähnlich, mehr und mehr in ihrer Spontaneität und irrationalen Qualität den natürlichen Träumen entsprechen, werden schließlich, nachdem auch diese Ebene überwunden ist, Fantasien von mythologischer Qualität überwiegen, die den urbildhaften Bereich des Geistes reflektieren.

Techniken, um im Bereich der Fantasie die Kontrolle aufzuheben, sind sicher nicht die einzigen, die von der Psychotherapie aufgenommen wurden. Man kann sagen, daß der größte Teil moderner Psychotherapie aus Variationen über das grundlegende Motiv der Befreiung organischer Tendenzen des Menschen aus dem Gefängnis seiner Verhaltensweisen besteht.

Die grundlegende Technik der Psychoanalyse – die »freie Assoziation« – ist die perfekte Reflektion der Übung des nichteingreifenden Beobachtens auf der begrifflichen Ebene, auf die wir bei der zuvor beschriebenen Atemtechnik gestoßen sind. Der besondere Beitrag der Psychoanalyse zum Erlangen dieser Freiheit besteht aus der Teilnahme der zweiten Person, die den ganzen Vorgang beobachtet: die Aktivität, die als »Analyse der Widerstände« bekannt ist. Denn ebenso wie es besondere Aufmerksamkeit verlangt zu entdekken, daß unser »natürliches« Atmen nicht natürlich ist und unsere »spontanen« Fantasien kontrolliert sind, kann es nötig für uns sein, eine tiefere Einsicht zu entwickeln, um zu erkennen, daß unsere »freien Assoziationen« unfrei sind. Sandor Ferenczi, den man einen der Väter der psychoanalytischen Technik nennen könnte, sagt, daß man die Analyse als abgeschlossen betrachten kann, wenn ein Mensch die Fähigkeit zur freien Assoziation erlangt hat.

Von diesem Gesichtspunkt betrachtet ist die Technik der Psychoanalyse wie die Meditationstechniken allgemein sowohl ein Weg als auch ein Ziel.

Eine ähnliche Strategie, das individuelle Verhalten zu destrukturieren, um das Auftauchen innerer Struktur oder inneren Stils zu fördern, stellt die Grundlage einiger Schulen der Gruppen-Psychotherapie, von Gruppen-Psychoanalyse bis zu Encounter, dar. Das wesentliche Gesetz ist bei allen: Selbstausdruck und das Ziel: zuzulassen, daß Selbstidentität aus dem aufgezwungenen sozial strukturierten Verhaltensmuster auftaucht, das wir gewohnt sind, als »Selbst« anzusehen.

Ein anderes Beispiel für den Weg des Ausdrucks und der Befreiung auf dem Gebiet der Psychotherapie findet man in gewissen Wegen, psychoaktive Drogen anzuwenden. Wie bei anderen Techniken scheint man die Anwendung von Drogen zum Herbeiführen von Trance-Zuständen seit frühester Zeit zu kennen, und man findet sie im allgemeinen in Verbindung mit schamanistischen Praktiken. Die Verbindung von Wein mit dionysischen Riten ist allgemein bekannt, und aus verschiedenen Beschreibungen kann man entnehmen, daß die Trance der Sibylle des delphischen Orakels durch Einatmen des Dampfs aus der Kluft und von Lorbeerdünsten hervorgebracht wurde. Es gibt auch einige Andeutungen, daß bei den Eleusinischen Mysterien Drogen gebraucht wurden. »Ich habe das *Cyceon* geschmeckt, ich habe es getrunken«, lautet ein oft zitiertes Wort der Mystagogen (Eingeweihten).

Ebenso wie Drogen im Altertum als Katalysatoren verwendet wurden, um Prophetie und Selbstausdruck hervorzubringen, scheinen sie in der heutigen Psychotherapie am meisten dort zu versprechen, wo sie sich mit Techniken verbinden, die auf die Entfaltung unterdrückter Spontaneität abzielen. Zum Beispiel:

1. der Gebrauch intravenöser Amphetamine oder MDA, um unterdrückte traumatische Erinnerungen und Empfindungen wachzurufen;

2. der Gebrauch von Harmalin oder Ibogain, um die gesteuerte Fantasie oder ähnliche Praktiken zu erleichtern und, im allgemeinen, um als Brücken zu dem archetypischen Bereich zu dienen[18];

3. der Gebrauch von LSD und verwandten Drogen, um einen vorübergehenden Zustand des Verlernens von Wahrnehmungs- oder Verhaltensstereotypen zu erreichen, wodurch der Mensch empfänglich für seine nicht konditionierten oder wahren Bedürfnisse und Reaktionen wird.[19]

Es ist kein Wunder, daß heute verschiedene Übungsformen des Sich-öffnens zu unseren tieferen Befähigungen in der Psychotherapie anzutreffen sind, da Psychotherapie als Ganzes (wie man sie sich heute meistens vorstellt) danach strebt, den Menschen von den Widerständen zu befreien, die von innen her seinen Ausdruck oder seine Verwirklichung verhindern.[20]

Was die Beziehung zwischen Kunst und Therapie als Ausdrucks- und Befreiungswege angeht, kann man sagen, daß sich die Kunst auf den Ausdruck konzentriert und Therapie auf das Beseitigen der Ausdrucksblockierungen. Dennoch wird jede scharfe Abtrennung zwischen den beiden künstlich sein. Der Schamane war gleichzeitig Künstler und Heiler, und heutzutage scheinen wir eine Stufe zu erreichen, auf der die Disziplinen aus ihren Verschalungen herausgeholt werden und man deren ursprüngliche Einheit erkennt. Genauer gesagt werden kunsterzieherische Disziplinen zu Therapien und Therapie wiederum wird sowohl eine Kunst (anstatt eine medizinische Technik zu sein, die unabhängig vom inneren Zustand des »Patienten« existiert) als auch ein Mittel, um den Künstler im Patienten zu befreien.

Eine andere Technik, die besonders beachtet werden sollte, ist eine, die überall im Westen viele Anhänger als Folge des Einflusses des indonesischen Bapak Subuh gefunden hat. Die Hauptübung, die in vielen verschiedenen Zweigen des Subud praktiziert wird, heißt *Latihan* und besteht genau daraus, die Kontrolle aufzugeben. Die Worte, die im allgemeinen zu Beginn einer Sitzung gebraucht werden, definieren die Übung als besondere Form des Ishvara-Pranidhana: »Wir wollen uns an den Willen Gottes ← überantworten.« Die Besonderheit der Übung besteht darin, daß sie in Männer- und Frauengruppen durchgeführt wird und daß dabei untersagt ist, dem möglicherweise auftauchenden Impuls nachzugeben, andere Personen der Gruppe anzusprechen oder zu berühren.

Die besonders typischen Phänomene des Latihan sind zumeist jene, die bereits beschrieben worden sind: ekstatische Erfahrungen, visionäre Erfahrungen in Form von Halluzinationen oder eidetischen Imaginationen, Besessenheit oder Manifestationen, die auf Besessensein zurückzuführen sind, wie automatische Bewegungen, Glosslolalia, inspiriertes Singen, spontan sich entfaltende Rituale. Ansonsten kann das Latihan, ähnlich wie beim Za-Zen, die Form einer ruhigen, empfänglichen Verfassung annehmen oder ein gelassenes Sich-einstimmen auf jenes, was der Mensch als Gottes Wille erkennt.

Nach Idries Shah ist das Latihan eine Sufiübung, die man nicht als isolierte Übung, abgetrennt vom ursprünglichen Zusammenhang oder ohne Aufsicht durch einen Experten anwenden sollte.[21] Eine Aussage, die man vielleicht auf alle Übungen beziehen kann, die wir angeführt haben, da sie sowohl einen Weg aus einer Geistesstörung heraus, als auch einen Weg in die Geistesstörung hinein darstellen. Sie sind Befreiungswege durch Chaos, Pfade zum Bewußtsein, die durch das Unbewußte führen, und, wie Jung über die Tiefenpsychologie bemerkt, besteht die Gefahr, daß man gelähmt in den Tiefen bleibt und nicht zurückkehrt.

Das *Latihan* stellt keine Ausnahme vom expressiven Weg im allgemeinen dar, insofern es zu psychotischen Erfahrungen führen kann. Selbst die Psychoanalyse kann solch ein Weg sein, und es kommt oft vor, daß psychotische Erfahrungen, hervorgebracht durch analytische Prozesse, den Auftakt für die eigentliche Heilung darstellen. Dennoch kann es sein, daß das *Latihan* (wie das Einnehmen von Drogen) nicht nur ein besonders weites Tor zur anderen Seite des Geistes ist, sondern auch nach Ausgewogenheit durch in hohem Maße befähigte Führer verlangt.

Was ich über Techniken sage, die allgemein auf das Aufgeben von Kontrolle abzielen, ist, wie ich glaube, besonders für eine Technik zutreffend, die in Fachkreisen nur wenig beachtet wird, deren potentielle Gefahren jedoch gut in etwas Nützliches verwandelt werden könnten. Es handelt sich um automatisches Schreiben.

Automatisches Schreiben ist ein Phänomen, das den meisten Menschen unbekannt ist, aber dennoch kann man vermuten, daß es von vielen (ja vielleicht von den meisten) erfahren wurde. Man macht es, indem man einen Schreibstift über ein Blatt Papier hält, ohne jedoch zu schreiben versuchen, und wartet, bis sich eine unwillkürliche Bewegung einstellt. Tut man dies mit genügender Ausdauer, wird man mit großer Wahrscheinlichkeit feststellen, daß sich die Hand von selbst bewegt, »als würde sie von einer unsichtbaren Macht geführt«. Das mag zuerst zu unleserlichen Kritzeleien führen, wird sich aber nach einiger Zeit in leserliche Schrift verwandeln. Die Erfolgsaussichten für das Experiment sind besonders gut, wenn der Übende entweder laut oder im Geist eine Frage stellt, und dabei besonders eine Frage, an deren Beantwortung ihm sehr gelegen ist. Dann wird sich das Schreiben auf die Frage beziehen und dem Übenden höchstwahrscheinlich als Antwort erscheinen, die er nicht selbst formuliert hat. Außerdem weiß die schreibende Person, wie bei dem Phänomen der Besessenheit oder wie bei irgendwelchen absichtlich herbeigeführten Hypnosezuständen, nicht, was sie schreibt, bis die ganze Aussage fertig ist. (Weitere nützliche technische Informationen über diese Prozedur findet man in einem Buch von Frau Dr. A. Muhl[22], die sie in psychotherapeutischem Zusammenhang anwendet. Wie Dr. William Alanson White in der Einleitung schreibt, hat sie automatisches Schreiben angewendet, »um herauszufinden, was im Geiste ihrer Patienten vor sich geht, der sich gewöhnlichen Fragen verschloß«.)

Hat man sich längere Zeit in automatischem Schreiben geübt, zeigen Texte, die sich mit persönlichen Fragen beschäftigen, oft die Tendenz, durch un- oder überpersönlichere ersetzt zu werden, im allgemeinen verbunden mit dem Auftauchen klar antwortender Persönlichkeiten (wobei es keine Rolle spielt, ob diese durch den Schreibenden als »Geister« interpretiert werden oder nicht). Geschieht dies, kann man sagen, daß automatisches Schreiben zu einem vollständigeren Ausdruck des Besessenheitssyndroms geführt hat, mit den jeweils entsprechenden Gefahren oder Segnungen.

Ich möchte ausführlicher zwei Beispiele einer inneren Erzählung darstellen, die durch automatisches Schreiben ausgelöst wurde.

Beide Fälle kann man *monumenta psychologica* nennen. Sie zeigen die organische Wechselbeziehung einer Anzahl von Merkmalen des expressiven Wegs und seiner Bewußtseinszustände.

Zuerst betrachten wir den Fall von Ludwig Staudenmeier, einem Professor der Experimentellen Chemie, der im Jahr 1910 einen langen Aufsatz mit dem Titel ›Die Magie als experimentelle Naturwissenschaft‹[23] publizierte. Er war ein methodischer Mensch mit einem kritischen Geist, der aus wissenschaftlicher Neugier mit automatischem Schreiben zu experimentieren begann. Nachdem einmal die Büchse der Pandora seines Geistes geöffnet war, wurde sein Leben ein Kampf um die Bemeisterung der Kräfte, die er in seiner eigenen Psyche entfesselt hatte.

Ein Freund von Staudenmeier hatte ihn dazu überredet, automatisches Schreiben auszuprobieren. Nach einigen Fehlschlägen ermutigte ihn sein Freund weiterzumachen, bis schließlich sein Schreibstift »die merkwürdigsten Schlingen und Kringel« aufzeichnete. Später entstanden trotz seines Zweifels Buchstaben und Antworten auf seine Fragen. Obgleich verschiedene Geister vorgaben, an dem Schreiben beteiligt zu sein, bezweifelte Staudenmeier dies, da er bemerkte, daß sich seine eigenen Gedanken in die Antworten vermischten. »Trotzdem«, schreibt er, »habe ich den sicheren Eindruck, daß ich es mit einem mir völlig unbekannten Wesen zu tun habe. Zuerst konnte ich im voraus sagen, was geschrieben würde, und daraus entwickelte sich nach einiger Zeit ein vorausahnendes ›inneres‹ Hören der Botschaft; ... ich bin ein ›hörendes Medium‹ geworden, wie die Spiritisten sagen.«[24]

Einige der Stimmen, die Staudenmeier beschreibt, gleichen jenen, von denen die meisten mediumistisch Veranlagten und Schizophrenen mit Hörtäuschungen berichten:

Schließlich ließ sich die innere Stimme ... zu oft, ohne ausreichenden Grund und auch gegen meinen Willen hören; oft war sie bösartig, versteckt spottend, ärgerlich und reizbar. Manchmal hielt dieser unerträgliche Kampf für Tage gänzlich gegen meinen Willen an.

Oft stellten sich die Aussagen dieser sogenannten Wesenheiten als Fälschung heraus. Gegenüber dem Haus, in dem ich lebe, zog gerade ein seltsamer Mieter ein. Um sie zu testen, fragte ich meine Geister nach dessen Namen. Ohne Verzögerung erhielt ich die Antwort: Hauptmann von Müller. Später stellte sich die Information als völlig falsch heraus. Wenn ich in solchen Fällen den Geistern sanfte Vorwürfe machte, lockte ich oft folgende ehrliche Antwort hervor: »Wir können uns nicht anders verhalten, wir müssen lügen, wir sind böse Geister, du darfst uns nicht böse sein!« Wurde ich dann grob, taten sie dasselbe.

»Zur Hölle mit dir, du Dummkopf! Ständig belästigst du uns! Du hättest uns nicht rufen sollen! Jetzt müssen wir immer in deiner Nähe sein!« Wenn ich grob wurde, war es, als würde ich Beleidigungen auf eine Wand oder einen Wald zu schleudern. Während einer bestimmten Zeit genügte es, daß ein unüberlegter Gedanke meinen Geist durchkreuzte, um einen Ausbruch der inneren Stimmen hervorzurufen.[25]

Im Laufe der Zeit individualisierten sich einige der Stimmen in vollem Maße und zeigten Merkmale, die mehr der Besessenheit als der Halluzination zuzuordnen sind. Die hartnäckigsten drei der Stimmen nannte er »meine Hoheit«, »das Kind« und »Rundkopf«. Hier folgen einige der Beschreibungen, die Staudenmeier von den ersten beiden gibt:

Später manifestierten sich auf gleiche Weise Personifizierungen von Herrscherpersönlichkeiten, wie etwa dem deutschen Kaiser und verstorbener Personen, wie Napoleon. Gleichzeitig bemächtigte sich meiner ein ausgeprägtes Gefühl der Erhabenheit; ich wurde zum Herrn und Meister eines großen Volkes, meine Brust schwoll an und verbreitete sich beinahe ohne mein Dazutun, mein Verhalten wurde äußerst energisch und militärisch, was ein Beweis dafür war, daß die jeweilige Personifizierung einen bestimmenden Einfluß ausübte. Ich hörte zum Beispiel, wie die innere Stimme in majestätischem Ton zu mir sagte: »Ich bin der deutsche Kaiser.« Nach einiger Zeit wurde ich müde, andere Konzeptionen machten sich stark bemerkbar, und mein Verhalten wurde wieder entspannter. Dank der Anzahl hochrangiger Persönlichkeiten, die mir erschienen, entwickelte sich allmählich die Vorstellung von Hoheit und Würde. Meine Hoheit ist von einem großen Verlangen erfüllt, eine außergewöhnliche, ja sogar eine königliche oder herrschende Persönlichkeit zu sein oder wenigstens – wie ich es mir jetzt erkläre – diese Persönlichkeiten zu sehen und nachzuahmen. Meine Hoheit interessierte sich sehr für militärische Veranstaltungen, modisches Leben, hervorragendes Benehmen, gutes Leben mit reicher Auswahl an Getränken, Ordnung und Eleganz im Haus, vornehme Kleidung, ein standesgemäßes Militärfahrzeug, Gymnastik, Jagen und Sport und versuchte entsprechend durch Ratschläge, Ermahnung, Befehle und Drohungen meinen Lebensstil zu beeinflussen. Auf der anderen Seite ist meine Hoheit gegen Kinder, gewöhnliche Dinge, Scherz und Fröhlichkeit eingestellt, weil er königliche Personen offenbar fast ausschließlich durch ihre zeremonielle Haltung in der Öffentlichkeit oder von Beschreibungen kennt. Besonderen Abscheu hat er gegen satirische Bildjournale, totale Abstinenzler etc. Außerdem bin ich etwas zu klein für ihn.

Eine weitere wichtige Rolle wird von der »Kind«-Personifikation gespielt: »Ich bin ein Kind. Du bist der Vater. Du mußt mit mir spielen.« Dann werden Kinderverse gesummt. »Hänschen klein, ging allein . . ., Kommt ein Vogel geflogen.« Wunderbar zärtliche Kindhaftigkeit und ungekünstelte Verhaltensweisen, wie sie kein wirkliches Kind auf so ausgeprägte und ergreifende Weise ausdrücken könnte. In Augenblicken der guten Laune werde ich Putzi oder einfach »mein lieber Zi«, genannt. Wenn ich in die Stadt gehe, muß ich an Schaufenstern von Spielzeugläden stehenbleiben, alles genau anschauen, selbst Spielsachen kaufen, den Kindern beim Spielen zuschauen, auf dem Boden herumtollen und wie Kinder einen Ringelreihen tanzen und so durchwegs einen völligen Mangel an Erhabenheit zeigen. Wenn ich auf Wunsch »des Kindes« oder »der Kinder« (bisweilen stellte sich eine Aufspaltung in verschiedene ähnliche Persönlichkeiten ein) in einem Geschäft stehenbleibe und über den Spielzeugtisch blicke, schäumt diese Personifikation vor Freude über und ruft mit kindlicher Stimme ekstatisch aus: »Oh, wie schön! Es ist himmlisch!«

Da die »Kind«-Personifikation größere Macht über mich gewonnen hat, hat nicht nur mein Interesse an kindlichen Verhaltensweisen, Spielsachen und selbst Geschäften zugenommen, sondern auch mein Drang nach kindlichen Befriedigungsweisen und den unschuldigen Herzensfreuden zu suchen, eine Tatsache, die sich auf den Organismus auswirkt, ihn verjüngt und erfrischt und viele der Sorgen des erwachsenen Menschen vertreibt, der immer mehr daran gewöhnt wird, seine Intelligenz einzusetzen. Auf die gleiche Weise haben eine Reihe von anderen Personifizierungen einen segensreichen Einfluß auf mich. Mein Interesse an Kunst und dem Verstehen künstlerischer Vorgänge hat zum Beispiel beachtlich zugenommen. Besonders bemerkenswert und bezeichnend für die tiefgreifende Spaltung, die sich in mir vollzieht, ist folgende Tatsache: Obgleich mein Interesse an Kunst und dabei besonders hinsichtlich der Kunst des Altertums und des Mittelalters kaum vorhanden war, sind bestimmte Personifikationen von mir besonders an diesen Kunstformen interessiert und haben mich ständig angeregt, mich mit ihnen zu beschäftigen.[26]

Staudenmeiers Experimente erschlossen ihm eine Reihe von Entdeckungen, die ich hier nicht näher darstellen will – obgleich sie ungewöhnlicher sind als bloße Erfahrungen der Besessenheit. Was die Suche nach Selbstvervollkommnung angeht, auf die er, ohne es zu wollen, gestoßen wurde, scheint er sein Ziel verfehlt zu haben. Zumindest wissen wir, daß er zweieinhalb Jahre vor seinem Tod im Alter von 66 auf einer Postkarte an einen Freund schrieb: »Mit verzweifeltem Energieeinsatz fahre ich mit meiner Arbeit fort, aber es geht sehr langsam und schwerfällig voran. Obgleich alle vier widerspenstigen Zentren angemessene Schläge auf ihre Personifikationen zum Teil von sich selbst, zum Teil von mir erhalten haben, fallen sie immer wieder zurück in ihre alten Irrtümer, so daß es wirklich die Geduld eines Lamms verlangt, auszuhalten.«[27]

Das zweite Beispiel für ein Leben, das einschneidend durch automatisches Schreiben beeinflußt wurde, ist das Leben eines anderen Wissenschaftlers, dessen Streben nach Wissen ein Streben nach Weisheit und eine spirituelle Suche wurde. Im Gegensatz zu Staudenmeier können wir bei diesem Beispiel von einer zur Vollendung gekommenen Entwicklung sprechen, und zwar im gleichen

Sinn wie beim Schamanismus, wo der Eingeweihte nicht nur in scheinbaren Wahnsinn eintaucht, sondern daraus »neugeboren« hervorgeht, bevor er seine Arbeit aufnimmt.

Ich spreche von Emanuel Swedenborg, den man nicht nur wegen der Art seiner Entwicklung, wegen seiner visionären Erfahrungen und der Vielfalt seiner Interessen und Begabungen als modernen Schamanen bezeichnen kann, sondern weil sich sein ganzes spirituelles Abenteuer entfaltete, indem er dem Wesenszug seiner inneren Natur folgte.

Swedenborg, Mineraloge, Physiker, Biologe, Philosoph und Berater der schwedischen Regierung zu Anfang des 18. Jahrhunderts, war eines der wenigen umfassenden Genies in der Geschichte Europas. William Blake, Goethe, Heine, Balzac, Emerson, Henry James, die Brownings und viele andere Schriftsteller haben ihn gepriesen oder zum Ausdruck gebracht, was sie seinen Ideen schuldeten, während seine wissenschaftlichen Theorien vorausahnten, was Dutzende von Spezialisten in den nachfolgenden Jahren beweisen sollten. So war er beispielsweise der erste, der die Idee der Gehirnlokalisationen formulierte und die Funktionen der Gehirnrinde beschrieb. Auch schrieb er hundert Jahre, bevor die Neuronenstruktur der Hirnrinde beobachtet wurde, die Primärfunktionen der Nervenkontrolle kleinen ovalen Teilchen in der grauen Hirnmasse zu. Arrhenius kam in einer Einleitung zu Swedenborgs kosmologischer Abhandlung im *Prodromus Principorum Rerum Naturalium* zu folgendem Schluß:

Wenn wir kurz die Ideen zusammenfassen, denen Swedenborg als erster Ausdruck verlieh, und die später, obgleich zumeist in einer stark modifizierten Form – bewußt oder unbewußt – von anderen kosmologischen Autoren aufgegriffen wurden, finden wir folgende Aussagen:

Die Planeten unseres Sonnensystems entstanden aus Sonnenmaterie – ein Gedanke, der von Buffon, Kant, Laplace und anderen aufgegriffen wurde.

Die Erde und die übrigen Planeten haben sich allmählich von der Sonne entfernt und ihre Umdrehungsgeschwindigkeit hat sich nach und nach verringert, eine Ansicht, die auch von G. H. Darwin vertreten wird.

Die Sonnen sind verstreut über die Milchstraße angeordnet, eine Idee, die von Wright, Kant und Lambert aufgegriffen wurde.

Es gibt weitaus größere Systeme, in die die Milchstraßen eingeordnet sind, eine Ansicht, die Lambert aufgegriffen hat.[28]

Swedenborgs Anfangsstufe spiritueller Entwicklung kann man als jene des Gnani-Yogin bezeichnen. Zuerst war er ein Wissenschaftler, der seine Aufmerksamkeit mehr und mehr Grundsatzfragen zuwandte (wie der der Beschaffenheit der Materie oder dem

Geist-Körper-Problem), bis er im Alter von zweiundvierzig Jahren eine große Synthese des Wissens seiner Zeit in drei großen Bänden seiner *Opera Philosophica et Mineralia* aufstellte. Durch dieses Werk dazu veranlaßt, den Nexus zwischen Endlichem und Unendlichem, Ewigkeit und Zeit zu behandeln, schrieb er ein weiteres Buch mit dem Titel *Von der Unendlichkeit*. Im zweiten Teil dieses Buches schlug er, ganz im Gegensatz zum a religiösen Ton, der bezeichnend für seine frühere Entwicklung war, vor, daß die wahre Göttlichkeit im Menschen ein Anerkennen der Existenz Gottes ist, »und der Sinn für die Freude an der Liebe Gottes«. Sein Interesse wandte sich nun der »Wissenschaft der Seele« zu, für deren Vollständigkeit, wie er sagte, »alle Wissenschaften nötig sind, die die Welt jemals ausgeschlossen oder entwickelt hat«. Seine Reflektionen über diese Frage bilden den Inhalt von zwei Bänden, die er im Alter von einundfünfzig Jahren fertigstellte und den Titel *The Economy of The Animal Kingdom* tragen. (Anm. d. Übers.: Der Autor führt den englischen Titel an, der wörtlich übersetzt »Die Ökonomie des Tierreichs« lautet. Er erklärt dazu: »Dies ist eine grobe Fehlübersetzung des lateinischen Originals; ›animal‹ steht hier für das Wort *anima*–›Seele‹. Der Titel sollte richtig lauten ›Die Organisation des Königreiches der Seele‹, das heißt, des Körpers.«)

Offenbar hatte Swedenborg während dieser Zeit zum erstenmal klare Hinweise auf eine Art von Erfahrungen erhalten, mit der er bisher nicht vertraut war. Er interessierte sich sehr für seine Träume, die er aufzuzeichnen begann, und entdeckte eine Möglichkeit, seine Sinneswahrnehmungen abzuschalten, wenn er intensiv denken wollte. Aber von größerer Bedeutung ist vielleicht seine Aussage, daß wenn Menschen des Wissens, die die Befähigung zur Synthese besitzen, »nach langem Grübeln die Wahrheit entdecken, ein gewisses beifallspendendes Licht erscheint, eine freudig bestätigende Helle, die um den Bereich ihres Geistes spielt; eine Art geheimnisvolle Ausstrahlung – von der ich nicht weiß, woher sie kommt –, die durch einen geheimen Tempel des Gehirns leuchtet.« Folgendes Zitat aus späteren Schriften bezieht sich offenbar auf die gleiche Erfahrung oder auf ihre Entwicklung während der Jahre:

. . . eine Flamme von verschiedener Größe und großer Vielfarbigkeit und Pracht habe ich oft erblickt. Auf diese Weise verging während einiger Monate, als ich eine bestimmte kleine Arbeit schrieb, kaum ein Tag, an dem ich nicht eine Flamme so deutlich wie die Flamme eines Küchenherds sah; zu der Zeit war es ein Zeichen der Billigung und geschah, bevor Geister zu mir viva voce zu sprechen begannen.[29]

Ähnliche Erfahrungen, die in einer Vision Christi ihren Höhepunkt fanden, veränderten Swedenborg und bewirkten ein Buch mit dem Titel *Über den Dienst und die Liebe zu Gott*. Danach waren nicht einmal seine Schriften sein eigen: Die folgenden acht Bände waren, wie er sagt, *eingegeben*: »Weder habe ich ganze Seiten geschrieben noch diktierten mir die Geister die Worte. Statt dessen führten sie meine Hand so vollständig, daß man [sagen kann] (hier ist die Originalstelle unklar), daß sie geschrieben haben.«

Signe Toksvig, Autor einer bewundernden Biographie Swedenborgs, schreibt über *Das Wort erklärt*: »Höchstwahrscheinlich hat es noch niemals etwas Geschriebenes gegeben, das so überwältigend fremdartig für das normale Interesse ist wie diese Kommentare Swedenborgs zur Bibel oder etwas, das weniger Beziehungen zu moderner Bibelforschung aufweist. Auch hat kein anderes Werk sosehr dazu beigetragen, die wahre Größe dieses Mannes zu verkennen. Niemand, der ihm zuerst in diesem redlichen Kreuzworträtselspiel begegnet, kann dafür gerügt werden, wenn er sich schnellstens abwendet.«

Es gibt Hinweise dafür, daß er selbst Teile dieser Bibelauslegung ablehnte. Dennoch achtete Swedenborg alles als *Offenbarung*, denn »diese Worte wurden durch meine Hand geschrieben und diktiert durch Isaak, den Vater der Juden . . .« Andere Teile wurden von Jacob, Abraham, Moses oder »selbst vom Messias durch Abraham« geschrieben.

Aber Swedenborg begann, wie Toksvig berichtet, bald an der vorgegebenen Identität der Geister zu zweifeln, und es ist nachgewiesen, daß ihn deren Anspruch, »sie würden diktieren«, beunruhigte. Schließlich kam er zu der Auffassung, daß die Geister, die vorgaben, biblische Patriarchen zu sein, in Wirklichkeit Betrüger waren. Dennoch schrieb er weiter (die acht Bände *Arcana Coelestia*, die während dieser Zeit geschrieben wurden, stellten einen neuen Versuch dar, die innere Bedeutung der Genesis und des Exodus darzustellen), jetzt aber inspiriert durch vertrauenswürdigere Wesenheiten. In einer Tagebucheintragung aus dieser Zeit sagt er, daß er keine »Darstellung, Vision oder Vortrag« eines Geistes oder Engels akzeptierte, bevor er darüber reflektiert hatte, »was denn daran wahrhaftig und gut sei«. Da »wahrhaftig« und »gut« seiner Ansicht nach vom Herrn stammten, konnte er sagen, daß er »durch keinen Geist oder irgendeinen Engel, sondern durch den Herrn allein, von dem alles Wahre und Gute kommt« instruiert wurde.

Dies ist eine wichtige Aussage. Swedenborg setzt jetzt die Frucht der Inspiration nicht länger gleich mit Wahrheit, noch überläßt er die Entscheidung nur dem Verstand. Die Fähigkeit, Wahrheit *unterscheiden* zu können, ist ebenso wie die bestätigende Lichterfahrung während der Schreibarbeit in früheren Jahren ein Geschenk der Intuition. *Er konnte nur sagen,* »*ich weiß*«. Während der letzten Lebensjahrzehnte schrieb er seine tiefgründigsten Werke, in denen er seine in hohem Maße ungewöhnliche Eingebung mit Hilfe seines ordnenden, kritischen Verstandes *zusammenfaßte*. Während der Jahre wurde, wie wir vermuten können, sein Unterscheidungsvermögen feiner, so daß er durch Botschaften bereichert werden konnte, die seine Verstandeskräfte überstiegen, er aber dennoch fähig war, Schöpfer und Meister seines Weltbildes zu sein. Darum konnte er auf die Frage eines Freundes, wie viele er von der Wahrheit seiner Doktrinen überzeugt habe, nach kurzem Nachdenken sagen: Er denke, »daß er etwa fünfzig in dieser Welt und etwa die gleiche Anzahl in der anderen Welt überzeugen konnte«.[30]

Ich habe diesen beiden Darstellungen des automatischen Schreibens scheinbar unangemessen viel Platz eingeräumt, weil sie vieles beinhalten, das ich in diesem Kapitel berührt habe. Sowohl Staudenmeier als auch Swedenborg sind Fälle von Visionären und Menschen, die Besessenheitszustände erfahren haben; beide sind Beispiele für das Entfesseln ungeahnter Kräfte in ihrer eigenen Psyche; beide werfen die Frage auf, wo die Grenzen zwischen Mystik und Schizophrenie zu ziehen sind; und beide bezeugen, was wir als übernatürliche oder »psychische« Fähigkeiten verstehen. (Staudenmeier konnte über Entfernungen hinweg Bewegungen verursachen und war in der Lage, ein Bild auf einer photographischen Platte hervorzurufen; Swedenborg war berühmt für Voraussagekunststücke, die Geschichte wurden.)

Darüber hinaus illustrieren diese beiden Leben andere, grundsätzlichere Wesenszüge der Spontaneitätsdimension, die wir besprochen haben: Sie waren Einzelgänger, die alles durch eigene Erfahrung und Eingebung lernten. Im Gegensatz zu Menschen, die dem Weg der Meditation über Symbolformen oder dem Weg der Leere gefolgt sind, sind sie in höchstem Maße frei von jeglicher Tradition und finden Führung nur aus sich selbst. Und wir können hinzufügen, daß nur individuelle Beispiele den Weg des Ausdrucks angemessen illustrieren können. *Was* Ausdruck findet, kann in der letzten Analyse das gleiche für jeden erleuchteten Propheten sein, alle Schüler des Melchizedek werden durch den gleichen inneren Geist angeregt. Aber dennoch sind ihre Wege einzigartig, und ihr Verwirklichungsprozeß wird durch ihre jeweilige Herkunft und gegenwärtige Lage gelenkt. Ihr Weg ist essentiell jener der *Beru-*

fung, ein Hören auf die innere Stimme, ihr Pfad ist jener der allmählichen Annäherung. Hätte Swedenborg die Botschaften der Geistwelt-Betrüger nicht aufgeschrieben, wäre er dann jemals in der Lage gewesen, ihre wahre Natur zu erkennen und die feineren Botschaften der späteren Jahre zu erhalten? (Es ist interessant, darauf hinzuweisen, daß das Phänomen des Störens immer wieder bei spiritistischen Zirkeln auftaucht. Ein bemerkenswertes Beispiel dafür ist William Yeats Werk *A Vision*, das nach Jahren automatischen Schreibens vollendet und während dieser Zeit immer wieder durch »falsche Lehrer« aufgehalten wurde.)

Der Weg der Formen gründet sich auf die Aussage: »Hier ist eine Wahrheit: Verarbeite sie, eigne sie dir an.« Der Weg des Ausdrucks hat die entgegengesetzte Annahme als Ausgangspunkt: »Die Wahrheit ruht in dir, und du kannst sie nur finden, indem du vorgefertigte Antworten vergißt.«

Dies sind zwei Verhaltensweisen, die nicht nur für den Bereich der Meditation, sondern für das ganze Leben zutreffen. Die respektvolle Haltung gegenüber etablierten Formen und die ehrerbietigen Empfindungen gegenüber kristallisierter Weisheit sind eine Ausweitung der assimilierenden und vereinigenden Annäherungsweise. Der Formalist ist auf bezeichnende Weise fromm. Die entsprechende Ausweitung des Wegs des Ausdrucks in das allgemeine Leben bedeutet Selbstgewißheit und Respektlosigkeit gegenüber etablierten Formen, die immer wieder Teil des Persönlichkeitsbildes der Genies ist und die die Klischeevorstellung hervorgebracht hat, daß der Künstler ein aufrührerischer Mensch sei. Indem diejenigen, die dem Weg des Ausdrucks gefolgt sind, etabliertes Wissen in Frage gestellt haben, waren sie in der Lage – mehr oder weniger umfassend –, den Ursprung aller Antworten direkt und ohne Zwischenstufen zu erfahren, und haben dadurch der ewigen Wahrheit neue Worte, Klänge und Gestalten verliehen.

Diese beiden Verhaltensweisen kann man auch auf dem Gebiet der Erziehung erkennen, wo der Formalist erklärt: »Ich kenne die Wahrheit. Höre zu!«; und der Nachgebende, der einer natürlichen Entwicklung im einzelnen vertraut, vertritt die Ansicht, daß das Kind angeregt, aber nicht geführt werden kann, wenn man sich nicht in die Gefahr begeben will, willkürlich einzugreifen oder zu bestimmen.

Auch in der Ethik kann man diese Haltungen finden, hier als Glaube an absolute Werte, Prinzipien und Gesetze auf der einen Seite und Vertrauen auf freie Wahl und Verantwortlichkeit auf der anderen Seite. In der Politik nehmen sie die extremen Formen der

Theokratie und Demokratie an; bei Kunstrichtungen jene des Traditionalismus und des Individualismus, die vergangenheitsorientierte und die gegenwartsorientierte Haltung.

Auf all diesen Gebieten scheinen wir heute aus einem Zustand des Formalismus herauszutreten, in einen Zustand des Loslassens von Formen und des Suchens nach innerer Ausrichtung. Unsere Kultur scheint an einem Übergangspunkt angelangt zu sein, an dem die alten Formen sterben und der Mensch keine neuen Formen will, sondern versucht den Sinn zu begreifen, den die alten Traditionen durch noch so häufige Wiederholungen nicht auszudrücken vermochten.

Die Menschheit wird sich immer mehr des Gefängnisses bewußt, das sie sich selbst gebaut hat, und die einzelnen wollen sich von dem befreien, was ihre Umwelt sie unbesehen anzunehmen heißt. Darum wird der Mensch von seinem metaphysischen Trieb in die Richtung des Ausdrucks, der Befreiung und innerer Offenbarung gelenkt.

Epilog

Ich versuchte in diesem Aufsatz die Einheit der Meditation jenseits ihrer Formen zu zeigen. Ich glaube, daß ich, wenn nicht Einheit, dann eine Dreieinigkeit klar aufgezeigt habe: Der Weg der Absorption, der Weg der Leere und der Weg der Überantwortung stellen jeweils eine Hauptrichtung des Geistes dar, der sich im Zentrum einer ganzen Anzahl von Disziplinen befindet – und zwar auf dem Gebiet der Meditation ebenso wie jenseits davon.

Ich habe auch zu zeigen versucht, daß diese einander komplementären Richtungen des Spirits – diese disziplinierte Konzentration beim Loslassen und in der Freiheit – sich nur scheinbar (oder begrifflich) gegenseitig ausschließen. Tatsächlich verlangt erfolgreiche Meditation gleichzeitig Zielstrebigkeit, Ursprünglichkeit und Nichtanhangen. Um noch weitergehend zu klären, wie eine einzige Meditationsform eine ausgewogene Mischung dieser drei Bestandteile beinhalten kann, möchte ich ein Beispiel mehr geben: die chinesische Wu-Hsin Übung, bei der der Meditierende seinen Bewußtseinsstrom beobachtet, ohne in ihn einzugreifen. Bei dieser Übung muß er mehr als bei aufmerksamer Konzentration auf eine Flamme, das Atmen oder Musik in der Lage sein, zu jedem Augenblick des sich ständig wandelnden Erfahrungsstroms zu erwachen; er muß in der Lage sein, seine ganze Bewußtseinssubstanz zusammenzufassen und auf das Jetzt einwirken zu lassen.

Es ist im wesentlichen eine Übung des Tun-im-Nichttun. Der Fluß strömt, der Beobachtende sitzt an seinem Ufer. Schwalben kreuzen den Himmel, der Himmel bleibt. »Der Geist ist wie ein Spiegel – er projiziert nichts, er klammert sich an nichts.« »Geist ist wie Raum . . .«

Dies ist ein Üben der Ursprünglichkeit und Freiheit. Der Fluß muß von selbst fließen. Du akzeptierst seine Richtung. Du hörst auf das *Dharma*. Du folgst dem Ruf. Weil du genau wie der Raum wie nichts bist, kannst du durch alles erfüllt werden. Du kannst alles Sein lassen.

Die übergeordnete Synthese der drei Meditationsdimensionen habe ich weniger systematisch dargestellt als das Gemeinsame der

Techniken, die jeder Dimension angehören. Darum möchte ich den Leser hier nochmals auf die entsprechenden Abschnitte dieses Aufsatzes hinweisen:

Über die Gegenwart des negativen Aspekts in den beiden anderen Systemen, dem appollinischen und dionysischen, wird auf den Seiten 24, 26 f, 72–74, 89 f berichtet.

Über die Parallele zwischen dem nach außen und dem nach innen gerichteten Weg auf den Seiten 21 f, 87, 90 f, 106 f, 119 f.

Darüber, wie der Vorgang des *Ablassens vom Vorausdenken* beim negativen Weg das *Akzeptieren* der Merkmale des Wegs der Überantwortung beinhaltet und umgekehrt, wird auf den Seiten 89 f gesprochen.

Dadurch, daß ich diese drei Hauptdimensionen zur Grundstruktur meiner Betrachtung gemacht habe, war es mir, wie ich glaube, möglich, den Treffpunkt von Übungen und Traditionen aufzuzeigen, die Fanatismus oder kulturelle Bindung leicht als verschiedenartig oder gänzlich unvereinbar erklären. Ich glaube, daß ich am Beispiel der »Meditation« etwas von der gemeinsamen Absicht oder der ursprünglichen Inspiration gezeigt habe, die man im Taoismus, Buddhismus, Christentum und Islam findet.

Ich hoffe auch, daß es mir gelungen ist, etwas von meiner Beobachtung einer Kontinuität zu vermitteln, die vom primitiven Mystizismus (Magie, Medizin des Schamanen) zum späteren Mystizismus (Rituale, Lebens- und Religionsgesetze) bis zum Mystizismus der Psychotherapie reicht.

Ich habe den Leser zu überzeugen versucht, daß die Essenz der Meditation auch die Essenz von allem anderen ist: von Kunst, Philosophie, Religion, Leben. Ich hätte wahrscheinlich das gleiche auch bei jedem anderen Thema getan: Kunst, Religion, Liebe, Philosophie. Alles ist das gleiche und alles ist verschieden. Vielleicht stellt diese letzte Aussage das einzig Wesentliche dar, das ich zu sagen habe.

Robert E. Ornstein

Teil II

Die Techniken der Meditation
und ihre Bedeutung
für die moderne Psychologie

Gewidmet zwei der besten Lehrer des Lebens:

Glaube, der mich langsam
                langsam
                    geduldig weiterbrachte
und mit all seiner Stärke im Hintergrund
durch das Beispiel lehrt

Alan, der im Sein und im Werden immer er selber ist

»Die ungeheure Bedeutung, die dem Problem für alle Arten menschlicher Werte ebenso wie für wissenschaftliche Fragen zukommt, veranlaßt uns dazu, von Zeit zu Zeit jenseits des Beweisbaren zu suchen, genauso wie sich die Wissenschaft jeder denkbaren neuen Einsicht aufschließt, um voranzukommen. Selbst eine Teillösung, die es uns ermöglichen würde, zwischen sehr weitgefaßten und allgemeinen Alternativen zu unterscheiden – wie zum Beispiel, ob Bewußtsein kosmisch oder individuell, sterblich oder unsterblich ist, einen freien »Willen besitzt oder kausalen Zusammenhängen unterliegt und ähnliches –, könnte tiefschürfende und weitreichende ideologische Folgen haben«.

Roger Sperry ›A Revised
Concept of Consciousness‹, *Psychological
Review* 76, 1969, 532–36

Vorwort

Dieser Aufsatz ist Ergebnis eines langen Lernprozesses, der mir zeigte, daß ich nicht wirklich wußte, was ich zu wissen vermeinte. Ich hatte ausführlich westliche Psychologieliteratur über Bewußtsein studiert, bis ich dachte, ich wüßte. Als ich anfing, in andere Richtungen zu blicken, zum Zen, auf den Yoga, zu den Sufis, begann ich zu verstehen, wie wenig Fortschritt wir bei der Analyse der Natur des Bewußtseins gemacht haben und daß uns der Reichtum östlicher Psychologien viel zu geben hat. Dieser Aufsatz ist mein Versuch, damit anzufangen, die Konzepte und Techniken östlicher Psychologien in westlichen Begriffen auszudrücken. Das Ergebnis scheint eine seltsame Vermischung von Techniken zu sein, die sich von Computern und Elektroenzephalographen bis zum Mantra und Derwischtänzen erstreckt.

Vielen Menschen habe ich zu danken für die verschiedenen Aspekte der Erziehung, die ich erhielt, und einige von ihnen möchte ich hier erwähnen. Mein Zusammensein mit Joe Kamiya erlaubte und erlaubt mir immer noch, viele der Knifflichkeiten komplizierter Geräte und ein wenig von der Begeisterung für physiologische Rückkopplung aufzunehmen. David Galin war eine unerschöpfliche Quelle ruhiger und dennoch hysterischer und weiser Ratschläge als Antwort auf viele meiner vagen Murmeleien – unzählige Male sagte er einfach: »Was meint er denn bloß *damit*?« Einige der Ideen, die in diesem Manuskript Ausdruck finden, stammen wenigstens zur Hälfte von ihm.

Zu Dank verpflichtet bin ich auch Miss Beverly Timmons für ihre begeisterte Bereitschaft, eine Studiengruppe über Meditation zu organisieren und viele Informationen beizusteuern.

Bisher war Arthur Deikmans Versuch, Meditationsübungen als Teil der modernen Psychologie zu betrachten, der einzige gewesen. Wo seine Abhandlung ähnliche Aspekte der Meditation berührt, gleicht diese Analyse seinem Werk und ist stark von ihm beeinflußt. Ich bin ihm für seine begriffliche Analyse ebenso dankbar wie für seine Demonstration, daß ein Versuch, Meditation in das Feld der Psychologie einzuführen, möglich und fruchtbar ist.

Die Zusammenarbeit mit Claudio Naranjo erwies sich für mich auf vielerlei Art als fruchtbar und übersteigt in ihrer Bedeutung den Rahmen dieses Buches. Claudio und ich haben einen äußerst unterschiedlichen Werdegang: Er ist ein Chilene, ein Psychiater, der sich für Therapie, psychedelische Vorgänge und ähnliches interessiert; ich bin ein Amerikaner, der sich für Bewußtsein und Psychophysiologie interessiert. Anfang 1969 entschieden wir, daß unsere verschiedenartigen Betrachtungsweisen ein interessantes Buch über Meditation hervorbringen könnten, wobei es seine Aufgabe wäre, den Erfahrungs-Aspekt zu behandeln, und meine, die Psychologie und Physiologie hineinzubringen. Wir schrieben unsere Aufsätze zeitlich und räumlich getrennt und fanden heraus, daß das Phänomen der esoterischen Psychologien zu ähnlichen Schlüssen zu führen schien. Wir unterteilten nämlich die verschiedenen Arten von Meditationsübungen in grundsätzlich ähnlicher Weise: die konzentrative Form, die Einschränkung der Aufmerksamkeit verlangt, und eine Form des »Sich-öffnens«. Claudios Manuskript *The Unfolding of Man* gab mir viele neue Anregungen und Ideen.

Für das Lesen und Kommentieren früherer Fassungen des Manuskripts möchte ich Enoch Callaway, Charles Tart, Katie Kocel, Charles Furst, Ivan Pasternak, Roger Kramer und vielen anderen Dankeschön sagen. Dank auch Majo Keleshian, Ann Skillion und Ruby Collins dafür, daß sie das Manuskript getippt und wiedergetippt haben, und Faith Hornbacher für die Aufmunterungen.

Ich wurde während dieser Zeit durch ein Gehalt von den National Institutes of Mental Health, USPHS 2 TI MH 7082–10, unterstützt; durch einen Zuschuß von der Babock Foundation, wofür ich mich besonders bei Mike Murphy und Barbara Lassiter bedanke; und durch einen Zuschuß von Janet und Merrill Bickford.

Einleitung

Betrachten wir die Praktiken esoterischer Disziplinen vom Standpunkt wissenschaftlicher Forschung aus, werden wir Ideen und Konzeptionen herausstellen, die den Anhängern esoterischer Traditionen nebensächlich oder unwichtig erscheinen. Ich beabsichtige nicht, das Phänomen esoterischer Disziplinen vollständig auf psychologische Begriffe zu »reduzieren«, ich will nur anfangen, jene Aspekte der esoterischen Traditionen, die in den Bereich moderner psychologischer Analyse fallen, zu betrachten. (Eine ganze Anzahl von Grundlehrsätzen dieser Traditionen wird dann in dieser Untersuchung nicht berücksichtigt.) Viele Wissenschaftler und Anhänger dieser Traditionen haben eine identische Aussage gemacht. Der Physiker Robert Oppenheimer stellt fest: »Diese beiden Denkweisen der Zeit und Geschichte und der Ewigkeit und Zeitlosigkeit stellen gleichermaßen Teile der menschlichen Bemühung dar, die Welt zu verstehen, in der wir leben. Keine der Denkweisen umfaßt die andere, noch läßt sich die eine auf die andere reduzieren . . . sie ergänzen sich gegenseitig, und keine der beiden erzählt die ganze Geschichte.«[1]

Wenn wir uns einen blinden Mann vorstellen, der am Phänomen der Farbe interessiert ist, gibt es für ihn eine Reihe hilfreicher Operationen, die er mit farbigem Licht unternehmen kann. So könnte er sich eine Maschine bauen, die in Blindenschrift die Wellenlänge des Lichtes druckt. Aufgrund seiner Beobachtungen könnte er bestimmte Berechnungen durchführen, die es ihm ermöglichen, zum Beispiel die Wellenlänge einer neuen Lichtkombination unter einer Vielzahl verschiedener Bedingungen vorauszusagen. Wir sehen jedoch, daß diese Analyse in Gestalt von Zahlen, die man durch eine neue Lichtmischung erhält, eine gänzlich andere Wissensordnung als jene der direkten Farberfahrung darstellt. Der Sufi Idries Shah macht die gleiche Aussage in seiner Besprechung der Bedeutung des Wortes »Sufi«. Er stellt fest, daß sich viele Gelehrte über die Herkunft des Namens Gedanken machten und daß es verschiedene Theorien gibt – einige sagen, das Wort habe keine Etymologie, andere setzen es gleich mit Theosophie und wieder andere mit dem arabischen Wollgewand. Shah sagt:

> Bekanntschaft mit Sufis hätte jedoch auch ohne besondere Kenntnis ihrer Übungen und moralischen Traditionen jeden scheinbaren Gegensatz gelöst, den es zwischen der Existenz eines Wortes und dem Fehlen einer vorgefertigten Wortableitung geben mag. Die Antwort lautet, daß die Sufis von den *Klängen* der Buchstaben S, U, F (die arabischen Zeichen für *Soad, Wao, Fa*) annehmen, daß sie, in dieser Reihenfolge angewendet, beachtliche Wirkung auf den menschlichen Geist haben.
>
> Die Sufis sind darum die Leute des SSSSUUUUFFFF.
>
> Haben wir dieses Scherzrätsel gelöst (das nebenbei die Schwierigkeit gut herausstreicht, mit Sufiideen zurechtzukommen, wenn man nur eingleisig denkt), sehen wir sogleich an seiner Stelle ein neues und charakteristisches Problem auftauchen. Der moderne Denker wird sich höchstwahrscheinlich für diese Erklärung – diese Vorstellung, daß Klang das Gehirn beeinflußt – nur innerhalb selbstauferlegter Einschränkungen interessieren. Er mag sie als theoretische Möglichkeit akzeptieren, wenn sie ihm auf eine Weise kommuniziert wird, die ihm annehmbar scheint.
>
> Wenn wir sagen, »Klänge haben eine Wirkung auf den Menschen, die es unter entsprechenden Umständen ermöglichen, daß er übernatürliche Erfahrungen macht«, wird er mit voller Überzeugung darauf bestehen, daß »dies platter Okkultismus sei, primitiver Unsinn von der Art des Om-Mani-Padme-Hum-Abrakadabras und dem ganzen anderen Zeug«. Aber wir können ihm (indem wir nicht Objektivität in Betracht ziehen, sondern einfach die gegenwärtig akzeptierten Gedankenmuster) statt dessen sagen:
>
> »Wie du sicher weißt, kann man das menschliche Hirn mit einem elektrischen Computer vergleichen. Es reagiert auf Einwirkungen oder Vibrationen des Sichtbaren, Hörbaren, Fühlbaren usw., auf bestimmte festgesetzte oder ›programmierte‹ Weisen. Einige nehmen an, daß die Töne, die ungefähr durch die Zeichen S-U-F repräsentiert werden, zu jenen gehören, auf die zu reagieren das Gehirn vielleicht oder tatsächlich ›programmiert‹ ist.« Er wird sicher fähig sein, diese erbärmliche Simplifikation des existierenden Gedankenmusters zu verstehen.[2]

Wir sollten die Kommentare von Shah und Oppenheimer im Gedächtnis behalten und uns auch vergegenwärtigen, daß Teile dieses Aufsatzes vom Standpunkt der modernen Psychologie aus auf genau entgegengesetzte Weise betrachtet werden können – nämlich als zu allgemein und noch zu mangelhaft bezüglich genauer experimenteller Nachprüfung, wie zum Beispiel, welche besondere Gehirnstrukturen angesprochen werden usw.

Diese Abhandlung hingegen versucht einen neuen Mittelbereich zwischen zwei Betrachtungsweisen zu schaffen und einige der Metaphern der esoterischen Traditionen in jene der modernen

Psychologie zu »übersetzen«. Das erste Kapitel enthält eine Betrachtung der Gemeinsamkeiten konzentrativer Meditationsübungen unter besonderer Berücksichtigung der allgemeinen Erfahrungen, die diese Techniken vermitteln, und den möglicherweise vorhandenen allgemeinen Auswirkungen auf das Nervensystem. Dies verlangt, streckenweise die Abhandlung von Naranjo zurückzuverfolgen; viele der gleichen Techniken und Erscheinungen werden von einem geringfügig andersgearteten Standpunkt und entsprechend etwas anderer Entwicklungstendenzen betrachtet. Das zweite Kapitel ist ein Versuch, die wesentlichen Gemeinsamkeiten zwischen esoterischer und moderner Wahrnehmungspsychologie aufzuzeigen und die Wirkungen und Nachwirkungen der Meditation über Gewahrsein zu betrachten. Das dritte Kapitel erklärt einen »neuen« Standpunkt, der sich in Kreisen der Wissenschaftler über die Möglichkeiten des Menschen bildet, innere Zustände selbst zu regulieren, und von welchem Nutzen moderne Technologie bei der praktischen Verwirklichung dieses erweiterten Verständnisses unserer Fähigkeiten sein kann. Dieser »neue« Standpunkt der Wissenschaft ist den esoterischen Traditionen wenigstens seit Tausenden von Jahren bekannt.

1. Das »Abschalten« der Wahrnehmung

Eine Geschichte aus Philip Kapleaus *Die drei Pfeiler des Zen* bietet uns einen guten Ausgangspunkt für eine psychologische Untersuchung der Meditationspraktiken.

Die Bedeutsamkeit ausgerichteter Geisteshaltung, reiner Aufmerksamkeit, ist in folgender Anekdote dargestellt:

Eines Tages sagte ein Mann des Volkes zu Zen-Meister Ikkyu:

»Meister, schreibst du mir bitte einige Maximen der höchsten Weisheit auf?«

Ikkyu ergriff sogleich den Pinsel und schrieb das Wort ›Aufmerksamkeit‹.

»Ist das alles?« fragte der Mann. »Möchtest du nicht noch etwas hinzufügen?«

Ikkyu schrieb daraufhin zweimal hintereinander: ›Aufmerksamkeit. Aufmerksamkeit‹.

»Nun denn«, bemerkte der Mann ziemlich aufreizend, »ich kann wirklich nichts besonders Tiefgründiges oder Feines in dem erkennen, was du gerade geschrieben hast.«

Darauf schrieb Ikkyu das gleiche Wort dreimal hintereinander: ›Aufmerksamkeit. Aufmerksamkeit. Aufmerksamkeit.‹

Beinahe zornig, verlangte der Mann Auskunft: »Was bedeutet denn dieses Wort ›Aufmerksamkeit‹ überhaupt?« Und Ikkyu erwiderte sanft: »Aufmerksamkeit bedeutet Aufmerksamkeit.«[1]

Es gibt genügend Hinweise an anderer Stelle, daß Meditation viel mehr eine Übung zur Entwicklung von Aufmerksamkeit als für die Entwicklung von Verstandes- und Begriffsbildungskraft ist. Aber dennoch blieb der einzige bedeutende Versuch in der modernen Psychologie, die Meditationsübungen zu diskutieren und dabei als zentrales Element der Analyse das Konzept der Aufmerksamkeit zu verwenden, der von Arthur Deikman.

Die Zergliederung irgendeines Erfahrungsphänomens in wissenschaftliche Begriffe, in diesem Fall in Begriffe der Wahrnehmungspsychologie und -physiologie, wird natürlicherweise begrenzter, enger gefaßt und trockener ausfallen als eigentliche Beschreibungen der Erfahrung. Wenn wir versuchen, Erfahrung in den engen Rahmen wissenschaftlicher Beziehungen zu bringen, geht bei dem

Versuch, große Genauigkeit zu erreichen, viel von dem Reichtum und der Komplexität verloren. Wir werden gezwungen sein, nur jene Punkte in Betracht zu ziehen, die diese Art der Analyse zuläßt.

Auch müssen wir bei dieser Analyse im Auge behalten, daß die meisten Meditationstechniken nicht als isolierte Praktiken existieren, sondern nur künstlich abtrennbar von einem vollständigen Übungs- und Glaubenssystem sind. Jede der Meditationsübungen sollte man nicht als isolierte Technik, sondern nur als integralen Teil einer ganzen Disziplin verstehen. Der ganze Vorgang beinhaltet meistens, wenngleich nicht immer, viele Bestandteile, eine Glaubensstruktur und verschiedene Formen parallel laufender Praktiken. Eine Hauptkomponente ist Nichtanhangen an oder sogar Entsagung von weltlicher Aktivität. Eine andere ist Konzentration auf eine Energieform, die der Yoga *Kundalini* nennt. Sie zu aktivieren verlangt besondere Übungen, von denen man sagt, daß sie eine Art Energiefluß durch das Rückgrat freisetzen; dies ist oft mit besonderen Atemübungen kombiniert, *Pranayama* genannt. Selbstbeobachtung, die als weitere Form der Meditation aufgefaßt werden kann, wird im Zen, im Yoga und im Sufismus praktiziert.

Da unser Allgemeinwissen über die verschiedenen Meditationsarten besonders in der Wissenschaft und im Westen überhaupt äußerst gering ist, sollten wir vielleicht zuerst die Grundlagen erschließen und uns einige der allgemeinen Übereinstimmungen bei den Meditationsübungen vergegenwärtigen. Die meisten von ihnen verlangen eine Isolierung des Übenden vom Alltagsgeschehen. Er sitzt gewöhnlich allein oder mit einer kleinen Gruppe in einem besonders für Meditation bestimmten Raum oder an einem besonderen Ort, der oft in einem von Natur aus isolierten Gebiet angelegt wird, einem ruhigen Wald, nahe einem Wasserfall oder in einer Höhle. Im allgemeinen versucht man alle äußeren Stimulierungsquellen weitgehend auszuschließen, so daß der Meditierende nicht vom Gegenstand seiner Meditation abgelenkt wird. Diese Isolierung ist besonders wichtig in Städten, wo alle Arten von Geräuschen oder menschliche Stimmen den einzelnen von seiner Übung abhalten können. Bei den meisten Arten des Yoga und beim Zen wird das Einnehmen einer bestimmten Körperhaltung, der Lotossitz, betont. Dies wird getan, um die Körperbewegungen zu verringern, und geschieht darum aus dem Gewahrsein während der Meditation. Außerdem sagt man von dem steifen Rücken, daß er das Schläfrigwerden in der Umgebung reduzierter Stimulation verringert. Räucherstäbchen werden oft zur Meditation entzündet, um einen lang anhaltenden Hintergrundgeruch zu erzeugen, der alle kleinen ablenkenden Geruchsveränderungen verhindert (eine Anregung, die von Dr. David Galin stammt).

Anweisungen bei den meisten Meditationsübungen verlangen intensives und andauerndes Ausgerichtetsein auf das Meditationsobjekt. Das ist schwieriger, als man denkt, und die meisten Anfänger verlieren ziemlich oft den Kontakt mit dem Meditationsobjekt. Jedesmal, wenn man bemerkt, daß sich die Aufmerksamkeit vom Gegenstand der Meditation entfernt, ist man aufgefordert, sich immer wieder erneut des Meditationsobjektes gewahr zu werden. Bei vielen der Traditionen dauert eine Meditationssitzung etwa eine halbe Stunde. Bei den meisten, aber nicht bei allen, wird zweimal täglich meditiert, oft am Morgen vor der Tagesarbeit, und am Abend. Anfänger üben im allgemeinen weniger und arbeiten sich an eine halbe Stunde pro Tag heran. Mit zunehmendem Fortschritt werden im allgemeinen komplizierter werdende Übungen vermittelt.

In Begriffen der Bewußtseinspsychologie ausgedrückt scheint es zwei allgemeine Variationen der Meditation zu geben: jene Übungen, die Einschränkung der Wahrnehmung verlangen, das Konzentrieren der Aufmerksamkeit auf den Meditationsgegenstand oder die Wortwiederholung (was Naranjo »konzentrative Meditation« nennt), und jene, die willentliches »Sich-öffnen« zur Wahrnehmung der Außenwelt verlangen.

In diesem Kapitel werden wir die erste Meditationsart untersuchen, die der »konzentrativen Meditation«.

Wenn man, wie es Naranjo zuvor tat, die außerordentliche Vielfalt der eigentlichen Techniken dieser Meditationsweise durchgeht, scheint man eine grundsätzliche Ähnlichkeit zu erkennen. Gleichgültig was der Gegenstand der Meditation oder die untergeordnete Meditationstechnik sei, die Übungen scheinen immer Versuche darzustellen, für eine bestimmte Dauer die Wahrnehmung auf eine bestimmte, unveränderliche Anregungsquelle zu beschränken. Erfolg bei dieser Unternehmung wird in vielen Überlieferungen als »geistige Ausgerichtetheit« bezeichnet.

Bezieht die Übung das Schauen mit ein, blickt der Meditierende ununterbrochen auf das Meditationsobjekt. Bezieht sie das Hören mit ein, wird der Singsang oder das Gebet laut oder leise ständig wiederholt. Besteht die Meditation aus Körperbewegungen, werden diese ständig wiederholt. Auf jeden Fall wird die Aufmerksamkeit vollständig auf die Bewegung, das sichtbare Objekt oder den Klang gelenkt.

Beim Zen wird der Schüler in der ersten Übung angewiesen, seine

Atemzüge von eins bis zehn zu zählen und dann wieder mit eins
anzufangen. Verzählt man sich, wie es Anfängern passiert, lautet
die Anweisung »wieder mit eins anfangen zu zählen«. Nachdem er
in der Lage ist, sich vollständig auf seine Atemzüge zu konzentrieren, beginnt der Schüler mit einer fortgeschritteneren Übung und
zentriert seine Aufmerksamkeit auf den *Vorgang* des Atmens an
sich. Er denkt über nichts anderes nach als über die Luftbewegung in
sich selbst, wie die Luft seine Nase erreicht, in die Lungen hinab-
strömt, in den Lungen verweilt und schließlich ausgeatmet wird.
Dies ist eine bequeme Weise das Meditieren zu beginnen, weil
Atmen ein natürlicher Vorgang ist, der auch unabhängig von
unserem Wollen weitergeht. Es handelt sich hierbei nicht um einen
Versuch, wie bei bestimmten Aspekten des Yoga und der Sufitradition, die normale Atemweise zu kontrollieren, es geht nur darum,
sich das Atmen zu vergegenwärtigen und die Aufmerksamkeit
ausschließlich auf den Atemvorgang zu lenken.

Walpola Rahula gibt in *Was der Buddha lehrt* folgende Anweisungen:

Du atmest Tag und Nacht ein und aus, aber du machst es dir nie bewußt,
du konzentrierst deinen Geist nicht einmal eine Sekunde darauf. Jetzt
machst du eben das. Atme ohne Bemühung oder Anspannung wie
gewöhnlich ein und aus. Nun veranlasse deinen Geist dazu, sich auf das
Ein- und Ausatmen zu konzentrieren, veranlasse deinen Geist, dein Ein-
und Ausatmen zu überwachen und zu beobachten; veranlasse deinen
Geist zur Wahrnehmung und zum Wachsamsein gegenüber dem Ein-
und Ausatmen. Wenn du atmest, machst du manchmal tiefe und manchmal weniger tiefe Atemzüge. Es spielt keine Rolle. Atme normal und
natürlich. Wichtig ist nur, daß du wahrnimmst, wenn du tief einatmest
usw. Anders gesagt, sollte dein Geist so vollständig auf den Atemvorgang
konzentriert sein, daß du dessen Bewegungen und Wandlungen wahrnimmst. Vergiß alles andere, deine Umgebung, deine Umwelt; halte die
Augen gesenkt und blicke nichts an. Versuche dies fünf oder zehn
Minuten lang zu machen.

Anfangs wird es dir sehr schwerfallen, den Geist dazu zu bringen, sich
auf das Atmen zu konzentrieren. Du wirst erstaunt feststellen, wie dein
Geist versucht davonzulaufen. Er verweilt nicht. Du fängst an, an alle
möglichen Dinge zu denken. Du hörst Töne von draußen kommen. Dein
Geist wird gestört und abgelenkt. Du wirst erschreckt und enttäuscht
sein. Wenn du jedoch die Übung zweimal am Tag morgens und abends
fünf oder zehn Minuten lang weitermachst, wirst du nach und nach fähig
sein, deinen Geist auf den Atem zu konzentrieren. Nach einer gewissen
Zeit wirst du eben jenen Bruchteil einer Sekunde erfahren, wo dein Geist
vollständig auf deinen Atemvorgang konzentriert ist, wo du nicht einmal
Töne in deiner unmittelbaren Nähe hörst, wo keine Außenwelt für dich
existiert: Dieser kurze Augenblick stellt für dich eine solch außergewöhn-

liche Erfahrung dar, erfüllt von Freude, Glückseligkeit und Gelassenheit, daß du ihn gern verlängern würdest. Aber dennoch kannst du es nicht. Wenn du jedoch weiterhin regelmäßig übst, kannst du die Erfahrung immer öfter für immer längere Zeit wiederholen. Das ist der Augenblick, wenn du dich selbst im Gewahrsein des Atmens vollständig verlierst. Solange du dir selbst bewußt bist, kannst du dich auf nichts konzentrieren.[2]

Während der Schüler des Rinzai-Zen Fortschritte macht, lernt er, bewegungslos zu verharren und in der recht schwierigen Lotoshaltung zu sitzen. Und wenn er lernt, sich andauernd seines Atmens bewußt zu sein, wird ihm eine höherentwickelte Meditationsübung beigebracht.

Ein Rätsel oder Paradoxon, *Koan* genannt, wird ihm zur Meditation gegeben. Naranjo hat bereits den Reichtum und die Feinheit der Koan-Methode ausgelotet (siehe Seite 43). Für die meisten anderen Kommentatoren stellte sich das Koan jedoch als Gegenstand großer Mißverständnisse und Verwirrung dar. Die Frage und Antwort-Routine schien wie für die Marx Brothers geschaffen. Die »Frage« kann lauten: »Zeig mir dein Gesicht, bevor sich dein Vater und deine Mutter zusammenfanden.« Die »Antwort« kann daraus bestehen, daß der Schüler dem Frager eine Ohrfeige gibt. Der Meister fragt den Schüler: »Bewege sofort das Boot auf dem See mit deinem Geist!«, und der Schüler steht auf, rennt hinüber, schlägt mit seinem Kopf gegen den Gong, macht einen Purzelbaum und landet direkt vor dem Meister. Da der Schüler richtig geantwortet hat, kann man verstehen, daß die »Antworten« auf das Koan nicht in dem Sinn logisch sind, als sie rationale Probleme mit vorgegebenen Antworten darstellen, die man in der gewohnten Weise löst, indem man verschiedene rationale Alternativen durchdenkt und, so wie es Suzuki anfangs versuchte, eine davon auswählt (siehe dazu Seite 45). Statt dessen könnten wir die Koan-Übung mit den beschränkteren Begriffen der Wahrnehmungspsychologie untersuchen. In diesen Begriffen ausgedrückt, stellt die Koan-Übung eine extreme und zwingende Methode dar, intensive Konzentration auf einen einzigen Gedanken zu vereinen. Die erste Koan-Übung sieht so aus:

Völlig ernsthaft wurde Joshu von einem Mönch gefragt: »Besitzt der Hund Buddhanatur oder nicht?«

Joshu erwiderte: »*Mû!*« (ein Wort, das im Japanischen keinen Sinn hat).

Dieses Koan darf man nicht wörtlich und logisch aufnehmen und es wie ein Problem durchkauen, was Suzuki tat, sondern muß es als extreme Konzentrationsübung sehen. Dies wird durch Anweisungen bestätigt, die ein zeitgenössischer Zenmeister, Yasutani Roshi, in Vorträgen gegeben hat:

> Tag und Nacht müßt ihr euch konzentrieren und über Mu durch jeden eurer 360 Knochen und 84 000 Poren nachsinnen . . . es ist euer ganzes Wesen, worauf es sich bezieht. Alles von euch laßt zu einer Masse aus Zweifel und Fragen werden. Konzentriert euch völlig auf Mu und dringt völlig in Mu ein. In *Mu* eindringen heißt, diese Einheit herzustellen, indem man sich Tag und Nacht zäh an *Mu* anklammert! Spaltet euch auf keinen Fall davon ab! Richtet ständig euren Geist darauf. Erdenkt *Mu* nicht als Nichts und stellt es euch nicht in Gestalt des Daseins oder des Nicht-Daseins vor. Ihr sollt euch, anders ausgedrückt, *Mu* nicht als Problem vorstellen, das sich um die Existenz oder Nichtexistenz der Buddhanatur dreht. Aber was macht ihr dann? Ihr hört auf zu spekulieren und konzentriert euch völlig auf *Mu* – nur *Mu!*[5]

Später nachfolgende Koan-Übungen beinhalten andere unbeantwortbare Fragen, wie etwa »Wie klingt der Ton der einen Hand?« und »Welche Größe hat dein wahres Selbst?« Weil man auf diese Fragen keine logische Antwort finden kann, wird das Koan für lange Zeit ein nützliches und herausforderndes Zentrum der Aufmerksamkeit. Tag und Nacht wird das Koan zum Gegenstand der Meditation, ein andauerndes und zwingendes Ausrichten des Gewahrseins auf eine einzige Quelle. Die Unmöglichkeit einer rationalen, logischen Lösung zwingt den Schüler dazu, alle verbalen Assoziationen zu durchlaufen und abzuschütteln, all seine Gedanken, alle seine »Lösungen« – der begriffliche Prozeß, der normalerweise durch eine Frage ausgelöst wird. Durch die Natur der Frage wird er somit gezwungen, den Zustand anzustreben, den man »Ausgerichtet-Sein« nennt – die Konzentration auf nur ein Ding: das »unbeantwortbare« Koan.

Bei dem Unterfangen, die Aufmerksamkeit auszurichten, erhält der Sucher Unterstützung durch die Anforderungen, die verlangt werden, durch den Druck, den er sich selbst auferlegt, um einen Durchbruch (nämlich das Koan lösen) zu erreichen, durch das Verhalten seiner Mitsuchenden und durch seine Unterhaltungen (Dokusan) mit dem Zenmeister, dem Roshi. Bei diesen Unterhaltungen wird der Zenschüler oft aufgefordert, seine Verstehensebene durch Beantwortung von Koans zu demonstrieren. Klarerweise ist die erwünschte Antwort weder verbal noch logisch; idealerweise sollte es Kommunikation einer neuen Wahrnehmungsebene sein, die durch den Vorgang des Sich-konzentrierens auf das Koan erlangt wurde. Die »richtige« Antwort, die nur eine von vielen möglichen Antworten sein kann, mutet nur auf einer logischen Ebene eigentümlich an; es geht darum, auf einer anderen Ebene zu kommunizieren. Das Koan ist möglicherweise die extremste Technik, um Entgrenzung der Wahrnehmung zu erreichen.

Am stärksten vertreten ist die Anwendung des Koan in der Rinzai-Schule des Zen, die plötzliche Veränderung der Wahrnehmung betont, die durch diese extrem angespannte Konzentration auf einen Punkt während einer langen Zeitspanne herbeigeführt wird. Die Soto-Schule des Zen betont eine andere Technik, die eine andere Art der Meditationsübung einschließt.

Die zweite Technik heißt »nur sitzen« (Shikan-taza) und stellt ein Beispiel für die Meditationsform dar, bei der man willentlich versucht, die Wahrnehmung zur externen Umgebung zu öffnen. Die Soto-Methode legt mehr auf eine stufenweise vorangehende Entwicklung Wert als die Rinzai-Sekte, deren Schwergewicht auf plötzlichen Durchbrüchen erweiterter Wahrnehmung als Nachwirkung der Koan-Übung liegt. Die zweite Meditationsweise, die das Wahrnehmungsvermögen ausweitet, wird ausführlicher im nächsten Kapitel untersucht.

Die Yogaübungen sind wesentlich vielfältiger als jene des Zen. Konzentrative Meditation stellt beim Yoga nur einen Teil der ganzen Aktivität dar, und man geht davon aus, daß jeder Bestandteil zur Bewußtseinsveränderung beiträgt. Viele Yoga Übende setzen viel Zeit dafür ein, grundlegende »unwillkürliche« physiologische Vorgänge zu verändern – Kreislauf, Herzschlag, Verdauung, Muskelaktivitäten, Atmen usw. Es gibt eine Reihe von Berichten über Yogameister, die für lange Zeiträume lebendig begraben wurden, ihren Kreislauf anhielten, barfuß über heiße Kohlen gingen und so weiter. Anand und seine Mitarbeiter haben herausgefunden, daß einige Yogis ihren Sauerstoffverbrauch weit unter den normalen Wert herabsetzen können.[4]

Einen Hauptbestandteil des Yoga bildet die Atemkontrolle (Pranayama). Verschiedene Atemwiederholungen und verschiedene Atemtiefen werden geübt, um (wahrscheinlich) bestimmte Veränderungen im Sauerstoff- und Kohlendioxydgehalt und damit die entsprechenden Wahrnehmungsänderungen zu erreichen. Bei diesem Streben nach Änderung physiologischer Prozesse unterscheidet sich Yoga vom Zen, bei dem nicht versucht wird, den Atem oder die Herztätigkeit zu kontrollieren. Die einzige Zen-Meditationsübung, die Atmen miteinbezieht, verlangt vom Übenden nur, daß er seinen Atem beobachte, so wie er geschieht, und nicht, daß er ihn auf irgendeine Weise kontrolliere. Viele Meditationsübungen des Yoga sind jedoch den Zenübungen ganz ähnlich.

Eine weitverbreitete Meditationsweise des Yoga schließt die
Anwendung des Mantra ein. Mantren sind oft bedeutungsvolle
Wörter oder Götternamen, aber in Begriffen der Bewußtseinspsychologie ausgedrückt besteht das wichtige Element darin, daß diese
Technik ein Wort als Zentrierungspunkt für die Wahrnehmung
gebraucht, ebenso wie die erste Zenübung das Atmen. Man ist
aufgefordert, das Mantra entweder laut oder leise ständig zu wiederholen. Man soll sich nur des Mantras gewahr sein und alles
andere ausschließen. Ebenso ist es bei der ersten Zenübung, bei der
die Aufmerksamkeit immer wieder zum Atemvorgang zurückgelenkt wird. Mantren sind klangvolle, honigsüße Worte, die sich
leicht wiederholen lassen. Ein Beispiel dafür ist OM. Dieses Mantra
wird laut in Gruppen gesungen oder einzeln in stiller oder gesprochener Meditation verwendet. Ein anderes Mantra ist OM-MANI-
PADME-HUM, ein weicher, süßer Singsang. Ähnliche Mantren
haben gleichlautende Klänge wie etwa AYN, HUM etc., die klanglich dem MU des ersten Zen-Koan ähneln. Alle beinhalten sonore
Konsonanten – M's, H's und viele Vokale.

Ein weiteres wohlbekanntes Mantra ist das Hare Krishna-Mantra. Es wird immer laut in der Gruppe gesungen. Das Mantra selbst
enthält viele Wiederholungen, und das ganze Mantra wird ständig
wiederholt.

HARE KRISHNA
HARE KRISHNA
KRISHNA KRISHNA
HARE HARE
HARE RAMA
HARE RAMA
RAMA RAMA
HARE HARE

In jüngster Zeit wurde die »Transzendentale Meditation«, die eine
Form des Mantra-Yoga darstellt, im Westen und dabei besonders in
den USA ziemlich bekannt. Auch bei dieser Meditationsweise wird
dem Übenden ein besonderes Mantra gegeben, das er jeden Tag
zweimal morgens und abends für etwa eine halbe Stunde still
mehrmals wiederholt. Für die Übung wird keine besondere Körperhaltung verlangt; vielmehr ist man angewiesen, eine bequeme
Haltung einzunehmen, wie das aufrechte Sitzen in einem Stuhl.
Gedanken, die während der Meditation auftauchen, werden für
unwichtig gehalten, und sobald man merkt, daß man sich nicht

mehr auf das Mantra konzentriert, soll man die Aufmerksamkeit erneut darauf richten.

Die besonderen Mantren, die die »Transzendentale Meditation« verwendet, werden nicht öffentlich gegeben, da die Anhänger dieser Methode sagen, daß jedes dieser Mantren neben dem allgemeinen Effekt der Konzentration noch besondere Wirkungen tätigt. Man kann aber sagen, daß auch diese Mantren weichfließend und angenehm sind und wie das OM oder MU des Zen viele M's, Y's und Vokale enthalten. Die Anhänger der »Transzendentalen Meditation« behaupten auch, daß diese Technik die Essenz der Meditation in einer Form enthält, die dem westlichen Menschen entspricht. Zweifellos kann man sagen, daß Mantra-Yoga, einschließlich der »Transzendentalen Meditation«, eine sehr ansprechende Meditationsweise ist. Wie bei den Atemübungen ist es auch hier leicht, ein stilles Wort irgendwann irgendwo hervorzurufen und sich ihm zuzuwenden. Da keine besondere Körperhaltung verlangt ist, entfällt das anstrengende Bemühen um den Lotossitz. Wenn der wesentliche Bestandteil der Meditation Konzentration auf eine unwandelbare Quelle der Anregung ist, kann man sagen, daß »Transzendentale Meditation« ebenso wie andere Formen des Mantra-Yoga diese Essenz enthält.

Andere Yoga-Arten verwenden visuelle Meditationstechniken. Im allgemeinen sitzt der Yogi in der Lotosposition und betrachtet ein besonders angefertigtes Abbild, ein Mandala. Mandalas können verschiedenste Formen haben: sie können sehr einfach sein, wie der Kreis, oder äußerst vielschichtig, wie das Yantra der Tantraübung.

Mandalas werden auf die gleiche Weise wie Mantren verwendet. Der Übende richtet seinen Blick auf das Mandala und beschränkt sein Wahrnehmungsvermögen auf das visuelle Signal. Abschweifende Gedanken oder Assoziationen, die auftauchen, werden unterdrückt, und man kehrt zurück von der Wahrnehmung der Gedanken oder Assoziationen zu jener des Mandala. Einfache Mandalas wenden oft ein kreisförmiges Motiv an, das die Aufmerksamkeit während der Kontemplation auf das Zentrum lenkt und dort den Blick immer mehr festhält.

Eine andere visuelle Meditationstechnik des Yoga verlangt ein »gleichbleibendes Schauen« (Tratakam) auf externe Objekte. Solche Gegenstände werden bei der Meditation verwendet, um einen Anhaltspunkt für die Konzentration zu schaffen, es können ein Stein, eine Vase, ein Licht, eine Kerze usw. sein. Rammamurti Mishra gibt in seinem Handbuch *Vollendung durch Yoga* Anweisungen zu einigen dieser Übungen:

1. Außenfläche des Körpers

a) Nasenblick: Halte deine Augen halb geschlossen, halb offen und schaue anhaltend auf deine Nasenspitze. Übe regelmäßig morgens und abends; sind die Augen müde oder tränen, schließe sie ganz und meditiere in dieser Haltung eine ganze Minute . . .

b) *Bhru Madhya Dristi* (frontaler Blick): Fixiere die Kraft deiner Aufmerksamkeit im Zentrum zwischen den Augenbrauen, richte deine halb-geschlossenen Augen auf den Platz zwischen den Augenbrauen; ebenso wie der Nasenblick ist der frontale Blick eine machtvolle Übung, Gedankenabschweifungen und den Geist zu kontrollieren . . .

c) *Tratakam* auf externe Objekte: Wähle dir ein Bildnis eines vollkommenen Yogis oder ehrwürdigen Lehrers, oder wähle irgendein kleines rundes Objekt an deiner Zimmerwand, wenn du keine befreite Seele kennst: ein runder Gegenstand, eine Miniatur, ein kleiner runder Punkt oder eine Null. Denke an das ausgewählte Ding, das heißt, an die symbolische Natur, und indem du auf das Symbol blickst, betrachtest du höchstes Bewußtsein und höchste Natur. Richte dich in deiner Körperhaltung und der Auswahl des Orts so ein, daß du das Objekt leicht sehen kannst und weder zu nahe noch zu fern von ihm bist. Blicke beständig auf das Objekt, übe dich dauernd und regelmäßig, blicke nie so lange, daß du deine Augen ermüdest, schließe deine Augen und meditiere, wenn du dich angestrengt fühlst. Nach einigen Monaten ständigen und regelmäßigen Übens wirst du deine Fähigkeit, auf dieses Objekt ohne Anstrengung, Ermüdung und Blinzeln zu blicken, beinahe unbegrenzt ausgeweitet haben . . .

d) *Tratakam* auf blaues Licht: Plaziere eine Bettlampe mit einer blauen Birne geringer Lichtleistung am oberen Ende deines Bettes oder an einem anderen geeigneten Ort, damit du sie mühelos sehen kannst; jetzt schalte die Lampe an und lehne dich in deinem Bett oder in deinem Sessel bequem zurück . . . Jetzt schaue direkt auf die Lampe, ohne zu blinzeln. Die Lampe ist direkt über dir, und du blickst sie intensiv an; dein Blick muß ruhig, andauernd und gleichmäßig sein; konzentriere dich völlig auf die Lampe . . . [5]

Die sich ständig wiederholenden Körpervorgänge, wie das Atmen und der Herzschlag, können ebenso als Anhaltspunkte der Konzentration beim Yoga dienen. Diese Techniken werden in Mishras und in vielen anderen Handbüchern beschrieben.

Innerlich erzeugte Töne (Nadam) können ebenso als Anhaltspunkt der Meditation dienen. Mishra führt einige Beispiele an, von denen die folgenden die nützlichsten sind und am öftesten vorkommen:

CIN NADAM: wie das Summen berauschter Honigbienen; die Vibration einer langsam laufenden Maschine; Regen, Pfeiftöne, Hochfrequenztöne
CIN CIN NADAM: Wasserfall, Brausen des Ozeans
CHANTA NADAM: Klang einer läutenden Glocke
SANKHA NADAM: Klang einer Seemuschel

TANTRI VINA: Nasalton, Summton wie der eines Saiteninstruments
TELA NADAM: Ton einer kleinen, prallen Trommel
VENA NADAM: Ton einer Flöte
MRIDAMGA NADAM: Ton einer großen Kupfertrommel
BHERI NADAM: Ton mit Echo
MEGA NADAM: fernes Donnergrollen[6]

Die Töne, die bei der Meditation verwendet werden, können vorgestellt oder naturgegeben sein. Oft sitzt der Yogi in der Nähe einer natürlichen sich ständig wiederholenden Tonquelle, wie etwa bei einem Wasserfall, einem Windphänomen, dem Summen der Bienen und hört einfach zu und konzentriert sich. Stellt man sich diese monotonen, sich wiederholenden Töne vor, wird die Technik ganz ähnlich jener der stillen Wiederholung des Mantra.

Das Erschaffen von Meditationsbildern kann sich ebenso auf visuelle Arten der Meditation ausweiten. Frederick Spiegelberg beschreibt in *Spiritual Practices of India* das Dharana oder Fixierung der Bewußtseinsabläufe – die Kasina-Übungen:

> Der entscheidende Punkt ist, daß man solch ein Meditationsbild wirklich schaffen sollte, damit es einen ständig begleitet; nur in zweiter Linie spielt es eine Rolle, wie dieses besondere Bild aussieht, das heißt, durch welche der Kasina-Übungen es hervorgebracht wurde. Anstatt einen Erdkreis zu betrachten, kann man beispielsweise über ein gleichmäßig gepflügtes Feld, das man aus der Ferne sieht, meditieren. Im Wasser-Kasina konzentriert sich der Yogi entweder auf die kreisförmige Wasseroberfläche in einem Kübel oder auf einen See, den man von einem Berg aus sieht. Auf die gleiche Weise kann auch das Feuer auf dem Herd, die Flamme der Kerze, der Wind, der die Wipfel der Bäume wiegt, als Kasina verwendet werden. Bei der Farb-Kasina-Übung werden runde Farbscheiben und sogar leuchtendfarbige Fahnen und Blumen verwendet. Beim Raum-Kasina meditiert man über eine kreisförmige Fensteröffnung, wobei die Aufmerksamkeit in diesem Fall besonders auf die Dimensionen der Öffnung gerichtet wird.
>
> Jedes Abbild, das andauernd im Bewußtsein haften bleibt, und jede anhaltende Stimmung kann dazu verhelfen, das Bewußtsein zu fixieren. Ja, es ist so, daß jede Halluzination, jeder unversöhnliche Haß, jedes verliebte Anhangen für den, der ihnen verfallen ist, eine gewisse Kraft der Konzentration darstellt und ihm hilft, die Kräfte seines Wesens auf ein einziges Ziel zu lenken. Natürlich wird das eher bei einem Menschen der Fall sein, der Selbstkontrolle und Freiheit von seinen Leidenschaften erlangt hat und der, nachdem er seine Sinnesimpulse bemeistert hat, in der Lage ist, seinem Bewußtsein eine entschiedene, selbstgewählte Richtung zu geben . . . Jede Aktivität ist gleichbedeutend, um als Basis einer Dharana-Übung zu dienen.[7]

Der Vorgang aktiven Hervorbringens eines Meditationsbildes und in diesem besonderen Fall sichtbarer Bilder, ist in der Tantra-Praxis ausgearbeitet. Bei der Meditation über das Yantra wird das Abbild Stück für Stück *erschaffen*, bis es der Yogi willentlich in seinem Bewußtsein hervorrufen kann. Viele der Yantren, die nach der Erinnerung auf Papier gezeichnet wurden, kann man in Mookerjees schönem Buch mit dem Titel *Tantra-Kunst*[8] finden. Diese Art aktiver Visualisierung bildet auch einen Teil tibetischer Yogapraxis. Die Übungen, ein Meditationsbild zu erschaffen, haben offenkundige Vorteile – man braucht nicht an einen besonderen Platz zur Meditation zu gehen, und man kann jede Form zu jeder beliebigen Zeit hervorbringen –, so daß viele Arten der Meditation, wie das Atmen und die verbalen Formen, unabhängig von Umständen oder vom Ort durchgeführt werden können.

Eine andere Variation yogischer Meditationsübung, Mudra genannt, arbeitet mit sich wiederholenden Körperbewegungen, normalerweise der Arme, Beine und Finger. Bei diesen Übungen (die etwas schwieriger zu beschreiben sind, da sie kein Bild oder Wort verwenden) wird die Bewegung der Gliedmaßen wie bei der Mantra-Übung ständig wiederholt. Ständig lenkt man alle Aufmerksamkeit auf den Vorgang der Bewegung. Mudras sind von verschiedener Komplexität; bei einem einfachen kann es darum gehen, mit dem Daumen die anderen vier Finger nacheinander zu berühren und dies zu wiederholen. Das Mudra kann auch mit dem Mantra verbunden werden. Zum Beispiel könnte das eben beschriebene vierfach wiederholte *Mudra* mit dem Mantra OM-MANI-PADME-HUM kombiniert werden, wobei jedes Wort mit der Daumenbewegung zu einem der anderen Finger zusammenfallen würde.

Die Sufis verwenden sich wiederholende Bewegungen auf die gleiche Weise. Handbücher für Sufi-Übungen gibt es nicht in entsprechend zugänglicher Form wie für Yoga und Zen. Die Sufis meinen, daß die Techniken verwahrt und Zeit, Ort und Zustand des Schülers in Betracht gezogen werden müssen. Veröffentlichung der Einzelheiten ihrer Übungen würde zu fehlerhafter Anwendung führen. Eine Technik, wie etwa die Meditation, wird beispielsweise nur auf einer bestimmten Entwicklungsstufe für sinnvoll erachtet, und das weitere Ausüben einer Technik über die angemessene Zeitspanne hinaus wäre verschwendete Zeit oder gar schädlich.

Jedoch gibt es eine Reihe lückenhafter Berichte über einige der Sufi-Meditationsübungen, die wir hier zusammenfassen wollen. Die Mevlevi (wirbelnde Derwische) sind im Westen wahrscheinlich am meisten bekannt. Sie praktizieren eine Tanzweise, die Wirbeln und Wiederholungen von Redewendungen verwendet. George Gurdjieff, der von Derwischen ausgebildet wurde, sagt über Derwischtänze, daß sie eine Übung für das Gehirn seien, die sich auf Wiederholung gründet.[9] Idries Shah schreibt über diese Orden: »Die sogenannten Derwischtänze bewirken durch monoton wiederholte Kreisbewegungen Trance und ekstatische Erscheinungen, was besonders beim Maulavi Orden, der in der Türkei sehr verbreitet ist, ein hervorstechendes Merkmal darstellt.«

Derwischtanz verwendet Wiederholung physischer Bewegung und gleichzeitig auch Tonwiederholungen. In Roy Weaver Davidsons wertvoller Sammlung *Documents on Contemporary Dervish Communities* findet man eine der wenigen erhältlichen authentischen Beschreibungen dieser Tanzweise. Es ist ein Bericht von Omar Michael Berg, der zu einer Derwisch-Zusammenkunft in Tunesien reiste und bei einem Derwischtanz mitmachte.

Erklärung des Zikr (Wiederholung). Der Dhikr, so wurde mir erklärt, ist ein Tanz, oder genauer gesagt, das Ausführen einer Reihe von Übungen, die sich in Einklang befinden. Ziel ist es, einen Zustand ritueller Ekstase hervorzurufen und den Kontakt zwischen dem Geist des Sufi und dem Weltgeist zu steigern, von dem er sich selbst als Teil empfindet . . . Alle Derwische, und nicht nur die Anhänger von Maulana Rumi (wie die meisten Orientalisten glauben), vollführen Tänze. Der Tanz ist in ihrer Beschreibung eine Körperbewegung, die mit einem Gedanken und einem Ton oder einer Tonserie verbunden ist. Die Bewegungen entwickeln den Körper, der Gedanke richtet den Geist aus, und der Ton bringt beide zusammen und lenkt sie auf ein Bewußtsein der Verbindung mit dem Göttlichen, das *Hal* genannt wird, »Zustand« oder »Verfassung«.

Beschreibung des *Zikr* in *Nefra*. Im Zentrum einer Halle wird ein Doppelkreis gebildet. Die Derwische stehen, während der Sheikh die Einleitung dieses Teils und jeder ähnlichen Zeremonie anstimmt – das Herabrufen des Segens auf die Gemeinde und von der Gemeinde auf die Meister der »Vergangenheit, Gegenwart und Zukunft«. Außerhalb des Kreises stehen der Sheikh, die Trommler und Flötenspieler sowie zwei »Rufer«, Männer, die den Rhythmus des Tanzes rufen. Die Trommel ertönt, der Rufer beginnt eine hochtönende flamencoähnliche Melodie zu rufen, und langsam fangen die konzentrischen Kreise an, sich in entgegengesetzte Richtungen zu drehen. Dann ruft der Sheikh »*Ya Haadi!*« (Oh Führer!), und alle Teilnehmer fangen an, das Wort zu wiederholen. Sie konzentrieren sich darauf, sprechen es zuerst langsam und dann immer schneller. Ihre Bewegungen gleichen sich den Wiederholungen an.

Ich bemerkte, daß die Augen einiger der Derwische einen Blick hatten, als würden sie in weite Ferne schauen, und sie fingen an, sich ruckartig zu bewegen, als wären sie Puppen. Die Kreise drehten sich immer schneller, bis ich nur noch einen Wirbel von Gewändern sah (ich bewegte mich im äußeren Kreis) und das Zeitgefühl verlor. Hin und wieder schied einer der Derwische mit einem Knurren oder scharfen Schrei aus dem Kreis aus und wurde von einem Helfer weggeführt, um sich in einem anscheinend hypnotischen Zustand auf den Boden zu legen. Auch ich wurde beeinflußt und bemerkte, daß mein Geist, obgleich mir nicht schwindlig war, auf sehr merkwürdige und ungewohnte Weise funktionierte. Man kann die Empfindung kaum beschreiben, und wahrscheinlich ist sie vielschichtig. Eine Empfindung war die der Erleichterung; als hätte ich keine Bange, keine Sorgen mehr. Eine andere war, daß ich Teil des sich drehenden Kreises geworden und meine Individualität verschwunden war. Ich war auf beseligende Weise mit etwas Größerem verschmolzen.

(Er verläßt den Tanz und später) ging ich in den Hof, um meine Gefühle einzuschätzen; etwas *war* geschehen. Zum ersten schien der Mond äußerst hell zu sein und die kleinen glühenden Lampen schienen von einem ganzen Farbspektrum umgeben zu sein.[10]

Die Sufis verwenden noch andere Formen der konzentrativen Meditation, die in mancher Hinsicht den Formen des Zen und Yoga ganz ähnlich erscheinen. Dhikrs sind verbale Wiederholungsübungen. Zu diesem Zweck wird sehr oft die erste Zeile des Koran verwendet. Idries Shah beschreibt die Übung folgendermaßen:

Nachdem er entweder ein Dhikr zur Wiederholung erhalten hat (wenn er der direkten Führung durch einen Sheik untersteht) oder sich selbst eines ausgesucht hat, wenn er ein Uwaysi ist, einer, der sich allein zum Ziel hinarbeitet, muß er es jetzt, was Zeit und Wiederholungszahl angeht, äußerst gewissenhaft wiederholen. Wird die Spruchformel geflüstert, Dhikr Kafi, so wird ein Rosenkranz mit neunundneunzig Perlen verwendet, wobei nach jeder Wiederholung eine Perle weitergeschoben wird; im Fall des Dhikr Jali, der lauten Wiederholung, wird der Rosenkranz nur selten benützt; . . . wenn der Lernende einen eigentlichen Halka-Kreis (Treffen) aufsucht, geht er an einen ruhigen Platz oder verbringt die Zeit der Besinnung in einem besonders für diesen Zweck bestimmten Raum.

Es gibt auch eine Übung, die als Fikr bekannt ist, die aus Meditation und Konzentration auf eine erwünschte Kraft oder auf die Unermeßlichkeit des Universums besteht. Sind Dhikr und Fikr so lange geübt worden, daß sie Teil von einem selbst sind, wird die höhere Form des Dhikr nötig. Sie besteht aus Kontrolle und Konzentration des Atems. Der Geist ist auf eine einzige Idee konzentriert, und die ursprüngliche oder eine andere Dhikr-Form wird diesmal in einem festgelegten Rhythmus rezitiert, der in Gleichklang mit dem Atmen steht.[11]

Es gibt fragmentarische Beschreibungen von anderen Übungen, die von Sufis und einigen ihrer Anhänger verwendet werden. Ein Schüler George Gurdjieffs berichtet von einer Meditation über eine Reihe von Punkten auf einem Stück Papier.[12] Die Derwische wiederholen die Lautfolge »Ya Hud« auf ähnliche Weise wie das Yoga-Mantra und das Zen-Koan *Mu* wiederholt werden. Auch wiederholen sie so wie die Zen-Buddhisten ihr Koan Geschichten immer wieder in ihrem Geist.[13]

Bei den konventionellen Religionen, die uns im Westen mehr vertraut sind, und bei den Sekten, die weniger bekannt sind als Yoga, Zen und Sufismus gibt es ähnliche Meditationsübungen. Im frühen Christentum erfüllte beispielsweise die Kontemplation einen ähnlichen Zweck wie die Meditation beim Zen, Yoga und Sufismus. Jakob Böhme, der christliche Mystiker, übte sich darin, während des ganzen Tages seinen Blick auf einen Punkt Sonnenlichts auf seinem Schuhmacherkristall zu fixieren, den er als seinen Gegenstand der Kontemplation verwendete. Er sann so sehr über das Sonnenlicht, daß dieser Lichtpunkt ständig auf seinen Augen blieb und einen Teil der Retina verbrannte. Er war dann fähig, dieses Bild auf die gleiche Weise immer bei sich zu haben, wie vielleicht der Yogi sein Yantra willentlich konstruieren und beobachten kann. Deikman sagt, daß die christlichen Mystiker Walter Hilton und der heilige Johannes vom Kreuz Anweisungen für Kontemplationsübungen gaben, die jenen Patanjalis, dem Verfasser der Yogasutras, erstaunlich ähnlich waren.

Bei Hilton liest man: »Wenn du darum wünschst, deine Seele zu entdecken, ziehe deine Gedanken aus äußerlichen und materiellen Dingen zurück und vergiß nach Möglichkeit deinen eigenen Körper und seine fünf Sinne.« Der heilige Johannes verlangt ausdrücklich nach Ausschaltung der Erinnerung. »Von allen diesen Arten und Weisen des Wissens muß sich die Seele entledigen und entleeren und versuchen, den imaginären Begriff von ihnen zu verlieren, so daß in ihr kein Eindruck von Wissen verbleibe, keine Spur irgendeines Gedankens, damit die Seele dürr und nackt bleibt, als wären diese Formen nie durch sie gegangen – das vollständige Vergessen und Aufheben. Das kann nicht geschehen, es sei denn, das Erinnerungsvermögen wird all seiner Formen entleert, wenn es mit Gott geeint werden soll . . .« Patanjali sagt: »Die geistige Substanz mit einem Ort zu verknüpfen ist fixierte Aufmerksamkeit, die präsentierte Idee auf diesen Platz zu zentrieren ist Kontemplation. Diese gleiche Kontemplation leuchtet weiter in der Konzentration . . . Diese drei vereint, sind Zucht . . . selbst diese (drei) sind indirekte Führer zu samenloser (Konzentration).«[14]

Einige der geläufigen Praktiken der christlichen Kirche und des Judentums haben Ähnlichkeit mit und vielleicht sogar ihre Wurzel in den Meditationsübungen. Im allgemeinen ist das Gebet eine Übung, die der konzentrativen Meditation äußerst ähnlich ist. Der heilige Johannes Climacus sagte: »Verwendet man beim Gebet viele Worte, nisten sich alle Arten von irreführenden Bildern im Geiste ein, aber die Anbetung geht verloren. Sagt man wenig oder spricht nur ein Wort aus, bleibt der Geist konzentriert.« Der »Russische Pilger« sagte: »Willst du, daß dein Gebet rein sei, gebildet aus guten und lieblichen Dingen, mußt du ein kurzes wählen, das aus wenigen machtvollen Worten besteht, und es viele Male wiederholen.« Viele Gebete sind monotone, sich wiederholende Gesänge. Das Judentum verwendet auch rituelle Beugungen und mit besonderem Tonfall ausgesprochene Gebete. Hasidismus und kaballistische Tradition enthalten viele Elemente, die dem Zen, dem Yoga und dem Sufismus entsprechen. Das Kreuz und der Davidstern erscheinen als Kontemplationsobjekte auch in anderen als der jüdischen und christlichen Tradition; einige der Yantras in dem Buch *Tantra Kunst* enthalten beispielsweise viele sechsstrahlige Sterne. Vielleicht ist ein Grund für das gegenwärtige Schwinden des Interesses an diesen mehr organisierten Religionen darin zu finden, daß der Aspekt der Bewußtseinsveränderung weitgehend unterdrückt wurde. Und obgleich es die Techniken zur Erlangung dieser Veränderung immer noch gibt, sind die Übungen doch »automatisch« geworden, Teil eines festgelegten Rituals, dem der ursprüngliche Lebensfunke fehlt.

Das »Gebet des Herzens« der griechisch-orthodoxen Tradition jedoch ist wesentlich weniger weit von den meditativen Überlieferungen entfernt, die wir betrachtet haben. Ein ähnliches Zentrieren der Aufmerksamkeit ist auch Teil taoistischer Meditation. Man wird angewiessen, ruhig zu sitzen und das Gewahrsein auf den Mittelpunkt des Körpers, auf einen Punkt des Unterleibs, zu richten. Die mittelalterlichen Alchimisten beschreiben lange sich wiederholende Übungen – das ständige Redestillieren von Wasser, andauernde Zermahlübungen – die vermeintlich zum Zweck der »Destillation« unedler Metalle für die Transmutation in Gold formuliert wurden. Diese Anweisungen kann man in übertragenem Sinn als Beschreibungen von Versuchen ansehen, den menschlichen Wahrnehmungszustand von der gewöhnlichen »unedlen« Verfassung in eine höhere zu verändern, die durch das Gold symbolisiert wird.[15]

Peter Freuchen beschreibt in seinem *Book of the Eskimos* eine Meditationstechnik, bei der sich der Eskimo vor einen großen Stein weicher Konsistenz setzt; er nimmt einen kleinen harten Stein und fängt an, einen Kreis in den großen zu kratzen, indem er mit dem kleinen Stein immer wieder kreisförmig über die Oberfläche des größeren Steins fährt. Diese Übung, die der Schaffung eines Mandala gleicht, dauert oft viele Tage an und dient dazu, einen Trancezustand hervorzurufen. Viele primitive Völker, wie die Buschmänner der Kalahari Wüste, tanzen mit dem Gesicht zu einem Feuer im Kreis und starren in das Feuer, begleitet von einem sich wiederholenden Singsang. Einige starren ständig auf den Vollmond, die Sonne oder eine Kerze.

Dies war ein rascher, selektiver Überblick über einige hauptsächliche Formen der konzentrativen Meditation. Jede dieser Haupttraditionen – Zen, Yoga, Sufismus – beinhaltet Übungen, die die verschiedenen Sinnesmodalitäten einbeziehen. Singsang findet man in jeder der Traditionen; ein Wort, Koan, Mantram oder Derwischruf wird wiederholt; man richtet die Konzentration auf den Atem, den Herzschlag, das kurze Gebet, längere Gebete, Geschichten oder auf natürliche Töne, wie die des Wasserfalls, oder auf vorgestellte Klänge, wie das Summen der Bienen, oder auf Vibrationen. Symbole oder Abbildungen von Gurus werden anhaltend angestarrt, und Bilder werden vor dem geistigen Auge des Übenden hervorgerufen, ähnlich den still wiederholten, vorgestellten Tönen. Sufi-Derwische tanzen in einem sich wiederholenden Wirbel; indische Yogis führen kontinuierliche Bewegungen mit ihren Gliedmaßen aus; die Taoisten konzentrieren sich auf den Unterleib. Die frühen Kirchenväter kontemplierten über einen Gegenstand oder das Kreuz. Dies sind äußerlich verschiedene Formen der gleichen Meditationsweise.

Das hervorstechende gemeinsame Element scheint sich in der eigentlichen Wahrnehmungsbeschränkung auf einen einzigen, unveränderlichen Prozeß zu finden. Welche besondere physische Übung dabei angewendet wird, scheint keine Rolle zu spielen; oder ob das eine oder andere Symbol Verwendung findet; ob nun das optische Wahrnehmungssystem angesprochen ist oder Körperübungen wiederholt werden; ob das Gewahrsein auf ein Körperglied oder auf einen Ton oder ein Wort oder ein Gebet gerichtet wird. In psychologischen Begriffen ausgedrückt, könnte man diesen Vorgang als Versuch bezeichnen, das immer gleiche unterschwellige Verhaltensmuster ständig erneut in das Nervensystem einzuspeisen. Die Meditationsanweisungen stehen in Einklang damit; man ist aufgefordert, ständig jeden Gedanken, der nicht Gegenstand der Meditation ist, aus dem Wahrnehmungsfeld zu verweisen, sich dem großen Strom ständig ablaufender äußerer Aktivitäten zu entziehen und seine Aufmerksamkeit nur dem Ziel oder dem Vorgang der Meditation zu widmen. Beinahe jeder Vorgang oder jedes Objekt scheint verwendbar zu sein und ist wahrscheinlich auch verwendet worden. Wie der jeweilige Meditationsgegenstand aussieht, ist (für diese Untersuchung) wesentlich weniger wichtig als das Bemühen, dieses Objekt für eine lange Zeitspanne als einziges Zentrum der Wahrnehmung zu verwenden.

Shah weist darauf hin, daß einige Tibetaner das OM-MANI-PADME-HUM-Mantra exakt rückwärts aussprechen, und die Sufi-Erzählung, die an anderer Stelle zitiert ist (Seite 71) und von einem Derwisch berichtet, der den Ruf falsch aussprach, illustriert den gleichen Punkt. Ebenso auch eine russische Geschichte von drei heiligen Männern (Staretzi), die völlig abgeschieden auf einer kleinen Insel im arktischen Meer lebten:

Ein Bischof hörte von ihnen und beschloß, sie zu besuchen. Am Ufer der Insel fand er drei bärtige, zahnlose alte Männer vor, die sich vor ihm tief verneigten. Der Bischof fragte, wie sie beteten. Der alte Mann antwortete: »So beten wir: ›Du bist drei; wir sind drei; erbarme dich unser!‹« Der Bischof war darüber erstaunt und lehrte sie, wie man betet. Er brachte ihnen das Vaterunser bei, bis sie es auswendig konnten. Sie dankten ihm überschwenglich für den Unterricht. Dann bestieg er wieder sein Schiff und freute sich im Herzen über seine gute Tat. Sein Schiff segelte schon eine ganze Weile, als sich merkwürdige Wolken am Horizont bildeten und schnell herüberzogen. Plötzlich bemerkten die Leute auf dem Schiff, daß die Wolken die Form von drei Männern hatten. Die drei Männer verneigten sich tief vor dem Bischof und sagten ihm traurig, daß sie das neuerlernte Gebet vergessen hätten. Würde er doch so freundlich und geduldig sein, es ihnen abermals beizubringen. Da bekreuzigte sich der Bischof, verneigte sich vor den Staretzi und sagte: »Gott wird euer Gebet erhören, so wie es ist. Ich kann euch nichts lehren. Geht und betet für uns Sünder.« Der Bischof warf sich ihnen zu Füßen. Aber sie wandten sich um und gingen über das Wasser zurück zur Insel. Und bis zur Morgenröte ging von dem Platz, an dem die frommen Staretzi verschwunden waren, ein Licht aus.[16]

Es scheint auch so, als ob die Meditationsweise ziemlich einerlei sei. Die wesentliche Wirkung kann man als einen zentralen Zustand bezeichnen, der durch den Wiederholungsprozeß hervorgerufen wird. Der besondere Hinweis auf das Gemeinsame bei den Meditationstechniken muß gar nicht im Gegensatz zu der Behauptung gewisser esoterischer Traditionen stehen, daß bestimmte Meditationsformen *zusätzliche* spezifische Auswirkungen auf besondere Menschen haben können. Maharishi Mahesh Yogi, Gründer der »Transzendentalen Meditation«, findet, daß jedem einzelnen Menschen ein besonderes Mantra gegeben werden muß. Shah gibt dem westlichen Betrachter eine »erbärmliche Simplifikation« und stellt fest, daß die Buchstaben S, U, F, auf die arabische Weise ausgesprochen, eine *besondere* Wirkung auf das Bewußtsein haben. Die Sufis nehmen auch an, daß besondere Erzählungen Wissen in Dimensionen vermitteln kann, die unsere gewohnte übersteigt; ein Phänomen, das in dieser Analyse nicht untersucht wird.[17]

Naranjo hatte zuvor über die zusätzliche Funktion gesprochen, die besonders ausgewählte Gegenstände haben, Symbole, die als Anhaltspunkt dienen und auch Bedeutung in sich selbst enthalten können. Da jedoch die allgemeinen Kenntnisse der Wissenschaft über die eigentlichen Meditationsübungen so spärlich sind, wird hier das *hauptsächlich Gemeinsame* der Techniken konzentrativer Meditation bei allen Disziplinen und allen Sinnesmodalitäten betont.

Über diese Techniken wird in den Überlieferungen gesagt, daß sie zum »Ausgerichtetsein« oder zu »klarem« Aufnahmevermögen führen. Der Zustand wird gewöhnlich als »dunkel« oder, in der indischen Terminologie, als »das Nichts« oder »die Leere« beschrieben. Es ist ein Zurückziehen der Sinne, ein »Abschalten« der Wahrnehmung der äußeren Welt. Der Yoga sucht dieses Sich-Zurückziehen besonders deutlich. Bei der buddhistischen Meditation liegt die Betonung oft auf erweiterter anstelle von eingeschränkter Wahrnehmung. Aber rufen wir uns zurück, was Rahula sagt, wenn er die Atemmeditation beschreibt: »Nach einer gewissen Zeit wirst du eben jenen Bruchteil einer Sekunde erfahren, wo dein Geist vollständig auf deinen Atemvorgang konzentriert ist, wo du nicht einmal Töne in deiner unmittelbaren Nähe hörst, wo keine Außenwelt für dich existiert.« (Siehe Seite 135). Augustine Poulain beschreibt es als »geheimnisvoll Dunkles, in dem das grenzenlos Gute enthalten ist, ein Nichts, das anders ist als Abgeschiedenheit.« Der heilige Johannes beschreibt es als »Auslöschung der Erinnerung«.

Es kann sein, daß Menschen an verschiedenen Orten und zu verschiedenen Zeitaltern bemerkt haben, daß man die Wahrnehmung der äußeren Welt abschalten kann, wenn man ständig eine bestimmte Tätigkeit oder Wortfolge wiederholt oder wenn man sich ständig auf den Atemvorgang konzentriert. Da wir, der Buschmann, der Eskimo, der tibetische Mönch, der Zenmeister, der Yogaschüler und die Derwische alle das gleiche Nervensystem haben, ist es nicht weiter verwunderlich, daß sich Ähnlichkeiten der Techniken gebildet haben.

Diese Techniken haben sich Jahrhunderte am Leben erhalten. Viele Sinnesmodalitäten wurden verwendet, und viele verschiedene Symbole oder Objekte, die in das Gebiet irgendeiner der Sinnesmodalitäten fallen, wurden gebraucht. Dies mag ein Hinweis dafür sein, daß ein Primäreffekt konzentrativer Meditationsübungen der Zustand der Leere ist, des Nichtreagierens auf die Außenwelt, der im zentralen Nervensystem durch das unterschwellige Verhaltensmuster hervorgerufen wird, wobei dieses Verhaltensmuster wiederum unabhängig von der spezifischen Natur der Eingabe oder der verwendeten Sinnesmodalität ausgelöst wird.

Es gibt eine ganze Reihe von Studien über die psychologischen und physiologischen Auswirkungen, die durch eine Konzentration ausgelöst werden, die sich auf eine unveränderliche Wahrnehmungsquelle beschränkt. Eine Variation der Meditation, die untersucht wird, verwendet ein »Starren« entweder auf ein natürliches oder ein speziell angefertigtes Objekt, ein Mandala. Eine ganz ähnliche Situation würde sich einstellen, wenn die Signaleingabe für das Auge immer die gleiche bliebe, unabhängig davon, wohin es blickt.

Wenn wir in unserer gewohnten Weise sehen, bewegen sich die Augen hin und her und fixieren sich auf verschiedene Punkte innerhalb großer Bewegungen, die Sakkaden genannt werden. Es kommt kaum vor, daß wir längere Zeit auf nur ein Objekt schauen. Selbst wenn wir versuchen, auf ein kleines Objekt zu blicken, finden geringfügige unwillkürliche Augenbewegungen statt, die »optischer Nystagmus« genannt werden. Durch beide Bewegungsarten wird die Lage des Bildes auf der Retina ständig verändert.

Eine Gruppe von Psycho-Physiologen konnte erfolgreich ein System entwickeln, das es ermöglicht, daß ein optischer Eindruck trotz der Augenbewegungen ständig auf der Retina verweilen kann. Eine Vorrichtung, die solch ein »stabilisiertes« Abbild liefert, besteht aus einem winzigen Projektor, der auf eine Kontaktlinse montiert ist, die die Versuchsperson trägt. Die Kontaktlinse bewegt sich jedesmal, wenn sich das Auge bewegt, und somit auch der Projektor. Der Projektor ist auf das Auge gerichtet, so daß das Abbild unabhängig von der Augenbewegung ständig auf die Retina fällt.[18] (Siehe Abb. 1, Seite 152)

Die Untersuchung stabilisierter Abbilder wurde in der Psychologie in erster Linie darum angestellt, um eine Theorie von Donald Hebb nachzuprüfen, die besagt, daß ständig verschiedenartige Sinneseindrücke nötig sind, um die normale Wahrnehmung zu konstituieren. Man stellte sich vor, daß »Stabilisierung« des Abbildes die ständige Veränderung des Sinneseindrucks ausschaltet, der sich normalerweise durch unsere Augenbewegungen ergibt.

Die Auswirkungen auf die Wahrnehmung durch Stabilisierung des Abbildes sind folgerichtig: Das Bild neigt dazu, vollständig zu verschwinden. Die Tatsache, daß es bei manchen Versuchen dazu neigt, periodisch wieder aufzutauchen, ist höchstwahrscheinlich darauf zurückzuführen, daß die Kontaktlinse auf dem Augapfel

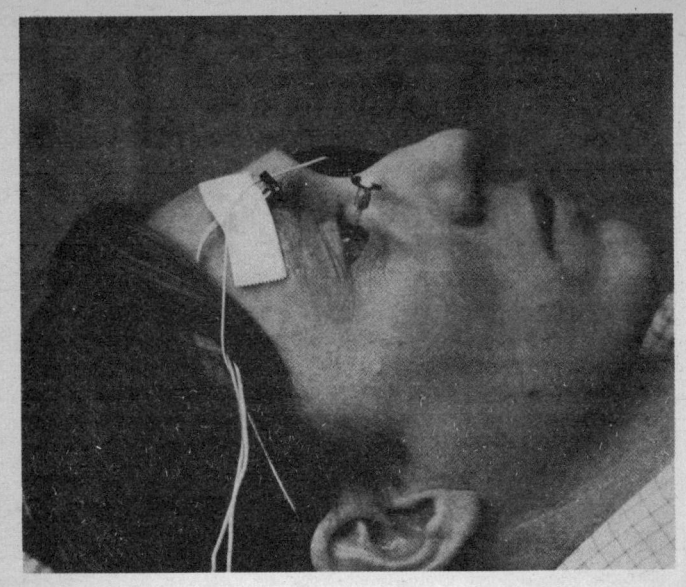

Abb. 1

rutscht. Wird ein Abbild auf der Retina mit äußerster Genauigkeit stabilisiert und die innere Struktur des Auges als Stimulus verwendet, wird das Bild innerhalb weniger Sekunden verschwinden und nicht mehr auftauchen.

Lehmann, Beeler und Fender versuchten den Zustand des Gehirns zu untersuchen, der durch das stabilisierte Abbild herbeigeführt wurde.[19] Das Elektroenzephalogramm (EEG), das an der Kopfhaut gemessen wird, besteht aus geringen Stromstößen aus dem Gehirn. Diese geringfügigen Ströme, die etwa den 5–50millionsten Teil eines Volts ausmachen, werden verstärkt und durch den Enzephalographen auf Papier aufgezeichnet. Berger entdeckte 1924 den ersten Gehirnrhythmus, der »Alpha«-Rhythmus genannt wurde und aus rhythmischen Bewegungen zwischen 8 und 12 Hz besteht. Seit Berger wurden andere Rhythmen unterschieden: Beta, mit 12 und mehr Zyklen, Theta, 4–7, und Delta, 1–4. Der Alpharhythmus wird normalerweise als Anzeichen eines Zustandes verminderter visueller Aufmerksamkeit aufgefaßt. Er nimmt beinahe immer zu, wenn die Augen geschlossen oder nach oben in den Kopf gedreht werden – wenn das Sehen vermindert wird.

Lehmann, Beeler und Fender zeichneten das EEG des Hinterhaupt-Cortex im Gehirn auf, während ihre Versuchsperson das stabilisierte Abbild sah. Die Versuchsperson war aufgefordert, auf einen Knopf zu drücken, sobald das stabilisierte Abbild verschwand, und man versuchte die subjektive Erfahrung des verschwindenden Abbilds mit dem entsprechenden Zustand des Gehirns in Beziehung zu setzen. Man fand heraus, daß der Alpharhythmus meist in dem Augenblick einsetzte, wenn die Versuchsperson das Verschwinden des Abbildes anzeigte. Alpharhythmus scheint auch in diesem Fall mit einer Verminderung der Umweltwahrnehmung zusammenzuhängen.

Eine andere Methode, dem Betrachter einen gleichmäßigen visuellen Sinneseindruck zu vermitteln, besteht aus der Bereitstellung eines vollständig merkmalslosen Sichtfeldes, »Ganzfeld« genannt. Dieses Feld kann auf vielerlei Weise erzeugt werden. Eine weiß getünchte Oberfläche kann als Ganzfeld dienen. Cohen hat für eine Versuchsreihe sein Ganzfeld mit Hilfe zweier Kugeln erzeugt, von denen jede 1 m Durchmesser hatte.[20] Hochberg, Triebel und Seaman produzierten auf einfachere Weise ein homogenes Sichtfeld, indem sie halbierte Ping-Pong-Bälle über die Augen des Beobachtenden stülpten.[21] Die Auswirkungen auf das Bewußtsein sind die gleichen wie die des stabilisierten Abbildes.

Cohen entdeckte, daß einige Versuchspersonen ein Fehlen jeder visuellen Erfahrung feststellten – was sie »blank-out« nannten. Dies war nicht nur die Erfahrung, daß man nichts sieht, sondern daß man *nicht sieht*, wie Cohen es bezeichnet, ein völliges Fehlen des Sehsinnes während kurzer Zeitspannen. Das Gefühl des Nicht-Sehens stellte sich gewöhnlich nach etwa zwanzig Minuten des dem Ganzfeld Ausgesetztseins ein. Während des »Blank-Out« wußten die Versuchspersonen beispielsweise nicht, ob ihre Augen offen oder geschlossen waren, und konnten nicht einmal ihre Augenbewegungen kontrollieren. Cohens Schluß war, daß diese andauernde gleichförmige Stimulierung bewirkte, daß im Bewußtsein überhaupt kein Abbild mehr hervorgerufen werden konnte. Er entdeckte außerdem, daß die Perioden des Blank-Out verbunden waren mit Ausbrüchen von Alpharhythmen. Er nahm an, daß das Auftauchen von Alpha während dieser kontinuierlichen Stimulierungsperioden eine funktionelle Gleichheit zwischen anhaltender Stimulation und fehlender Stimulation anzeige. Er entdeckte auch, daß sich bei Menschen mit hohen Alpha-EEGs das Blank-Out-Phänomen leichter einstellte.

Tepas machte eine Studie über das Ganzfeld, ähnlich der von

Lehmann, Beeler und Fender über das stabilisierte Abbild.[22] Seine Versuchspersonen betrachteten das Ganzfeld für fünf Minuten, während denen EEGs aufgezeichnet wurden. Hatte der Betrachtende die Erfahrung des Blank-Out, sollte er einen Mikroschalter betätigen, der die EEG-Aufzeichnung markierte. Tepas entdeckte, daß sich die Alpha-Aktivität des Gehirns während der Blank-Out-Periode verstärkte.

Sowohl das stabilisierte Abbild als auch die Ganzfeld-Situation sind den Übungen konzentrativer Meditation sehr ähnlich. Betrachten wir die Aktivitäten des Meditierenden und der Versuchspersonen bei den beiden Situationen genau regulierter Sinneseindrücke: In beiden Fällen wird versucht, einen unveränderlichen Sinneseindruck zu erzeugen. In beiden Situationen ist die subjektive Erfahrung analog: Man verliert den Kontakt zur Außenwelt. Bei all diesen Bedingungen weist das Gehirn Zunahme des Alpharhythmus auf. Die elektrophysiologischen Untersuchungen der Meditation durch Bagchi und Wenger[23], in Indien die Untersuchung der Yogameditation durch Anand und andere[24] sowie die Untersuchungen der Zenmeditation in Japan durch Kasamatsu und Hirai[25] und Akishige[26], weisen alle darauf hin, daß auch Meditation ein hochgradiger Alphazustand ist. Die genauer kontrollierten Situationen schienen sowohl psychologisch als auch physiologisch ähnliche Wirkungen hervorzurufen wie konzentrative Meditation.

Das stabilisierte Abbild und der Ganzfeldzustand an sich weisen darauf hin, daß das Blank-Out-Phänomen oder das Verschwinden des stabilisierten Abbildes oder das Verlieren der Verbindung mit der Außenwelt viel mehr auf Einwirkungen auf das zentrale Nervensystem zurückzuführen sind als auf die Charakteristika der äußeren Sinne. Die Wirkungen des stabilisierten Abbildes werden zwischen den Augen übertragen, was darauf hinweist, daß das Phänomen des Verschwindens an einer anderen Stelle des visuellen Systems als in der Retina auftritt. Stimulierung anderer Sinnesmodalitäten (wie etwa durch plötzlichen Lärm) bringt ebenfalls das stabilisierte Abbild in das Bewußtsein zurück.

Es scheint, daß wenn Wahrnehmung auf eine unveränderliche Quelle der Stimulierung beschränkt wird, aufgrund der Struktur unseres zentralen Nervensystems ein »Abschalten« der bewußten Verbindung mit der Außenwelt eintritt. Die allgemeinen Meditationsanweisungen unterstreichen diesen Punkt alle; man ist ständig aufgerufen, sich nur des Meditationsobjekts und nichts anderem gewahr zu sein und ständig das gleiche Signal wieder einzuspeisen. Stabilisierung eines Abbildes und Homogenisierung visueller

Eingaben rufen dieselbe Erfahrung hervor. Eine Reihe von Anweisungen durch Knowles aus der englisch-mystischen Tradition weist darauf hin, daß dieser Vorgang des Blank-Out eine beabsichtigte Funktion der Meditation ist, die durch Einschränkung der Wahrnehmung erreicht werden kann.

> Vergiß alle Geschöpfe, die Gott jemals erschaffen hat, und alles, was sie vollbringen, damit dein Denken und Wünschen weder im allgemeinen noch im besonderen auf sie gelenkt oder ausgedehnt werde . . . Machst du dies zum ersten Mal, wirst du nur eine Dunkelheit vorfinden und eine Art ursprünglichen Nichtwissens. Du weißt nichts, außer dem Gefühl einer unverhüllten Absicht Gottes in deinem Willen.[27]

Die Art und Weise, diese Erfahrung der »Dunkelheit«, des »Blank-Out«, der »Leere«, des Verschwindens eines Abbildes bei einer Versuchsperson im Rahmen einer wissenschaftlichen Untersuchung zu interpretieren, würde sich gewiß von Fall zu Fall unterscheiden: Die Versuchsperson bei einem physiologischen Experiment würde völlig andere Erwartungen und Ideen bezüglich ihrer Erfahrung haben als ein Mensch, der diese Erfahrung als Teil seiner Meditationsübung zu verwirklichen sucht. Aber die Erfahrungen an sich weisen wesentliche Gemeinsamkeiten auf und werden auf einfache Art und mit Hilfe äußerst ähnlicher Prozeduren hervorgerufen.

Darum sind die Meditationsübungen – Wirbeln, Singen, Konzentration auf unsinnige Fragen, ständige Wiederholung eines Gebets, Abbilden eines Kreuzes, das Blicken auf eine Vase, das Zählen der Atemzüge etc. – wahrscheinlich gar nicht so exotisch, wie es jene gerne hätten, die das Exotische und Esoterische suchen, und sollten auch nicht als Verstandesübungen oder Übungen zur Lösung eines Problems aufgefaßt werden[28], sondern vielmehr als Übungen zur Einschränkung der Aufmerksamkeit. Die einigermaßen verwirrenden, oberflächlichen Unterschiede bei den verschiedenen Übungen – dem Koan, Mantra, Mudra, Mandala, den Kasina-Übungen, dem Dhikr, Fhikr, dem Tanz der Mevlevi Derwische, der taoistischen Meditation über den Unterleib, dem »Gebet des Herzens« – können alle als Hilfsmittel verstanden werden, um das Gewahrsein auf einen einzigen Prozeß auszurichten und dadurch ständig die gleiche »Vorgabe« in das Nervensystem einzuspeisen. Ist dies erreicht, scheint sich eine allen gemeinsame Erfahrung einzustellen: Die Wahrnehmung der Umgebung läßt nach und »schaltet« für einige Zeit »ab«.

Vom psychologischen Standpunkt gesehen, kann man ständige

Wiederholung der gleichen Anregung als Äquivalent zum völligen Fehlen von Anregung auffassen. Diese beiden Situationen, die vom psychologischen und physiologischen Standpunkt betrachtet insofern ziemlich gleich sind, als sie beide das Gewahrsein auf eine einzige Quelle unveränderlicher Stimulierung beschränken, scheinen auch die gleichen Wirkungen hervorzurufen. Darum kann man (innerhalb unseres vorgegebenen Rahmens) sagen, daß konzentrative Meditation eine praktische Technik ist, die ein Erfahrungswissen über die Struktur unseres Nervensystems verwendet, um die Wahrnehmung der Außenwelt »abzuschalten« und einen Zustand des Blank-Out oder der Dunkelheit zu schaffen, einen Zustand der »Leere«, der Wolke des Nichtwissens. Die Techniken konzentrativer Meditation sind nicht absichtlich mysteriös oder exotisch[29], sondern ganz einfach eine Sache praktisch angewandter Psychologie.

2. Esoterische und moderne Wahrnehmungspsychologie

Folgende Fragen ergeben sich natürlich:

Warum scheinen all diese Disziplinen das gemeinsame Ziel zu haben, die Wahrnehmung der Außenwelt für eine gewisse Zeit abzuschalten?

Was erfährt der Meditierende nach der »Dunkelheit«?

Wie wirkt sich die Meditationsübung allgemein auf das Wahrnehmungsvermögen aus?

Wie verhält sich die Meditationsweise des »Abschaltens« zu jener des »Aufmachens«?

Der Blickpunkt, den wir in diesem Aufsatz einnehmen, könnte angemessene Antworten auf diese Fragen geben.

Wenn wir die Auswirkungen konzentrativer Meditation auf das Wahrnehmungsvermögen näher bestimmen wollen, wird es gut sein, einige Aspekte der Bewußtseinspsychologie und -physiologie darzulegen. Obgleich wir nicht erwarten sollten, daß Ausübung der Meditation notwendigerweise jeden Aspekt des normalen Bewußtseins ändern wird, sollten wir doch in der Lage sein, die Wirkungen und Nachwirkungen der Meditation mit unseren Wissensbegriffen aus der Bewußtseinspsychologie und -physiologie zu bestimmen.

Die Gegenwartspsychologie liefert verschiedene Standpunkte, von denen aus man Wahrnehmung charakterisieren kann. Einige davon sind völlig unabhängig voneinander, andere komplementär und einige überschneiden sich.

Normalerweise gehen wir davon aus, daß es die einzige Funktion unseres Sinnensystems sei, Information über die Welt zu sammeln: Wir sehen mit unseren Augen, wir hören mit unseren Ohren. Information zu sammeln ist gewiß eine Hauptfunktion der Sinneswahrnehmung, aber Sinnessysteme wirken auch auf die genau entgegengesetzte Weise. Unsere gewohnte Art der Weltwahrnehmung ist selektiv und durch die Wesensmerkmale von Sinnessystemen eingeschränkt. Viele Philosophen vertreten eine ähnliche Ansicht, aber erst in jüngster Zeit steht uns genaues physiologisches Beweismaterial zur Verfügung. Huxley und Broad haben Bergsons allgemeine Ansicht, daß der menschliche Geist eine

»Reduzierröhre« sei, weiterentwickelt. In seinem Buch *Die Pforten
der Wahrnehmung. Himmel und Hölle* zitiert Huxley den angese-
henen Cambridge-Philosophen Dr. D. C. Broad:

> Funktion des Gehirns und des Nervensystems ist es, uns davor zu
> schützen, daß wir von dieser Masse weitgehend nutzlosen und bezie-
> hungslosen Wissens überwältigt und verwirrt werden, indem das meiste
> von dem ausgeschlossen wird, was wir sonst wahrnehmen und woran wir
> uns sonst jederzeit erinnern würden und nur jene geringe und spezielle
> Auswahl zugelassen wird, die höchstwahrscheinlich im praktischen Sinn
> von Nutzen ist.

Und dann kommentiert Huxley:

> Entsprechend dieser Theorie ist jeder von uns potentiell allumfassender
> Geist. Aber da wir auch Tiere sind, müssen wir um jeden Preis versuchen
> zu überleben. Um biologisches Überleben möglich zu machen, muß der
> allumfassende Geist durch die Reduzierröhre Gehirn und Nervensystem
> geschickt werden. Was am anderen Ende herauskommt, ist ein armselig
> tröpfelndes Etwas von Bewußtsein, das uns helfen wird, auf der Oberflä-
> che dieses besonderen Planeten am Leben zu bleiben. Um den Inhalt
> dieses reduzierten Gewahrseins zu formulieren und auszudrücken, hat
> der Mensch jene Symbolsysteme und unausgesprochenen Philosophien
> erfunden und bis ins Unendliche weiterentwickelt, die wir Sprachen
> nennen. Jeder einzelne ist sowohl Nutznießer als auch Opfer der Sprach-
> tradition, in die er hineingeboren wurde – der Nutznießer insofern, als die
> Sprache ihm Zugang zu den akkumulierten Aufzeichnungen anderer
> Leute Erfahrung verschafft, das Opfer, weil sie ihn in seiner Ansicht
> bestärkt, daß reduziertes Gewahrsein die einzige Art der Wahrnehmung
> sei, und weil sie seinen Wirklichkeitssinn behext, so daß er nur allzu bereit
> ist, seine Konzepte als Daten und seine Worte als tatsächliche Dinge
> aufzufassen. Was die Sprache der Religion als »diese Welt« bezeichnet, ist
> das Universum reduzierter Wahrnehmung, durch die Sprache ausge-
> drückt und gänzlich versteinert. Die verschiedenen »anderen Welten«,
> auf die die Menschen wahllos stoßen, entsprechen verschiedenen Ele-
> menten in der Gesamtwahrnehmung des allumfassenden Geistes. Die
> meisten Menschen wissen die meiste Zeit nur, was durch die Reduzier-
> röhre kommt und durch ihre jeweilige Sprache als zutiefst wirklich erklärt
> wird. Manche Leute scheinen jedoch mit einer Art Umgehungsstraße
> geboren zu sein, die die Reduzierröhre überlistet. Andere schaffen sich
> zeitweilig Umgehungsstraßen, entweder spontan oder als Ergebnis be-
> wußt durchgeführter »spiritueller Übungen« oder durch Hypnose oder
> mit Hilfe von Drogen. Über diese permanenten oder zeitweiligen Umge-
> hungsstraßen fließt nicht wirklich die Wahrnehmung von allem, das
> überall im Universum geschieht (denn die Umgehungsstraße schafft die
> Reduzierröhre nicht ab, die immer noch den ganzen Inhalt des allumfas-
> senden Geistes ausschließt), sondern nur etwas mehr davon und vor allem
> etwas anderes als das sorgfältig ausgewählte, zweckgebundene Material,
> das unser enger individueller Geist als vollständiges oder zumindest
> ausreichendes Bild der Wirklichkeit ansieht.[1]

Huxley schreibt eleganter und weniger quantitativ als die meisten Forscher und Theoretiker der Psychologie und Physiologie. Doch neigen viele Arbeiten auf diesem Fachgebiet dazu, die gleiche generelle Anschauung zu bestätigen, daß unsere gewöhnliche Art der Wahrnehmung eine persönliche Konstruktion ist. Wenn Wahrnehmung eine Konstruktion und kein »Aufzeichnen« der Außenwelt ist, dann kann auch die Wahrnehmung durch Veränderung der Natur dieses Konstruktionsvorganges gewandelt werden.

Außerhalb der philosophischen Traditionen, der Psychologie und der esoterischen Disziplinen besteht für gewöhnlich die Ansicht, daß wir erfahren, *was existiert*, daß die Außenwelt in unserer subjektiven Erfahrung vollständig und perfekt widergespiegelt wird. Selbst oberflächlich betrachtet, kann man dieser Vorstellung unmöglich weiter anhangen, wenn wir bedenken, wie viele verschiedene Energieformen in jedem Augenblick auf uns einstürmen. Töne, Elektrizität, Lichtwellen, Magnetismus, Gerüche, chemische und elektrische Impulse in uns selbst, Gedanken, innerliche Muskelreaktionen, sie alle bombardieren uns ständig. Wollen wir eine angemessene Frage über die Natur unseres »gewöhnlichen« Bewußtseins stellen, wird es eine Frage sein, die eine gänzlich andere als die gewohnte Ansicht wiedergibt. Wie ist es überhaupt möglich, daß wir angesichts dieser wahnwitzigen Stimulierungsmenge ein stabiles Bewußtsein haben?

Zwei Hauptwege gibt es, durch die wir die Welt »sinnvoll« machen. Zuerst verwenden wir unser Sinnessystem dafür, die einströmende Information auszuwählen und zu vereinfachen, so daß nur einige der möglichen Empfindungsdimensionen von uns wahrgenommen werden. Diese Dimensionen werden in der Psychologie, entsprechend dem Stil des Schreibers und seiner Ebene der Analyse, »unbewußte Folgerungen«, »persönliche Konstruktionen«, »Kategoriensysteme«, »Transaktionen« genannt.

Ganz offensichtlich ist jeder individuell Empfangende physiologisch so ausgestattet, daß er Informationen nur innerhalb gewisser Grenzen aufnimmt. So würden wir von unseren Augen beispielsweise nicht erwarten, daß sie auf die tiefe Baßnote einer Orgel ansprechen, oder unsere Ohren auf den Geschmack von Nudeln. Die Augen sind aufgrund ihrer physiologischen Struktur so »eingestimmt«, daß sie nur einen bestimmten limitierten Frequenzbereich der Stimulation aufnehmen und Botschaften an das Gehirn weitergeben, wenn Energie aus dem entsprechenden Frequenzbereich sie anspricht – und ebenso verhält es sich auch mit den Ohren, der Zunge usw. Daß die Wahrnehmungsorgane so funktionieren, daß sie die bereitgestellte Information reduzieren, kann man besser verstehen, wenn wir Tiere betrachten, die im phylogenetischen Kontinuum niedriger stehen und deren Wahrnehmungsorgane sogar noch mehr ausscheiden, als es unsere bereits tun. Sonst wäre es nicht leicht, die Menge an Anregungen abzuschätzen, auf die wir nicht ansprechen.

Das überzeugendste Beispiel dafür liefert uns vielleicht die Untersuchung des Sehsystems des Frosches. Das Froschauge wurde durch Lettvin, Maturana, McCulloch und Pitts am Massachusetts Institute of Technology studiert. Sie haben sich im wesentlichen ebenso wie Huxley dafür interessiert, daß das Wahrnehmungssystem vor allem dazu dient, die Daten zu *reduzieren*.[2]

Sie entwickelten eine Versuchsanordnung, bei der visuelle Stimulation an ein Auge eines unbeweglich gemachten Frosches weitergegeben werden konnte. Der Frosch wurde so plaziert, daß sich sein Auge im Mittelpunkt einer Halbkugel mit 18 cm Radius befand. Kleine Objekte konnten an der Innenseite dieser Halbkugel mit Hilfe von Magneten an verschiedenen Stellen angebracht oder bewegt werden. Die Forscher setzten Mikro-Elektroden in den optischen Nerv des Frosches ein, um zu messen, was, wie sie es nannten, »das Froschauge dem Froschgehirn erzählt« – die elektrischen Impulse, die das Auge zum Hirn sandte. Da das Froschauge in etwa dem unseren ähnelt, hofften diese Forscher, daß die Elektroaufzeichnungen aus dem optischen Nerv die verschiedenen »Botschaften« angeben würden, die vom Auge zum Hirn gelangten. Sie studierten die Beziehung zwischen den verschiedenen elektrischen Mustern und den verschiedenen Objekten, die auf der Halbkugel angeordnet wurden. Es gibt Tausende und Millionen von verschiedenen visuellen Mustern, die man einem Frosch vorführen könnte – Farben, Formen und Bewegungen, die auf vielerlei Art kombiniert sind, die beinahe unbegrenzte Fülle der sichtbaren Welt, der wir uns normalerweise gewahr sind. Aber als man dem Frosch eine große Anzahl verschiedener Gegenstände, Farben und Bewegungen vorführte, beobachtete man ein bemerkenswertes Phänomen: Aus der ganzen Vielzahl an Stimulierungen wurden nur vier verschiedene Arten von »Botschaften« von der Retina zum Gehirn übermittelt. Anders gesagt ist das Froschauge so »verdrahtet«, daß es unabhängig von der Komplexität und feinen Verschiedenartigkeiten der Umgebung nur diese äußerst begrenzte Anzahl unterschiedlicher Botschaften weitergibt. Das Froschauge ist offenbar so entwickelt, daß es die Überbleibsel der Gesamtinformation unterscheidet. Die Struktur seines Auges beschränkt das Wahrnehmungsvermögen des Frosches auf nur vier verschiedene Sehvorgänge. Lettvin und die anderen Forscher nannten die vier verschiedenen Sehbereiche: Anzeige anhaltender Kontraste; Anzeige beweglicher Ränder; Anzeige von »Netzverdunkelung« und Anzeige von »Netzkonvexität«.

Der erste Sehbereich liefert den allgemeinen Umriß der Umgebung; der zweite scheint die Reaktion auf sich plötzlich bewegende Schatten, wie den eines Raubvogels, zu steigern; der dritte reagiert auf plötzliche Lichtabnahme, was dem Angriff eines großen Feindes entspricht. Dies sind Systeme, die vermutlich entwickelt wurden, um Informationen zu abstrahieren, die mit dem Überleben zusammenhängen, und die anderen in der Weise, wie sie Huxley beschreibt, auszuscheiden.

Die vierte Art von »Botschaft«, die durch die Anzeige der Netzkonvexität übermittelt wird, ist jene, die am offensichtlichsten mit dem Überleben zusammenhängt, und sie ist von allen die interessanteste. Die Netzkonvexität-Anzeiger reagieren nicht auf allgemeinen Lichtwechsel oder auf Kontraste; sie reagieren nur, wenn kleine dunkle Objekte in das Blickfeld eintreten, wenn sich diese Objekte in der Nähe bewegen und vor dem Auge hin- und hertanzen. Es ist somit ganz klar, wie der Frosch zu seiner Nahrung kommt und wie er selbst mit seinem begrenzten Sehsystem Fliegen vor sich erkennen kann. Der Frosch hat sein eigenes Subsystem entwickelt, das so verdrahtet ist, daß es alle Informationen außer jener über Fliegen in der Nähe ignoriert – ein äußerst spezialisiertes »Fliegenwahrnehmungs«-Subsystem.

Auf diese Weise extrahiert der Frosch aus der Komplexität und dem Reichtum der Information, die seinem Auge dargeboten werden, nur Abbilder mit vier Dimensionen. Höherentwickelte Tiere zeigen ähnliche Prozesse, jedoch auf einer wesentlich komplizierteren Ebene. Diese Art dimensionaler Analyse wurde von David Hubel und Torsten Weisel von der Harvard University und durch viele andere Forscher, die entdeckt haben, daß verschiedene Hirnzellen auf verschiedene Stimulierungsarten ansprechen, auf Katzen und Affen ausgedehnt. Sie fanden heraus, daß gewisse Zellen Ecken und Ränder ausmachen, andere wiederum auf Bewegungen auf der Retina ansprechen usw. Obgleich das Sinnessystem im allgemeinen anhand des Sehens studiert wurde, da aus diesem Bereich am leichtesten aufgezeichnet und am leichtesten bestimmt werden kann, um welche Dimension es sich handelt, kann man annehmen, daß andere Sinnesmodalitäten die gleiche Art der Beziehung aufweisen würden.

Sinnessysteme reduzieren durch die Art und Weise, wie sie »entworfen« sind, die Menge an nutzloser und belangloser Information. Wir können darum sagen, daß es Funktion unserer Wahrnehmungs- und Sinnessysteme ist, nicht nur Information zu sammeln, sondern sie *auszuwählen* und auszuscheiden.

Betrachten wir kompliziertere Organismen, stellen wir fest, daß ihre Kapazität zur »Neueinstimmung« ihrer Sinnessysteme zunimmt. Stellt man die sichtbare Welt des Goldfisches auf den Kopf, indem man durch einen chirurgischen Eingriff seine Augen umdreht, kann er sich nicht auf die neue Situation einstellen und schwimmt ständig im Kreis, bis er tot ist oder ein freundlicher Chirurg seine Augen wieder in Ordnung bringt. Wird das Sichtfeld eines Menschen mit Hilfe von Umkehrlinsen auf den Kopf gestellt, ist er innerhalb weniger Wochen in der Lage, schwierige Betätigungen, wie z. B. Fahrradfahren in der Stadt, durchzuführen. Wenn wir die bekannte Maschinenanalogie anführen, entspricht das Sinnessystem einiger Tiere festverdrahteter Maschinen. In einer Mausefalle oder einem Bleistiftspitzer oder selbst in einem Telefon oder Kraftwagen einen Teil zu verändern bedeutet, alles übrige durcheinander zu bringen, da keine eingebaute Anlage zur Selbstveränderung vorhanden ist. Betrachten wir weiterentwickelte Tiere bis hin zum Menschen, ähnelt ihr Nervensystem immer mehr computerähnlichen Maschinen, und zwar solchen, die in der Lage sind, das Verhältnis zwischen Eingabe und Ausführung durch eine Veränderung des »Programms« zu beeinflussen. Die höheren Säugetiere kann man als Maschinen ansehen, die sich entsprechend den Veränderungen der Außenwelt »neu einstimmen« können. Das heißt natürlich nicht, daß ihre Anpassungsfähigkeit unbegrenzt ist. Selbst der ausgearbeitetste Computer hat seine physischen Grenzen. Wie sehr er auch sein Programm verändern mag, wird er doch nicht in der Lage sein zu fliegen. Aber ebenso wie wir kann er sich innerhalb der Grenzen seiner eigenen Struktur verändern.

Es ist einfach, diese computerähnliche, höherentwickelte Selektivität und Einstimmung darzustellen. Auf einer Party oder bei einer anderen Gelegenheit, wo viele verschiedene Menschen gleichzeitig sprechen, schließen wir unsere Augen und hören nur einer Person zu, dann blenden wir diese Person aus und hören jemand anderem zu. Wir sind in der Lage, einer Person zuzuhören und das Gehörte zu unterdrücken, um jemand anderem zuzuhören, den wir zuvor ignoriert haben. Es ist sehr einfach. Eigentlich sollten wir darüber nicht erstaunt sein, da wir uns laufend entsprechend unserer Bedürfnisse und Erwartungen einstimmen, nur sind wir uns dessen gewöhnlich nicht bewußt. Wenn wir im Sommer schwitzen, schmecken uns Mahlzeiten, die salziger sind als normalerweise. Wir denken nicht bewußt daran, daß wir Salz brauchen und darum mit unseren Mahlzeiten mehr davon zu uns nehmen sollten; wir *mögen einfach* Lebensmittel, die wir sonst als versalzen empfinden würden. Das Zeichen im Zentrum von Abb. 2 kann entweder als Zahl oder als Buchstabe gelesen werden, entsprechend dem Zusammenhang, der die Art und Weise unserer Einstimmung festlegt.

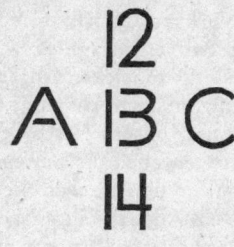

Abb. 2

Einige Beispiele aus unserem Alltagsleben zeigen uns, wie wir entsprechend unseren Bedürfnissen mehr auf bestimmte Teile unserer Umgebung ansprechen. Sind wir hungrig, entdecken wir mehr Gaststätten, riechen mehr Düfte als zu anderen Zeiten, wenn wir satt sind. Warten wir auf jemanden, fällt uns sogleich jeder auf, der dieser Person ähnelt, der die gleiche Haarfarbe hat, die gleiche allgemeine Erscheinung, die gleichen Kleider oder weil er durch jene Tür kommt, durch die auch die erwartete Person kommen soll. Interessieren wir uns für das andere Geschlecht, nehmen wir es ganz anders wahr. Geht nach einer Mahlzeit unser Bedürfnis nach Nahrung zurück, erscheinen auch Lebensmittel weniger anziehend. Wir sind ständig in der Lage, unser Wahrnehmungsvermögen, zumindest teilweise entsprechend unseren Absichten, neu zusammenzustellen und neu zu programmieren.

Viele Psychologen unserer Zeit haben diese »Einstimmbarkeit« untersucht. Einige haben ein »Tachistoskop« verwendet, ein Vorführgerät, mit dem man Figuren, Objekte und Bilder für kurze, meßbare Augenblicke zeigen kann. Eine interessante Versuchsreihe, die mit Hilfe des Tachistoskops durchgeführt wurde, zeigte, daß wir vertraute Gegenstände oder Worte schneller erkennen als ungewohnte. Unsere früheren Erfahrungen können die Verarbeitung von Informationseingaben so lenken, daß wir in der Lage sind, aus einer geringen Eingabemenge ein vollständiges Bild aufzubauen. Ein zusammenhängender Satz ist bespielsweise viel leichter zu erkennen und im Gedächtnis zu behalten als eine willkürliche Wortkombination. Auch hier stimmt uns die vergangene Erfahrung so ein, daß wir eine gewisse Vorstellung davon haben, was folgen wird, und wir darum wesentlich weniger Informationen brauchen, um uns ein Bild zu machen. Jerome Bruner nennt dies »über die gegebene Information hinausgehen«.[3]

Eine Hauptmethode, unser Wahrnehmungsvermögen auszuprägen, besteht darin, die konstanten Faktoren unserer Umgebung auszublenden. Solange wir etwas Neues, wie z. B. Schi fahren erlernen, sind wir uns der komplexen Anpassungsvorgänge und Körperbewegungen einigermaßen schmerzlich bewußt. Wenn wir uns weiterentwickeln und unsere Geschicklichkeit zunehmend »automatisch« wird, treten auch die Bewegungsvorgänge nicht mehr in unser Bewußtsein ein. Denken Sie daran, als Sie zum erstenmal versuchten, ein Auto zu fahren, besonders wenn es ein Wagen ohne automatisches Getriebe war, wie Sie sich damals fühlten und wie es jetzt ist, wo Sie Autofahren können. Wenn wir das erste Mal zur Arbeit fahren, erscheint uns alles völlig neu und interessant – ein rotes Haus, ein großer Baum, selbst die Straße – aber wenn wir immer wieder die gleiche Strecke fahren, »gewöhnen« wir uns an alles. Wir »hören auf«, die Bäume, Brücken und Ecken etc. zu sehen. Wir reagieren auf sie »automatisch«. Wenn wir einen Raum betreten, in dem ein Ventilator summt, hören wir für einige Sekunden das Geräusch, und dann scheinen wir es nicht mehr wahrzunehmen.

Viele Hersteller von Verbrauchsgütern, die wir uns kaufen, stellen sich darauf ein, daß wir ständig neue Anregungen brauchen, daß wir uns auf die alten Dinge einstellen und sie ausblenden. Kaufen wir uns eine neue Schallplatte, spielen wir sie für einige Zeit immer wieder und lassen sie dann ungespielt im Schrank. Wir langweilen uns, die Schallplatte scheint nicht mehr »neu« zu sein, sie ist aus unserem Wahrnehmungskreis getreten – auf »automatisch« abgestellt. Die meisten Markenartikel werden in Abständen leicht verändert (Kraftwagen zum Beispiel), damit wir sie wieder »sehen« und sie vermutlich kaufen.

Der psychologische und physiologische Begriff für diese Erscheinung heißt »Habituation«. In diesem Fall »antwortet« eine der physiologischen Komponenten der »orientierenden Reaktion« auf neue Stimuli, der Reaktion, die das Aufzeichnen der Eingabe (Input) durch uns beinhaltet. Physiologisch drückt sich diese Reaktion im EEG, den Herzschlägen und dem Hautwiderstand aus. Angenommen, wir messen beispielsweise den Hautwiderstand und lassen alle fünf Sekunden ein Klickgeräusch ertönen. Das erste Klickgeräusch wird starke Abnahme des Hautwiderstandes hervorrufen. Beim zweiten Mal wird die Veränderung des Hautwiderstandes geringer sein, noch geringer beim dritten Mal, bis schließlich, je nachdem, welche Parameter bei dem Versuch verwendet werden, keine Veränderung im Hautwiderstand mehr angezeigt wird. Die Reaktion der Haut auf diesen Anreiz hat sich »habituiert«. Wenn wir, nachdem wir einige Zeit das Ticken einer Uhr hörten, das Geräusch »ausblenden«, reagieren wir nicht mehr auf die registrierende oder »orientierende« Weise. Es handelt sich dabei nicht nur darum, daß einfach die Reizschwelle angehoben und dadurch das Ticken nicht mehr wahrgenommen wird. Unser Computer kann sich auf viel subtilere Weise einstimmen. Sicherlich werden wir wieder hören, sobald das Ticken lauter wird; aber die orientierende Reaktion, und damit das Hören, wird auch wiederkehren, wenn das Ticken *leiser* ist. Verändern wir den Abstand zwischen den einzelnen Tickgeräuschen – wenn das Ticken etwas später oder auch nur ein wenig früher als erwartet eintritt –, nehmen wir sie wieder wahr, und die orientierende Reaktion stellt sich wieder ein.

Karl Pribram weist auf ein anderes Beispiel für dieses Phänomen hin, das er »Bowery El«-Effekt nennt. In New York führte früher eine Hochbahn entlang der Third Avenue. Jede Nacht fuhr zu einer bestimmten Zeit ein lauter Zug vorbei. Diese Bahnlinie wurde mit interessanten Nachwirkungen vor einiger Zeit niedergerissen. Leute, die in der Nachbarschaft wohnten, riefen die Polizei an und wiesen auf »seltsame Ereignisse« während der Nacht hin – Geräusche, Diebe, Einbrecher etc. Man fand heraus, daß diese Anrufe etwa um den Zeitpunkt stattfanden, als früher der Zug vorbeifuhr. Was diese Leute »hörten«, war natürlich das *Fehlen* des vertrauten Zuggeräusches. Eine ähnliche, wenngleich simplere Erfahrung machen wir, wenn ein anhaltender Lärm plötzlich aufhört.[4]

Blicken wir das gleiche Objekt immer wieder an, fangen wir auch an, es immer wieder auf die gleiche Weise zu sehen. Ebenso verfahren wir mit den Konstanten unserer Welt, unserer gewohnten Umgebung – dem Bild in unserem Haus, der Strecke, die wir jeden Tag zurücklegen usw. Charles Furst hat untersucht, wie sich das wiederholte Betrachten eines Bildes auf die Art und Weise des Sehens auswirkt.[5] Er fand heraus, daß unsere Augenbewegungen immer stereotyper werden, je länger die gleiche optische Anregung geboten wird. Wenn wir ein neues Bild erblicken, neigen unsere

Augen dazu, es auf eine neue Art und Weise »abzutasten«, aber wenn wir es immer wieder, wie die Zimmer unseres Hauses, zu sehen bekommen, beginnen wir auf die immer gleiche Art auf die gleichen Stellen zu blicken und alles übrige zu ignorieren oder auszublenden. Der »Bowery El«-Effekt, der »Furst«-Effekt und die noch genaueren Habituierungs-Studien legen nahe, daß wir die Wiederholungen der Welt ausblenden, indem wir innerhalb unseres Nervensystems ein »Modell« der Außenwelt errichten und die Eingaben damit vergleichen.[6] Irgendwie sind wir in der Lage, die Konzeptionen oder Modelle der Außenwelt zu programmieren und zu überarbeiten oder neu zu programmieren. Stimmen die Eingabe und unser Modell überein, was bei den Konstanten der Welt meistens der Fall ist, werden wir uns der Eingabe nicht bewußt. Ist aber irgendeine Abweichung vorhanden, ist die neue Eingabe *nur ein wenig* anders, langsamer, weicher, lauter, von anderer Gestalt, Farbe oder gar nicht vorhanden, werden wir uns dieser besonderen Eingabe wieder bewußt. Diese »Programmierung« stellt eine zusätzliche Reduzierröhre zu der fixierten Reduzierröhre unserer Sinne dar.

Die vielleicht klarste und hervorstechendste Tendenz auf dem Gebiet der Wahrnehmungspsychologie- und physiologie bildete in den letzten Jahren unser zunehmendes Verstehen der sich selbst beeinflussenden und konstruktiven Natur unserer »gewöhnlichen« Wahrnehmungsweise. Einer der maßgebenden Forscher auf diesem Gebiet, Jerome Bruner, weist darauf hin, daß Wahrnehmung Vorgänge der Kategorisierung umfaßt.[7] In dem Maße wie wir Erfahrung im Umgang mit der Welt sammeln, versuchen wir zunehmend einen zusammenhängenden »Sinn« aus der Informationsmasse zu entnehmen, die auf unsere Wahrnehmungsorgane zukommt. Wir entwickeln stereotype Systeme oder Kategorien, um die Eingaben, die uns erreichen, zu klassifizieren. Die Kategorienanzahl, die wir entwickeln, ist geringer, ja sogar um vieles geringer als die Fülle der Eingaben. Einfache Kategorien können »gerade«, »rot« oder »Tier« lauten. Komplexere Kategorien wären »englisch«, »rechteckig« oder »davor«. Bei sozialen Situationen können die Kategorien aus Wesensmerkmalen bestehen. Wenn wir jemanden als »aggressiv« einstufen, neigen wir in der Folge ständig dazu, all seine Aktionen in diese besondere Kategorie einzuordnen. Wesensmerkmale scheinen hauptsächlich im Kategoriensystem des Wahrnehmenden zu existieren.[8]

Unsere frühere Erfahrung mit Gegenständen verstärkt unser Kategoriensystem. Wir erwarten, daß Autos bestimmte Geräusche

von sich geben, daß Verkehrsampeln bestimmte Farben, Lebensmittel einen bestimmten Geruch haben und gewisse Leute gewisse
Dinge sagen. Was wir aber nach Ansicht Bruners und anderer
tatsächlich erfahren, ist die *Kategorie*, die durch eine bestimmte
Anregung hervorgerufen wird, und *nicht* das Ereignis in der Außenwelt.

Bruner und seine Mitarbeiter studierten ausführlich, wie das
Kategoriensystem auf die Wahrnehmung wirkt. In seiner Abhand-
lung ›On Perceptual Readiness‹ schlägt er vor, daß »korrekte«
Wahrnehmung

> . . . nicht so sehr eine Frage der Repräsentation (ist) als eine Frage der
> Modellbildung, wie ich es nenne. Indem wir lernen wahrzunehmen,
> lernen wir die Beziehung zwischen den Merkmalen und Ereignissen
> kennen, auf die wir stoßen, und erlernen entsprechende Kategorien und
> Kategoriensysteme. *Wir lernen vorauszusagen und zu planen, was
> womit zusammenpaßt.* Dafür ein einfaches Beispiel. Für einen tachisto-
> skopischen Erkennungsvorgang gebe ich zwei sinnlose Wörter, eins
> davon ist eine Null-Ordnungs-Annäherung an ein englisches Wort, das
> nach Shannons Regeln gebildet wurde, das andere eine Vierer-Ord-
> nungs-Annäherung, W-R-U-L-P-Z-O-C und V-E-R-N-L-A-T. Bei 500 ms
> Betrachtungszeit erkennt man in der richtigen Reihenfolge etwa
> 48 % der Buchstaben des Null-Ordnungs-Wortes und etwa 93 % der
> Buchstaben des Vierer-Ordnungs-Wortes ; . . . der Wahrnehmungsun-
> terschied ist auf die Tatsache zurückzuführen, daß man die traditionelle
> Weise der Wahrscheinlichkeit lernt, was sich womit in der englischen
> Schreibweise verbindet.[9]

Bruner, Postman und Rodrigues versuchten die Auswirkungen
unserer gut eingelernten Kategorien auf den Wahrnehmungsinhalt
darzustellen.[10] Sie verwendeten gewöhnliche Spielkarten, die den
meisten Menschen unseres Kulturkreises bekannt sind. Unsere
frühere Erfahrung mit Spielkarten ruft Kategorien hervor, nach
denen die Farben und Formen der Spielkarten fallen »sollen«. Wir
erwarten, daß Formen wie ♣ und ♠ schwarz, ♦ und ♥ rot
sind.

Versuchspersonen schauten sich die Karten einzeln an. Einige
der Karten waren »anormal«, sie hatten entsprechend der Formen
»falsche« Farben – ein rotes Kreuz, ein schwarzes Karo usw. Die
Versuchspersonen neigten dazu, die fehlfarbigen Karten nicht als
anormal zu erkennen, sie »korrigierten« also die Abbildung. Sie
würden beispielsweise ein rotes Pik-As ♠ als Herz ♥ sehen. Erst
wenn man den Versuchspersonen ausdrücklich mitteilte, daß sich
in diesem Fall die Farben nicht notwendigerweise mit den gewohnten Formen verbinden, wurden die anormalen Karten
erkannt. Die wesentliche Aussage dieser und anderer interessanter

Demonstrationen, die von Bruner durchgeführt wurden, ist, daß wir bestimmte Zusammenhänge zwischen Gegenstand, Farbe und Form erwarten und uns so einstellen, daß wir sie sehen. Herausgeber von Zeitungen haben oft festgestellt, daß viele typographische Fehler unbemerkt bleiben. Der Leser »korrigiert« in sich selbst, indem er einfach die Kategorie »richtiges Deutsch« abruft.

Etwa gleichzeitig mit Bruners Studien über die Wirkungen der Kategorien erforschte eine andere Psychologengruppe unter Leitung von Adelbert Ames eine ähnliche Anschauung bezüglich der Natur der Wahrnehmung. Ames charakterisierte die Natur gewöhnlicher Wahrnehmung als »Transaktion« zwischen Wahrnehmendem und der Umgebung. Trotz des Überflusses an Information, die unseren Sinnesorganen jederzeit zur Verfügung steht, fehlt es oft an *passender* Information. Wir können beispielsweise Dreidimensionalität nicht direkt bestimmen. Wir können nicht sagen, ob ein Raum »wirklich« rechteckig ist oder nicht oder ob irgendein Stuhl physisch näher als andere ist, da wir keinen unmittelbaren Entfernungssinn besitzen. Es gibt jedoch sichtbare Dimensionen, die sich für gewöhnlich mit den Entfernungen der Gegenstände verbinden. Wenn wir eine konstante Größe annehmen, ist ein Bild, das uns größer erscheint, näher bei uns. Wenn wir darum versuchen, die Nähe festzustellen, »wetten« wir, daß sich das größere Objekt am nächsten befindet. Dies wiederum ist keine bewußte Korrektur. Wir *erfahren direkt*, daß das größere Objekt näher ist. Die Ames-Gruppe begann die Natur der Wetten aufzuzeigen, die wir mit unserer Umgebung eingehen.[11]

Indem wir, wie es Helmbolz nennt, unsere »unbewußten Schlußfolgerungen« manipulieren, können wir der Wetten oder, wie Bruner sagt, der »Kategorien« gewahr werden, die unsere Wahrnehmung bilden. Hier noch ein weiteres Beispiel: Wenn wir normalerweise die Strichzeichnung eines Raumes wie in Abb. 3 sehen, nehmen wir an, daß er, von oben gesehen, wie in Abb. 4 rechteckig ist. Aber ein Rechteck ist nur eine der vielen möglichen Formen, die man aus der zweidimensionalen Zeichnung ableiten kann. Eine Seite kann überhaupt nicht parallel mit der anderen sein. Die Draufsicht könnte wie eine der Zeichnungen in Abb. 5 aussehen oder irgendeine andere von vielen Formen haben. Wir nehmen an, daß der Raum rechteckig ist, weil beinahe alle Räume, die wir kennen, rechteckig sind. Ist jedoch der Raum tatsächlich nicht rechteckig, veranlaßt uns diese Annahme dazu, Gegenstände oder Menschen, die sich in diesem Raum befinden, auf sehr merkwürdige Weise zu »sehen«. (Siehe Abb. 6.)

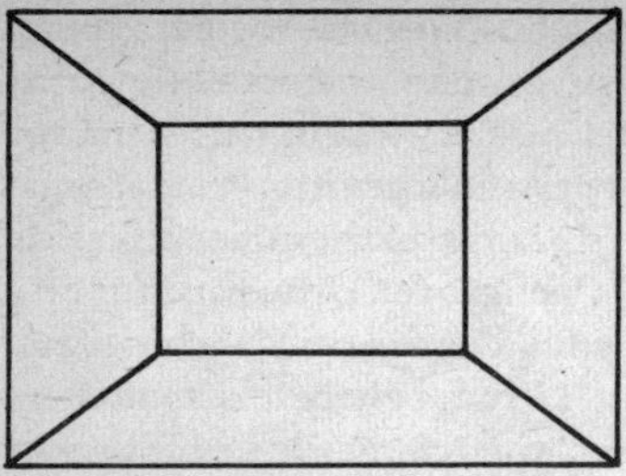

Abb. 3

Abb. 5

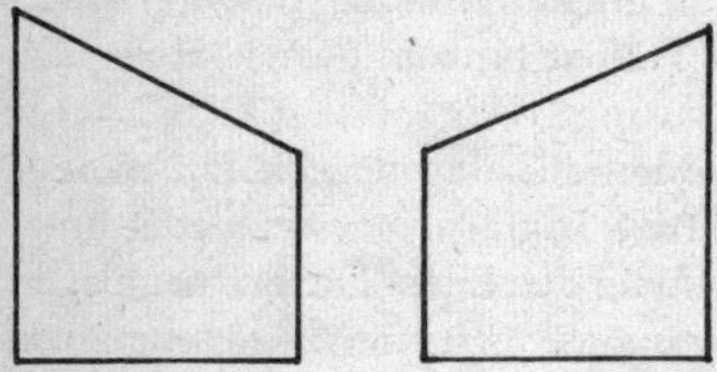

Abb. 4

Abb. 6: Der verzerrte Raum

George Kelly folgte einem ähnlichen Weg der Nachforschung, der sich mehr mit der Psychologie gewöhnlicher Erfahrung und klinischer Psychologie beschäftigt. Seiner Ansicht nach *erschafft* sich jeder Mensch mit Hilfe seiner »persönlichen Konstrukte« seine eigene Welt. Er betrachtete diese »Konstrukte« in dem Sinn als wissenschaftliche Hypothese, als sie auf der Grundlage unserer vergangenen Erfahrung gebildet und so lange wie möglich auf neue Erfahrungen angewendet werden. Darum besteht unsere Welterfahrung für Kelly aus unseren Konstrukten, so wie sie für Bruner aus Kategorien und für die Ames-Gruppe aus Transaktionen besteht. Kelly war ein Psychotherapeut, und seine Therapie gründete sich auf der Annahme, daß ein großer Teil der Probleme des Patienten auf dessen ungenügende Konstruktion der Situation zurückzuführen ist. Die Behandlung umfaßte die »Beschreibung« neuer Konstruktionen, die der Patient für sein Leben verwenden kann.[12]

In dieser Richtung gibt es Studien aus jüngster Zeit. Dr. Edward Sadalla und ich versuchten die Auswirkungen verschiedener Konstrukte auf die Erfahrung der Dauer zu testen. Die Erfahrung der Dauer, der Zeitverlängerungen und -verkürzungen scheint mit der Informationsmenge zusammenzuhängen, an die wir uns entsprechend einer bestimmten Situation »erinnern«. Wir versuchten, die Informationsmenge zu verändern, die ein Mensch in einer konstanten Situation erwarten würde. Wir machten einen Film von einem modernen Tänzer, der hintereinander verschiedene Bewegungen vorführte. Diese Bewegungen erschienen den meisten Menschen, außer modernen Tänzern, ziemlich abstrakt, so daß die Interpretation leicht verändert werden konnte. Wir bildeten eine Gruppe dahingehend aus, daß sie den Tanz in zwei Segmente oder Konstrukte aufschlüsselte, eine andere, die ihn in sechs, und eine weitere, die ihn in elf Segmente aufteilte. Jene, die trainiert wurden, elf Segmente (Abläufe) zu entschlüsseln, erlebten den Tanz als viel länger als jene, die sechs Segmente entschlüsselten, die wiederum den Tanz als länger erlebten wie jene, die nur zwei Segmente entschlüsselten.[13]

In einer späteren Studie hat Sadalla aufgezeigt, daß Ausbildung zum Entschlüsseln verschiedener Konstruktionen eine grundlegende Auswirkung auf das Erkennen verschiedener individueller Bestandteile des Tanzes hat.[14] Albert Hastorf und Hadley Cantril aus der Ames-Gruppe untersuchten eine noch komplexere Wirkung. Es steht fest, daß wir uns entsprechend unserer Bedürfnisse und unserer Vorstellung vergangener Erfahrung und sogar entsprechend unserer Erwartungen bezüglich kommender Ereignisse einstimmen können. Hastorf und Cantril zeigten auf, daß Menschen ihre Wahrnehmung aufgrund recht komplexer Erwartungen »einstimmen« – indem sie beispielsweise »für« eine Fußballmannschaft sind. Die Wahrnehmung der gleichen Ereignisse (ein Fußballspiel, ein Gespräch) kann bei verschiedenen Leuten ganz verschieden ausfallen, je nachdem wie diese sehr allgemeinen Faktoren aussehen, welche die Art und Weise, wie man eine gegebene Folge von Ereignissen erfährt, völlig verändern können.

Da wir uns auf der Grundlage unseres Kategoriensystems einstimmen können, muß es auch physiologische Mechanismen geben, die uns die Einstimmung unserer Wahrnehmung erlauben. Pribram und Spinelli haben versucht, die Analogien zu diesem Vorgang auf der physiologischen Ebene aufzuzeigen.[15] Sie machten Aufzeichnungen aus dem vorderen Hirnbereich, während sie andere Gebiete stimulierten, und zeigten, daß sich das Verhaltensmuster der Empfängerteile gegenüber von außen kommenden Anregungen durch das Gehirn verändern läßt. Die Art und Weise, wie Stimuli selbst an äußersten Enden wie etwa der Retina empfangen werden, ist von Augenblick zu Augenblick »umprogrammierbar«, was sich physiologisch nachweisen läßt. Diese und andere Experimente zeigen, daß das Ausgabe-(output) System des Gehirns (Efferenz) die Eingabe (Afferenz) beeinflußt, das Gehirn »wählt seine Eingabe (input)«.

Untersuchungen über den aktiven Zusammenhang zwischen Gehirn-Output und den Wahrnehmungsinhalten bildeten in jüngster Zeit eine Hauptrichtung auf dem Gebiet der Wahrnehmungspsychophysiologie. Die Arbeiten von Bruner, den Transaktionisten und von Kelly weisen diesen aktiven Zusammenhang auf einer psychologischen Ebene nach; die Arbeiten von Pribram und Spinelli auf der physiologischen Ebene. Einige Forscher haben sich ausdrücklich mit dem Zusammenhang zwischen Eingabeverarbeitung (input-processing) und dem Ausgabesystem (output-system) des Gehirns bei der Bestimmung der Wahrnehmung beschäftigt. Ein Versuch, den wir selbst machen können, besteht darin, ein Auge zu schließen und das andere Auge mit dem Finger anzutupsen. Die sichtbare Welt scheint leicht zu »hupfen«, sie erscheint nicht mehr kontinuierlich. Streifen wir aber mit unserem Blick in der gewohnten Weise über den gleichen Raumausschnitt, scheint die Welt nicht zu springen. Dieser Unterschied ist ein Hinweis dafür, daß wir bei der Zusammenstellung unserer Wahrnehmung auch unsere Eigenbewegungen berücksichtigen und sie mit den Eingabeveränderungen abstimmen müssen. Hätten wir nicht irgendwo eine Aufzeichnung unserer Efferenz, in diesem Fall unserer Augenbewegungen, würde die Welt ständig herumspringen.

Einige Forscher gehen so weit zu sagen, daß das Bewußtsein *ausschließlich* vom Gehirn-Output abhängt, gleichgültig welcher Input einen gegebenen Output aufschlüsselt. Roger Sperry betonte diesen Punkt[16], und nach ihm haben Taylor und Festinger einige experimentelle Beispiele für diese Anschauung geliefert. Ihre Aussage, daß Wahrnehmung ausschließlich vom Output abhängt, steht nicht im Widerspruch zu Bruners Behauptung, daß unsere Wahrnehmung davon abhängt, welche Kategorien aktiviert wurden. Im einen Fall wird man, wenn man »bereit« ist, ein schwarzes Kreuz oder ein rotes Herz zu sehen, wenn ein rotes Pik-As gezeigt wird, eine der beiden Möglichkeiten erblicken, die man sich eingeräumt hat. Im anderen Fall wird man, wenn man »bereit« ist, eine geradlinige Augenbewegung durchzuführen, eine gekrümmte Linie als gerade wahrnehmen.

Wir sind gewohnt zu sagen, daß wir »ein Bild« auf der Retina unseres Auges »sehen«. Genauer gesagt, »sehen« wir nicht wirklich mit unseren Augen, sondern vielmehr mit Hilfe unserer Augen. Man sollte die Augen und andere Sinnesorgane als Auswahlsysteme für Informationen betrachten. Wir können beispielsweise unsere Augen auf verschiedene Arten hereinlegen. Wenn wir sie schließen und auf die Augenlider drücken, »sehen« wir ein weißes Licht, obgleich keine physische Lichtenergie da ist. Wir haben die Zellen der Retina statt mit Hilfe der gewohnten Anregerquelle, der Lichtenergie, durch Druck zum »Feuern« gebracht. Die Zellen in der Retina werden so angeregt und senden Signale zum Hirn. Diese Botschaften der Retina werden vom Gehirn als Licht interpretiert, gleichgültig auf welche Weise sie ausgelöst wurden, und folglich werden wir zum »Sehen« gebracht. Es gibt Zeiten, zu denen wir nicht einmal unsere Augen brauchen, um zu »sehen« – wenn wir zum Beispiel in der Nacht träumen oder im Fall von Halluzinationen. In beiden Fällen dringt keine Lichtenergie in unsere Augen.

Wilder Penfield, ein kanadischer Neurochirurg, demonstrierte den gleichen Punkt.[17] Er führte bei Epileptikern Gehirnbehandlungen durch und verwendete dabei als Teil der Behandlung elektrische Stimulierung verschiedener Gehirnbereiche. Seine Patienten berichteten wiederholt von bewußten Erfahrungen, ohne daß ein Input vorhanden war. Außerdem führt die Stimulierung des Sehzentrums im Gehirn normalerweise zu Sichterfahrungen. Wir können darum verstehen, daß der Sehvorgang nicht *in* unseren

Augen, sondern vielmehr *mit Hilfe* unserer Augen stattfindet. Er ist ein Vorgang, der im Hirn stattfindet und durch dessen Kategorien und Ausgabe-Systeme bestimmt wird. Sehen ist ein Vorgang, der lediglich durch den Input, der durch unsere Augen kommt, gespeist wird, und unsere Wahrnehmung setzt sich aus dieser Eingabe und unserer vergangenen Erfahrung zusammen.[18]

Auch bewegen sich unsere Augen ständig, und zwar in großen, umfassenden Bewegungsvorgängen (Sakkaden), ebenso wie in leichtem Zittern (Nystagmus). Wir blinzeln jeden Augenblick, bewegen unsere Augen, unseren Kopf, unseren Körper und folgen beweglichen Objekten. Die Ansicht eines Gegenstandes ist nie gleichbleibend, und selbst die empfangenden Abschnitte auf dem Augenhintergrund wechseln ständig. Wir können beispielsweise um ein Pferd herumgehen und sehen immer das gleiche Pferd, obgleich sich der Blickwinkel ständig verändert – wir sehen einmal den Schweif, den Rücken, die Seitenansicht, eine Schrägansicht oder den Kopf. Würden wir wirklich ein »Bild« auf unserer Retina »sehen«, wäre die sichtbare Welt in jedem Augenblick anders. Statt dessen *konstruieren* wir unsere Wahrnehmung aus der Eingabeauswahl, die wiederum in Kategorien aufgeteilt ist, und erreichen auf diese Weise eine einigermaßen stabile Wahrnehmung trotz des reichhaltigen und ständig wechselnden Informationsflusses, der unsere Wahrnehmungsorgane fortlaufend erreicht.

Wir könnten kurz einige der allgemeinen Wesenszüge unseres Wahrnehmungsvermögens aufzeigen. Unsere Sinne erhalten Information aus der Außenwelt, sind aber zum größten Teil so gebaut, daß sie weite Bereiche der sich ständig verändernden Stimulierung, die auf sie eindringen, ausschließen. Auch besitzen wir die Fähigkeit, unsere Wahrnehmungsinformationen durch »Umprogrammierung« zu modifizieren und noch mehr einzuschränken. Das Hirn wählt Eingaben aus und modifiziert sie. Wir errichten »Modelle« oder Darstellungen der Welt aufgrund unserer vergangenen Erfahrung. Deshalb können wir unsere Wahrnehmung entsprechend vergangener Erfahrungen, Erwartungen und Bedürfnisse einstimmen. Wir verwenden diese Fähigkeit, um die Konstanten der Welt »auszublenden« – das Ticken der Uhr, der gewohnte Weg zur Arbeit, das Wohnzimmer, die alte Schallplatte. Unsere Erfahrung stellt darum einen interaktiven Vorgang zwischen Außenwelt und dem ständig überarbeiteten Modell unserer Kategorien dar. Wir können Eingaben auswählen, uns auf passende Eingaben einstellen, kategorisieren und schließlich unsere Wahrnehmung aus diesen und aus unseren vergangenen Erfahrungen, Assoziationen, Gedanken und Gefühlsverfassungen zusammensetzen.

Ähnliche Analysen normaler Wahrnehmung findet man in der Literatur. Lawrence Durrells vier Kurzgeschichten des *Alexandria Quartet* beleuchten den interaktiven Aspekt der Wahrnehmung. Durrell untersucht, wie sich die gleiche Serie von Ereignissen verschiedenen Leuten darstellt. Durrell ebenso wie Kelly erscheint es nicht wichtig, was tatsächlich geschehen ist, sondern was man meint, daß geschehen sei. Die Welt von Durrells Kurzgeschichten spiegelt die Fülle und Vielfalt des Lebens an sich wider.

Zeitgenössische Arbeiten akademischer Psychologie in Amerika arbeiten das Verständnis des konstruktiven Vorgangs normaler Wahrnehmung heraus. Eine Dimension, die jedoch in der gegenwärtigen Charakterisierung fehlt, ist eine Analyse des kontinuierlichen Wahrnehmungsstromes. Die bisher zitierten Autoren stellen uns eine ganze Reihe nützlicher Metaphern für die Bild-für-Bild-Komponenten der Wahrnehmung zur Verfügung, aber dies ist eine Analyse in Segmenten. Zweifellos stellt unsere Wahrnehmung in jedem Augenblick eine Konstruktion dar, die sich auf vergangene Erfahrung gründet, aber eine allgemeinere Charakterisierung der Kontinuität unserer Wahrnehmung ist nötig. Eine treffendere Metapher wurde von William James in *Principles of Psychology* gegeben. Er bezeichnete Wahrnehmung als einen Strom, der ständig fließt, der ständig seine Richtung wechselt. James sagte:

> Bewußtsein sieht sich selbst nicht in kleine Teile aufgespalten. Worte wie Kette oder Zug beschreiben es nicht wirklich so, wie es sich ursprünglich darstellt. Es ist nichts Aneinandergeknüpftes, es fließt, und ein Fluß oder Strom sind die Metaphern, die es auf natürliche Weise bezeichnen. Wenn wir weiterhin davon sprechen, wollen wir es darum Strom der Gedanken, des Bewußtseins oder des subjektiven Lebens nennen.[19]

Unsere Gedanken wandeln sich ständig. Die Wahrnehmung begibt sich von einem Aspekt der Stimuli unserer Umgebung zu einem anderen, zu einem vergangenen Gedanken, einer Körperempfindung, einem Plan, einer Veränderung der externen Stimulierung, und so ständig hin und zurück. Kontinuierlich gräbt sich der Strom sein eigenes Flußbett. James würde der neueren und präzisen Analyse zugestimmt haben, die Wahrnehmung als Vereinfachung und Konstruktion bezeichnet. Er sagte:

> Rückblickend können wir aus dieser Betrachtung entnehmen, daß der Geist auf jeder seiner Stufen ein Schauplatz gleichzeitig ablaufender Möglichkeiten ist. Bewußtsein besteht daraus, diese Möglichkeiten durch

die verstärkende und hemmende Beihilfe der Aufmerksamkeit miteinander zu vergleichen, einige auszuwählen und andere, die übrigbleiben, zu unterdrücken. Die höchsten und wesentlichsten mentalen Ergebnisse werden aus den Daten der vorhergehenden Stufe ausgewählt, deren Masse aus einer wiederum tiefer liegenden Stufe stammt, die abermals eine Auswahl aus einer noch größeren und einfacheren Menge ist usw. Der Geist bearbeitet kurzum die Daten, die er erhält, ähnlich wie ein Bildhauer seinen Stein bearbeitet. In einem gewissen Sinn stand die Statue schon immer da. Aber außer ihr standen auch tausend andere da. Es ist allein das Verdienst des Bildhauers, daß er diese aus den übrigen herausgehoben hat. Ebenso ist die Welt von jedem von uns, unabhängig von unseren verschiedenen Sichtweisen, in das ursprüngliche Chaos der Empfindungen eingebettet, das den Gedanken von jedem von uns gleicherweise die Substanz lieferte. Wenn wir wollen, können wir mit Hilfe unseres Verstandes die Entfaltung zurückverfolgen zu dieser schwarzen, zusammenhanglosen Kontinuität aus Raum und treibenden Wolken, gebildet aus Atomschwärmen, die für die Wissenschaft die einzige reale Welt ist. Aber gleichzeitig wird die Welt, in der wir fühlen und leben, jene sein, die unsere Vorfahren und wir wie Bildhauer durch allmählich ausgeprägter werdende Auswahl aus diesem Ursprung hervorgebracht haben, indem wir einfach bestimmte Teile des Ausgangsmaterials verworfen haben. Andere Bildhauer, andere Statuen, aber der gleiche Stein! Andere Geister, andere Welten, aber entstanden aus dem gleichen monotonen, ausdruckslosen Chaos! Meine Welt ist nur eine von Millionen, die ebenso wie alle anderen im Ganzen eingebettet und real ist für jene, die sie herausabstrahieren wollen. Wie unterschiedlich muß die Welt im Bewußtsein von Ameisen, Tintenfischen oder Krabben aussehen![20]

Eine ähnliche Charakterisierung der Wahrnehmung liefert der indische Yogi Vivekananda. Er vergleicht, etwas negativer ausgedrückt, die gewöhnliche Wahrnehmung mit einem »betrunkenen Affen«. Er ruft Wahrnehmungsbilder hervor und treibt willkürlich von einem Gedanken zum anderen – er denkt an Hunger, die Vergangenheit, ein Gegenwartsaspekt leuchtet auf, er denkt an die Zukunft, plant ein Vorhaben –, die ständig wie ein Affe von einer Sache zur anderen springen.

Die esoterischen Traditionen im allgemeinen haben Bewußtsein mit ähnlichen Begriffen wie die moderne Psychologie charakterisiert. Die Sufis sind die klarsten Vorläufer für die Wahrnehmungskonzeptionen moderner Psychologie. Die Lehrgeschichten der Sufis sprechen immer wieder von Menschen, die zu beschäftigt sind, um zu hören, was gesagt wird, oder die die Anweisungen wegen ihren Erwartungen mißverstehen oder nicht sehen, was vor ihnen steht, weil ihre Gedankenkonstruktionen zu beschränkt sind.[21] Die Sufis weisen ausdrücklich auf sich ständig verändernde Neigungen hin, aus denen sich unsere normale Wahrnehmung zusammensetzt. »Wie ein Stück Brot aussieht, hängt davon ab, wie hungrig du bist«, sagt Jallaudin Rumi, ein Sufidichter. Die Sufis berücksichtigen ganz entschieden die Beeinflussung unserer Wahrnehmung durch unser beschränktes Kategoriensystem. Viele Wahrnehmungsbeschreibungen der Sufis könnten eine Aussage von Bruner über das Kategoriensystem oder eine Zusammenfassung von Lettvin über seine Froschforschung sein, wie z. B.: »Gib dem Esel Salat, und er wird dich fragen, was für eine Art Distel das sei.« Sie betonen, daß wir nur das wahrnehmen können, von dem wir meinen, es existiere, und das, was uns die Sinne übermitteln werden.

Die Sufitradition und andere Überlieferungen behaupten, daß der selektive und beschränkte Wesenszug unserer Wahrnehmung ein Hindernis ist, das man überwinden muß, und daß der Meditationsvorgang neben anderen Übungen einen Weg darstellt, die Einschränkungen niederzureißen, die gewöhnlich unsere Wahrnehmung mindern. Die Sufis bezeichnen den Normalzustand des Menschen als »Tiefschlaf« oder »Blindheit«, als Zustand, in dem man mit den irrelevanten Dimensionen der Welt beschäftigt ist. Gurdjieff verwendet das Bild eines Menschen, der Stoßdämpfer zwischen sich und die Welt setzt. »Wir müssen unsere Stoßdämpfer vernichten. Kinder haben sie nicht. Darum müssen wir wie Kinder werden.«[22] Indische Denkweise faßt, wie wir gesehen haben, gewöhnliche Wahrnehmungsweise als »betrunkenen Affen« auf, der ausschließlich in seinen Gedankenkonstruktionen lebt – der Welt der »Illusionen«. Der gleiche Gedanke liegt dem »Sündenfall« der christlichen Tradition zugrunde. Alle diese Sinnbilder können, wenn wir ihre abwertende Bedeutung beiseite lassen, in Begriffen moderner Psychologie als Beschreibung unseres selektiven Gewahrseins verstanden werden, als Beschreibung unseres Modell-Errichtens, unserer Automatik, unseres beschränkten Kategoriensystems.

Ein Ziel der Meditation und, allgemeiner gesagt, der Disziplinen, die Meditation einbeziehen, ist, »Blindheit« oder Illusion zu beseitigen und »aufzuwachen« oder »neu« wahrzunehmen. Erleuchtung ist ein Wort, das oft gebraucht wird, um Fortschritt in der Ausübung dieser Disziplinen zu benennen, einen Durchbruch in die Ebene der Wahrnehmung hinein – bei dem ein dunkler Punkt mit Licht überflutet wird. Indische Tradition spricht vom Öffnen des dritten Auges, wodurch man mehr und von einem neuen Standpunkt sieht. *Satori*, der angestrebte Zustand beim Zen, wird als »Erwachen« verstanden. Die Sufis sprechen davon, ein neues Wahrnehmungsorgan zu entwickeln.

Berichte über die Erfahrungen Meditierender weisen darauf hin, daß eine hauptsächliche Nachwirkung konzentrativer Meditationsübungen aus einem »Öffnen« der Wahrnehmung besteht, aus einer »Deautomatisierung«, wie Deikman es nennt, von der man sagen kann, daß sie eine Minderung der Eingabeverwandlung beinhaltet. Deikmans Versuchspersonen, die während einer Reihe von Treffen jeweils eine halbe Stunde lang auf eine blaue Vase blickten, berichteten, daß die Vase »lebendiger« und »leuchtender« erschien.[23] Deikman zitiert Augustine Poulain, der betont, daß konzentrative Meditation ein Vorgang vorübergehenden Sich-zurückziehens ist, anders gesagt, ein »Blank-Out« oder Abschalten der Wahrnehmung zum Zwecke der Deautomatisierung oder Befreiung von Gewohnheiten.

> In der geheimnisvollen Dunkelheit ist das grenzenlos Gute enthalten. Wir werden bis zu solch einem Grad in etwas eingelassen und durch etwas absorbiert, das Eins ist, einfach, göttlich und unbegrenzbar, daß wir nicht länger davon unterscheidbar sind . . . In dieser Einheit verschwindet das Gefühl der Vielheit. Kommen danach diese Personen wieder zu sich, erfahren sie sich als erfüllt von einem genaueren Wissen über die Dinge, das bei einigen erleuchteter und vollkommener ist als bei anderen.[24]

Manche Leute sprechen davon, daß sie »neu« sehen, wie beim ersten Mal. William Blake meint: »Wären die Tore der Wahrnehmung rein, würde sich dem Menschen alles darstellen, wie es ist – unendlich.« Andere, wie Gurdjieff, gebrauchen eine allgemeinere Metapher und vergleichen ihre Erfahrungen mit denen eines Kindes, von dem man annimmt, daß es noch nicht viele dieser automatischen Abschaltmechanismen entwickelt hat. Ebenso spricht man beim Zen davon, etwas auch beim fünfhundertsten Mal so wie beim ersten Mal zu erblicken.

Alle diese Beschreibungen kann man verstehen und leicht in die genaueren psychologischen Begriffe übersetzen, die von der Errichtung eines Umgebungsmodells sprechen und vom Überprüfen und Auswählen der Eingaben im Vergleich mit dem Modell. Haben wir etwas zum fünfhundertsten Mal gesehen, haben wir auch ein Modell dafür entwickelt und blenden den Input aus.

Diese Bewußtseinscharakterisierung stellt einen Treffpunkt für Konzepte der Gegenwartspsychologie und Sinnbilder der esoterischen Disziplinen dar. Wir sagen vom Menschen, daß er seine Eingaben kontrolliert, Modelle errichtet und »automatisch« auf die Umwelt reagiert. Die esoterischen Traditionen beziehen sich auf diesen Vorgang, wenn sie feststellen, daß der Mensch seine Umgebung ungenügend wahrnimmt, und betrachten diese »Blindheit«

als Hindernis für seine Entwicklung. Die Meditationsübung kann somit als Versuch aufgefaßt werden, die begriffs- und modellbildende Aktivität vorübergehend abzuschalten, alle Eingabe-Verarbeitung für eine gewisse Zeit einzustellen, um für eine gewisse Zeitspanne Abstand von der Außenwelt zu gewinnen.

Ein Ergebnis dieses »Abschaltens« unseres Eingabe-Auswahl-Systems ist, daß wir den gleichen Sinnesimpuls, wenn wir ihn später wieder aktivieren, »neu« oder anders sehen.

Wenn wir unsere gewohnte Umgebung verlassen, um auf Urlaub zu gehen, sind wir uns bei der Rückkehr normalerweise viel mehr der unmittelbaren Umgebung bewußt. Wir spielen viele unserer alten Schallplatten, die wir eine ganze Zeit nicht »gehört« haben. Wir sehen wieder unsere Pflanzen im Garten, die Gemälde an der Wand und unsere Freunde. Wegfahren und wieder zurückkehren scheinen die gleichen Wirkungen auf das Wahrnehmungsvermögen zu haben wie das Erstellen neuer Anregungen (das Phänomen »spontaner Wiederbelebung« bei der Habituation).

Den Meditationsvorgang können wir mit der Urlaubsfahrt gleichsetzen – wir verlassen die Situation, »schalten« unsere gewohnten Verhaltensweisen gegenüber der Umwelt für einige Zeit »ab« und kommen später wieder zurück, um sie »frisch«, »neu«, »andersartig« vorzufinden – unsere Wahrnehmung ist »deautomatisiert«.

Gegenwartspsychologie stellt fest, daß wir uns beinahe jeder neuen Sache leicht anpassen. Neue Technologien, Veränderungen in der Umgebung werden schnell zu einem integrierten Teil unseres Lebens, zum Bestandteil unseres Modells. Genau dieser Vorgang des Modell-Errichtens ist es, der durch die Meditationsübung abgebaut werden soll. Beim Zen ist man aufgefordert, die Konzeptbildung einzustellen, während man gleichzeitig vollständig wach bleibt. Beim Yoga ist das Ziel, die »Illusionen« aufzugeben – aufzuhören, die externe Welt mit unseren Modellen zu identifizieren.

Die drei Hauptüberlieferungen, die wir betrachtet haben, sprechen alle von der Entwicklung eines Wahrnehmungsvermögens, das jeder Anregung erlaubt, in unser Bewußtsein einzutreten, unbehindert durch unseren normalen Auswahlprozeß, frei von normaler Einstimmung und normaler Eingabe-Auswahl, ohne Modell-Errichtung und normale Kategorie-Systeme.

In vielen Traditionen wird die gleiche Metapher verwendet, um den erwünschten Wahrnehmungszustand zu beschreiben. Der Sufi-Dichter Omar Khayyám sagt: »Ich bin ein Spiegel, und wer auf mich blickt, spricht von sich selbst, gleichgültig, welch gute oder schlechte Dinge er sagt.« Der zeitgenössische Zen-Meister Suzuki Roshi sagt: »Der vollkommene Mensch verwendet seinen Geist als Spiegel, er ergreift nichts, er verweigert nichts, er empfängt, aber behält nicht.« Christus sprach in seinem Gebet: »Ein Spiegel bin ich für dich, der du mich erblickest.« Die Metapher des Spiegels paßt gut zu einigen der von Psychologen gebildeten Metaphern. Ein Spiegel erlaubt jeder Eingabe gleicherweise einzutreten, reflektiert jede auf die gleiche Weise und kann nicht eingestimmt werden, um eine besondere Art der Eingabe anzunehmen. Er fügt nichts hinzu und schaltet sich wiederholende Stimuli nicht ab; er konzentriert sich nicht auf irgendeinen besonderen Aspekt der Eingabe und stellt sich in Wechselbeziehung immer wieder neu ein, sondern läßt ständig alle Eingaben gleichermaßen zu.

Diese Metapher führt zu einem weiteren Schluß. Viele der Überlieferungen behaupten, daß sie dem Menschen ermöglichen, die Welt *unmittelbar* zu erfahren. Die Sufis sprechen davon, daß man ein »objektives Bewußtsein« erlangt, andere sprechen vom »kosmischen Bewußtsein«, und oft wird die Aussage gemacht, daß man die Wirklichkeit *unmittelbar* wahrnehmen kann. Ob man »Wirklichkeit« direkt erblicken kann, stellt sich der Wissenschaft noch nicht als Frage, aber trotzdem kann man einige Kommentare innerhalb der psychologischen Begriffswelt machen. Die Fähigkeit, Spiegel zu sein, frei von den normalen Beschränkungen, Stimmungen, Neigungen und Filterungsprozessen der Wahrnehmung zu sein, mag Teil dessen sein, was unter »direkter« Wahrnehmung verstanden wird. Diesen Zustand kann man bei der Psychologie vielleicht als Minderung des interaktiven Wesenszugs der Wahrnehmung auffassen; ein Zustand, bei dem wir nicht auswählen oder über die Natur der Welt Wetten anstellen oder über die Vergangenheit nachdenken oder unsere Wahrnehmung durch willkürliche Assoziationen überzeugen wollen, auch denken wir nicht an die Zukunft oder sortieren die Dinge in restriktive Kategorien ein, statt dessen ist es ein Zustand, bei dem wir uns aller möglichen Kategorien gleichzeitig gewahr sind. Dieser Zustand wurde auch als vollständiges Leben in der Gegenwart bezeichnet; man denkt nicht über die Zukunft oder die Vergangenheit nach; es ist ein Zustand, bei dem jedes Geschehnis des Augenblicks ins Wahrnehmungsfeld eintritt.

Es wurden einige Untersuchungen über die Wahrnehmungsverfassung von Versuchspersonen während und nach der Meditation gemacht. Bei diesen Untersuchungen wurde das EEG verwendet, um Gehirnreaktionen der Meditierenden auf externe Anregungen zu messen.

Wenn wir einen Raum betreten und eine Uhr ticken hören, lernen wir gewöhnlich sehr schnell, das Geräusch auszublenden. Betrachten wir diesen Vorgang physiologisch, verschwindet allmählich die normale orientierende Reaktion auf neue Anregung nach einigen Augenblicken und kehrt nicht mehr zurück. Wir hätten ein Modell errichtet, um das Geräusch auszublenden.[25] Die Reaktion hätte sich habituiert. Wäre jedoch das Bewußtsein wie ein Spiegel, dann würde jedes einzelne Tickgeräusch »reflektiert« werden.

Die Studien indischer Psychologen über Yogameditation zeigten dieses Resultat. Untersuchungen der Gehirnreaktionen des Yogi auf externe Stimuli bestätigten die geläufigen Behauptungen über Wirkungen und Nachwirkungen der Meditation. Während der Meditation und des Zurückgezogenseins reagierte das Gehirn des Yogi nicht auf äußere Einflüsse. Meditierte der Yogi nicht, zeigte sich bei Wiederholung der externen Stimuli keine Habituation, wie es wahrscheinlich bei anderen Versuchspersonen der Fall gewesen wäre.[26]

Die japanischen Neuropsychiater Kasumatsu und Hirai untersuchten die Gewöhnung des Orientierungssinnes an sich wiederholende Klickgeräusche bei gewöhnlichen Leuten und Zen-Meistern. Die Versuchspersonen saßen für dieses Experiment in einem schalldichten Raum und hörten auf ein Klick, das alle fünfzehn Sekunden wiederholt wurde. Dabei wurde ein EEG aufgezeichnet. Die normalen Versuchspersonen zeigten das übliche Verhalten der Habituation. Nach dem dritten oder vierten Klickgeräusch minderte sich die elektrische Reaktion des Gehirns. Nach der Habituation reagierte das Gehirn der Versuchsperson nicht mehr auf das Geräusch: es war aus der Wahrnehmung ausgeblendet. Waren die Zen-Meister dem gleichen Klickgeräusch für fünf Minuten ausgesetzt, stellte sich bei ihnen die übliche Habituation nicht ein. Sie reagierten auf den letzten Klickton ebenso wie auf den ersten.[27] Offenbar errichteten sie kein »Modell« der sich wiederholenden Stimulierung und blendeten sie nicht aus.

Es gibt wesentliche Unterschiede bei der Zielsetzung der verschiedenen Formen der Zen- und Yogameditation, die uns zu der Annahme verleiten könnten, daß sich während und nach der Meditationsübung verschiedene Arten der Reaktion auf die Außenwelt einstellen. Die Anfangsphasen des Zen gleichen dem Yoga; das Zählen des Atems, das Koan etc. beinhalten einen Versuch, die

Wahrnehmung auf einen einzigen Vorgang zu konzentrieren. Denken wir daran, daß Rahula andeutete, daß man die Außenwelt nicht wahrnehmen wird, wenn man die Meditation des Atemzählens erfolgreich absolviert. Diese Übungen gleichen der Anwendung des *Mandala, Mantra, Mudra* etc. beim Yoga. In den weiterentwickelteren Formen des Zen der Soto-Sekte wird nach der Bemeisterung des Atemzählens die zweite Form der Meditationsübungen, Shikan-taza genannt, praktiziert – »nur sitzen«. Yasutani Roshi beschreibt die Übung wie folgt:

Bisher habt ihr euch darauf konzentriert, dem Atem mit dem geistigen Auge zu folgen und zu versuchen, den eingesogenen Atem intensiv als nur eingeatmete und den ausgestoßenen Atem als nur ausgeatmete Luft zu erfahren. Von jetzt an sollt ihr Shikan-taza üben, das ich euch kurz beschreiben will . . .

Shikan heißt »nichts als« oder »nur«, während *ta* »Treffen, Schlagen« und *Za* »Sitzen« heißt. Demnach ist Shikan-taza eine Übung, bei der sich der Geist intensiv mit bloßem Sitzen beschäftigt. Bei dieser Art des Za-Zen geschieht es nur allzu leicht, daß der Geist, der nicht durch Hilfsmittel wie das Zählen des Atems oder ein Koan unterstützt wird, der Ablenkung verfällt. Die richtige Geisteshaltung ist darum zweimal so wichtig. Beim Shikan-taza muß der Geist ruhevoll und gleichzeitig fest verwurzelt oder massiv wie etwa der Fuji-Berg sein. Aber er muß auch wachsam sein, gedehnt wie eine straffe Bogensehne. Shikan-taza ist also ein gesteigerter Zustand konzentrierter Wahrnehmung, bei dem man weder verkrampft noch gehetzt und sicher niemals lasch ist. Es ist der Geist eines Menschen angesichts des Todes. Stellen wir uns vor, ihr seid in einen Schwertkampf verwickelt, wie er im alten Japan stattfand. Während du deinem Gegner gegenüberstehst, bist du ständig wachsam, gesammelt, bereit. Würde deine Wachsamkeit auch nur einen Augenblick nachlassen, wäre es dein sofortiger Tod. Eine Menschenmenge findet sich ein, um dem Kampf zuzuschauen. Da du nicht blind bist, siehst du sie aus dem Augenwinkel, und da du nicht taub bist, hörst du sie. Dennoch wird dein Geist keinen Augenblick durch diese Sinneseindrücke abgelenkt.

Diese Verfassung kann man nicht lange aufrecht erhalten – ja, man soll Shikan-taza tatsächlich während einer Sitzung nicht länger als eine halbe Stunde üben. Nach dreißig Minuten erhebe dich und gehe in Kinhin (Zen-Bewegungsmeditation) umher, um danach das Sitzen fortzuführen. Wenn du wirklich Shikan-taza praktizierst, wirst du selbst in einem ungeheizten Zimmer in der Winterzeit wegen der Hitze, die durch diese intensive Konzentration hervorgerufen wird, ins Schwitzen geraten. Wenn du zu lange sitzt, verliert der Geist seine Kraft, dein Körper ermüdet, und deine Bemühungen bringen weniger Früchte, als wenn du das Sitzen auf Dreißig-Minuten-Perioden beschränkt hättest.[28]

Wir können somit zwei grundsätzliche Arten von Meditationsübungen unterscheiden, die sich beide mit der gleichen Wirkung beschäftigen, jene, die die Eingabeverarbeitung für einige Zeit

»abschalten«, um eine *Nachwirkung* des »Öffnens« der Wahrnehmung zu erreichen, und jene, die aus dem aktiven Sich-üben im »Öffnen« während der Dauer der Meditation bestehen.

Kehren wir für einen Augenblick zu den Reaktionen der Zen- und Yogameditierenden auf externe Stimuli zurück. Wir können Enthabituation *während* der fortgeschrittenen Formen der Zenmeditation erwarten – das heißt, ein ununterbrochenes Reagieren auf kontinuierliche Anregung – und ein Abschalten der Wahrnehmung externer Stimuli während der Yogameditation. Meditiert der Yogi nicht, so können wir (sofern er in seiner Übung weit genug fortgeschritten ist) erwarten, daß keine Habituation als Reaktion auf eine sich wiederholende Anregung eintritt.

Aktives Sich-üben im Öffnen der Wahrnehmung ist Teil aller Traditionen, aber beim Zen stellt es eine besondere Meditationsübung dar. Eine weniger schwierige Übung leitet sich aus einem Glied des achtfachen Pfades des Buddha ab und wird gewöhnlich als »rechte Geisteshaltung« bezeichnet. Dabei wird verlangt, daß man sich aller Dinge, die man tut, »bewußt« ist, daß man sich den gewöhnlichen Aktivitäten sehr aufmerksam zuwendet und die Wahrnehmung zu diesen Aktivitäten, während man sie ausführt, öffnet. Rahula sagt:

Eine andere sehr wichtige, praktische und nützliche Form der »Meditation« (geistige Entwicklung) besteht daraus, sich dessen gewahr und bewußt zu sein, was immer du physisch oder verbal während des Tages tust, sei es zu Hause, öffentlich oder am Arbeitsplatz. Gleichgültig, ob du gehst, stehst, sitzt, schläfst, dich streckst oder beugst, umherblickst, dich anziehst, redest oder schweigst, ißt oder trinkst – ja, selbst den natürlichen Bedürfnissen nachgehst –, sollst du dir bei diesen und anderen Aktivitäten immer gewahr und bewußt sein, was du in jedem Augenblick gerade tust. Das heißt, du sollst in der Gegenwart, in der gegenwärtigen Tat leben. Das heißt nicht, daß du überhaupt nicht an die Vergangenheit oder Zukunft denken sollst. Ganz im Gegenteil solltest du an sie in Beziehung zum gegenwärtigen Augenblick, zur gegenwärtigen Tat denken, wann und wo immer dies passend ist. Die Menschen leben normalerweise nicht in ihrer gegenwärtigen Tat. Sie leben in der Vergangenheit oder der Zukunft. Obgleich sie etwas im Jetzt zu tun scheinen, leben sie irgendwo anders in ihren Gedanken, in ihren Problemen und Ängsten und gewöhnlich in den Erinnerungen an die Vergangenheit oder in Wünschen und Spekulationen über die Zukunft. Darum leben sie nicht in ihrem gegenwärtigen Tun und erfreuen sich nicht an ihm, sie sind unglücklich und unzufrieden mit dem gegenwärtigen Augenblick, mit der gegenwärtigen Aufgabe. Folglich können sie sich nicht vollständig der Sache widmen, die sie zu tun scheinen.[29]

Spiegelberg führt ein Beispiel für eine ähnliche Übung aus der tibetischen Tradition an. Die tibetischen »Geschichten der 84 Magier« sind Übungen, die jenen entsprechen, die Rahula beschreibt, und beschäftigen sich zum größten Teil mit den alltäglichen Beschäftigungen des Meditierenden.

> Der Straßenfeger muß als Ausgangspunkt seiner Meditation die Aufgabe des Fegens nehmen. Das gleiche muß der Töpfer tun, der seine Aufgabe, Tongerät auf der Töpferscheibe zu formen, als Ausgangspunkt nimmt, oder der Schuhmacher mit seiner Handarbeit. Auch hier wird darum wieder klar, daß man tun kann, was man will, solange man sich des Tuns völlig gewahr ist. Jede Tätigkeit ist eine gute Basis für eine Dharana-Übung.[30]

Beim Yoga wird Selbstbeobachtung »der Zeuge« genannt. Man versucht sich selbst zu beobachten, als wäre man jemand anderes. Man versucht genau zu registrieren, was man tut – die gewöhnliche Aktivität wird mit Aufmerksamkeit umkleidet. Der Zeuge beurteilt die Vorgänge nicht oder bringt sie hervor. Der Zeuge beobachtet nur.

Beim Zen ist diese Übungsweise hoch entwickelt. Rechte Geisteshaltung oder Aufmerksamkeit beim Tun kann beinahe Teil von jeder Aktivität sein, gleichgültig wie degradierend sie sein mag. Es gibt keine Betätigung, die nicht für die Bewußtseinsveränderung verwendet werden kann. Man braucht nur darauf zu achten, was man tut. Man kann Tätigkeiten, wie etwa das Schlachten von Tieren, die für einen Buddhisten ziemlich degradierend wären, durchführen, aber indem man aufmerksam darauf achtet, was man tut, kann sich das Wahrnehmungsvermögen entwickeln.

Im Sufismus gibt es, zumindest in der Version, die Gurdjieff zugeschrieben wird, ähnliche Praktiken, die »Selbsterinnern« genannt werden. Wie beim Zen werden keine bestimmten Zwänge ausgeübt. Es gibt keine Ernährungsvorschriften oder allgemeine Verhaltensregeln. Man versucht nur, sich seiner gewahr zu sein. Gurdjieffs Schüler sind ständig aufgerufen, sich »zu erinnern«, gleichgültig, wo sie sich befinden. Sie sollen sich daran erinnern, daß sie da sind, und bemerken, was sie tun. Wenn man sich »erinnert«, wie Gurdjieff es nennt, ist man »wach«.[31]

Eine ähnliche Übung, die Gurdjieff zugeschrieben wird, besteht einfach daraus, sich ständig eines Körperteils bewußt zu sein – Ellbogen, Hand, Fuß. Eine andere Übung aus dieser Überlieferung besteht daraus, gewohnte Tätigkeiten leicht verändert durchzuführen. Man stellt beispielsweise die Schuhe in der umgekehrten Reihenfolge auf, rasiert sich zuerst die andere Gesichtshälfte, ißt mit der linken Hand. Dies kann man als Versuche auffassen, die gewohnten »automatischen« Tätigkeiten wieder voll wahrzunehmen.

Im Yoga selbst gibt es eine Tradition, die *Karma Yoga* genannt wird. Dabei geht es darum, die alltäglichen Aktivitäten als Heiligtum aufzufassen und sich ganz auf sie zu konzentrieren. Diese Übung hat eine ähnliche Funktion wie »rechte Geisteshaltung« und »Selbsterinnern« und ist vielleicht eine weniger extreme Form des *Shikan-taza*.

Viele Schulen dieser Traditionen verbinden die beiden hauptsächlichen Wahrnehmungsübungen und widmen zweimal täglich etwa eine halbe Stunde der »Abschalte«-Form der Meditation und während der restlichen Stunden so viel Zeit wie möglich einer Form der Selbstbeobachtung.

Zuvor wiesen wir darauf hin, daß die andere Hauptübung, die oft beide Meditationsformen begleitet, jene der Entsagung oder des Nicht-Anhangens an äußeren Objekten ist. Von dieser Übungsart gibt es verschiedene Variationen, die entweder Verhaltenseinschränkungen oder die Kultivierung einer psychologischen Verfassung beinhaltet, die Entsagung und Nicht-Anhangen verbindet. In der jüdisch-christlichen Tradition umfassen diese Übungen gewöhnlich Verhaltenseinschränkungen. Während der Fastenzeit beispielsweise sind die Kirchgänger aufgefordert, kein Fleisch zu essen. Normalerweise ist das Ergebnis dieser Art von Übungen, daß sich die Wahrnehmung auf den Gegenstand des Verbots konzentriert. Die meisten Leute fangen an, nach Fleisch zu hungern, darüber nachzudenken oder Ersatz dafür zu erfinden (beispielsweise fleischlose Mahlzeiten), darauf wartend, daß die Fastenzeit vorüber ist.

Aber die Entsagungsübung soll, gemäß den verschiedenen esoterischen Traditionen, eine psychologische Verfassung der *Auflösung* und nicht der Steigerung von Verlangen hervorbringen und muß nicht unbedingt mit einer äußerlichen Verhaltensänderung verbunden sein. Die meisten Überlieferungen betonen, daß das bloße äußere Zurückhalten mit gleichzeitigem Verlangen nach Einverleibung des Objekts wertlos ist – ja, vielleicht sogar schlimmer, als hätte man sich gar nicht eingeschränkt. Christus hatte selbst darauf hingewiesen, obgleich seine Nachfolger nicht immer daran zu denken scheinen.

Entsagung ist der Vorgang, so heißt es, durch den man Verlangen besiegt, durch den man eine Haltung erlangt, die nichts mehr braucht oder verlangt. Die indischen Übungsweisen betonen das

Entwickeln einer psychologischen Verfassung des Nicht-Anhangens ebenso wie die Verhaltenseinschränkungen. Die meisten Yogis sind Vegetarier, keusch und leben in Armut. Nicht selten verlangt die yogische Übung das Sich-zurückziehen aus der Gesellschaft und ihren »Versuchungen« in einen *Ashram*, wo man als Mönch, einfach ernährt, lebt. Auch christliche Klöster betonen psychologisches Nicht-Anhangen und tatsächliche Aufgabe gewisser »unreiner« Verhaltensweisen – Gelübde der Armut, Keuschheit, Einsamkeit – ein Sich-ablösen von der Zivilisation, um sich zu »reinigen«.

Bei der Zen- und Sufi-Tradition liegt die Betonung ausschließlich auf der psychologischen Verfassung des Nicht-Anhangens und nicht auf Einschränkungen im Tun. Sowohl Zen als auch Sufismus betonen in den Übungen zum Selbstgewahrsein, daß man machen kann, was man will, solange man der Sache nicht anhängt.

Der Unterschied zwischen den Sufis und dem Zen auf der einen Seite und einem großen Teil des Yoga und der christlichen Tradition auf der anderen Seite, wird in einem Ratschlag herausgestellt, der Rafael Lefort gegeben wurde, als er den Mittleren Osten bereiste, um die Lehrer Gurdjieffs – die Sufis – zu suchen, und der gefragt wurde:

> »Bist du bereit, die Welt, die du kennst, aufzugeben und in einer Bergeinsiedelei nur mit den nötigsten Nahrungsmitteln zu leben?« Ich gab ein Zeichen, das ich es sei.
>
> »Weißt du«, sagte er und nickte bedauernd, »du hast immer noch das Gefühl, daß du, um Wissen zu finden, ein einsames Leben, unberührt durch unreine Einflüsse suchen mußt. Das ist eine primitive Haltung, die nur Barbaren befriedigt . . . Kannst du die Nutzlosigkeit der Weltflucht um deiner selbstsüchtigen Entwicklung willen begreifen?
>
> »Es kann sein«, sagte er dann, »daß du eine Schulung in einem Sarmoun-Zentrum brauchst. Aber das bedeutet nicht völliges Ablegen deiner weltlichen Aktivitäten, vorausgesetzt, du erlaubst nicht, daß sie dich korrumpieren oder lädst sie gar dazu ein. Wenn du genügend befähigt bist, kannst du die negativen Kräfte sogar dazu bringen, dir zu dienen . . . aber du mußt ausreichend befähigt sein.«[32]

Auch Zen weist darauf hin, daß »weltliche« Aktivität ein vollkommenes Mittel zur Selbstentwicklung sein kann, solange man frei ist vom Anhangen. Weltliche Aktivität und Vergnügen werden im Zen zugelassen, solange man nicht deren Sklave ist. Die Ermahnung der Sufis lautet: »Sei *in* der Welt, aber nicht *von* der Welt.« Es geht darum, den wesentlichen Aspekt der Entsagung, die innere Haltung des Nicht-Anhangens, vom äußeren Verhalten abzutrennen. Dies zeigt sich in einer Erfahrung einer Schülerin mit Gurdjieff, als sie merkte, daß sie ein »Sklave« des Zigarettenrauchens war. Gurdjieff, der immer wieder betonte, daß die Menschen oft Sklaven ihrer Gewohnheiten seien, wies sie an, das Rauchen aufzugeben. Als sie ein Jahr später wiederkam, erzählte sie Gurdjieff triumphierend, daß sie das Rauchen aufgegeben habe und nicht mehr Sklave dieser Gewohnheit sei. Gurdjieff lächelte und gab ihr sogleich eine sehr teure türkische Zigarette und deutete an, daß nicht ihr Verhalten, sondern die Tatsache ihrer Versklavung an die Gewohnheit des Rauchens von Bedeutung war. Erst als sie es nicht mehr nötig hatte zu rauchen, durfte sie wieder rauchen.[33] Gurdjieff selbst hatte eine recht berühmte Speisekammer, gefüllt mit Feinschmeckereien aus aller Welt.

Aber warum ist Nicht-Anhangen an »weltliche« Vergnügungen ein wesentlicher Teil der meditativen Disziplinen? Eine Antwort kann man in Begriffen unserer Analyse des gewöhnlichen Bewußtseins geben. Erinnern wir uns daran, daß das normale Bewußtsein aus unserer vergangenen Erfahrung, unseren Erwartungen und unseren Bedürfnissen zusammengesetzt ist. Sind wir hungrig, werden wir höchstwahrscheinlich nach Nahrung suchen oder in uns Vorstellungen von Lebensmitteln und Gerüchen *erzeugen* oder bereits vorhandene Vorstellungsbilder weiter steigern oder über Nahrung nachdenken. Eine Sufi-Erzählung streicht diesen allgemeinen Punkt heraus:

> Zwei Männer saßen in einem Kaffeehaus, und ein Kamel ging vorüber.
> »Woran erinnert es dich?« sagte der eine.
> »An Essen«, sagte der andere.
> »Seit wann werden Kamele als Nahrungsmittel verwendet?« fragte der erste.
> »Darum geht es nicht, weißt du, mich veranlaßt alles, ans Essen zu denken.«[34]

Die Meditationsüberlieferungen fassen die Tatsache, daß wir ständig jene Bestandteile der Außenwelt ausklammern, die nicht für die Befriedigung unserer augenblicklichen Bedürfnisse nötig sind, als ein Haupthindernis für die Entwicklung erweiterter Wahrnehmung auf. Wenn wir hungrig sind, sehen wir kaum den Fluß oder die Menschen in unserer Nähe. Wir beschäftigen uns nur mit dem Essen und errichten unsere Welt nur bezogen auf das Essen.

Bezüglich der Auswirkungen auf die Wahrnehmung kann man das Üben des Nicht-Anhangens als zusätzliches Mittel zur Beseitigung der normalen Eingabe-Beschränkungen auffassen. Wenn keine Verlangen vorhanden sind, ist auch in jedem Augenblick die Neigung geringer, die Wahrnehmungen »abzustimmen«. Unser

Wahrnehmen der Außenwelt wird weniger beschränkt, verliert mehr den Wesenszug einer Interaktion, wird weniger eine Funktion unserer Augenblicksverlangen und wird mehr zu einem Spiegel.

Es gibt noch eine andere Wirkung des Nicht-Anhangens. Wenn man beispielsweise von einer anderen Person oder von der Umwelt nichts *braucht* – Stellung, Sex, Nahrung, Liebe –, kann man »für sie« als Spiegel da sein, wie es Omar Khayyám, Suzuki Roshi und Christus tun. Manchmal erreichen wir diese Verfassung, wenn unsere Bedürfnisse befriedigt sind. Wir wissen alle, daß uns die Welt anders erscheint, wenn wir verliebt oder erfolgreich sind.

Man kann jedoch auch immer wieder beobachten, daß der Sinnesmensch jener ist, der zum Entsagenden wird, ein »weltlicher« Mensch, der alles für seine Religion hingibt – ein Thomas Becket.

In mancher Hinsicht sind die Ziele der Meditation, nämlich völliges Ausgerichtetsein auf den Augenblick, »Enthabituation«, »erweitertes« Wahrnehmungsvermögen, identisch mit den Zielen, denen wir bei vielen unserer »gewöhnlichen« Aktivitäten nachgehen. Wir kaufen neue Erzeugnisse, neue Kleider, neue Schallplatten; wir verändern ein wenig unsere Umgebung, um sie wieder wahrzunehmen. Gefährliche Sportarten beanspruchen beispielsweise unser Wahrnehmungsvermögen und verbinden uns mit dem gegenwärtigen Moment, bei dem wir an nichts anderes als die augenblickliche Tätigkeit denken. Wir richten uns so ein, daß es für uns *absolut notwendig* ist, des Augenblicksgeschehens völlig gewahr zu sein. Wenn wir bei einem Auto- oder Motorradrennen mitmachen, einen Abhang hinunter Schi fahren, wird jeder Mangel an Augenblickswahrnehmung zu Verletzungen oder zum Tod führen. Die Notwendigkeit, das Wahrnehmungsvermögen zu erweitern, ist wahrscheinlich einer der Gründe, warum Leute bereit sind, ihre Gesundheit oder gar ihr Leben bei der Ausführung gefährlicher Sportarten zu riskieren. Ein besonders gutes Beispiel ist jene Art des Kletterns, die über einen langen Zeitraum intensive Konzentration verlangt. Doug Robinson schreibt in *Ascent*, dem Magazin des Sierra Klubs (für diesen Hinweis möchte ich Dr. E. K. Sadalla danken):

. . . Nehmen wir ein einfacheres Beispiel: Es wäre nicht leicht, Van Goghs »Sternennacht« zu betrachten, ohne dabei die visionäre Qualität darin wahrzunehmen, die dem Künstler in seiner Sicht der Welt eigen ist. Er hat nichts gemalt, was nicht auch in der tatsächlichen Szenerie vorhanden wäre, aber dennoch hätten die meisten Schwierigkeiten wiederzuerkennen, was er dargestellt hat. Der Unterschied besteht in der

Wahrnehmungsintensität. Das Herz seiner visionären Erfahrung ist, daß er aus einer höheren Bewußtseinsebene malt. Auch Bergsteiger haben ihre »Sternennächte«. Wenden wir uns folgendem Bericht von Alan Steck, Mitglied des Hummingbird Ridge Clubs, über die Besteigung des Mount Logan zu. »Ich wandte mich für einen Augenblick um und verlor mich vollständig in schweigender Bewunderung über die einfache Schönheit des im Wind treibenden Schnees. Die Schönheit des Augenblicks, die Form und die Bewegung des Schneegestöbers war ein so gewaltiger Eindruck und so wunderbar selbstgenügsam, daß sich der Bergsteiger darin verlor. Man sagt, es sei nur ein Augenblick, aber durch die Kraft der völligen Absorption verliert er sich darin, und der Wind der Ewigkeit bläst durch den Schnee!«

Ein zweites Beispiel stammt aus einem Bericht über den siebten und achten Tag der sehr schwierigen Erstbesteigung von El Capitans Muir Wall. Yvon Chouinard erzählt im *American Alpine Journal* aus dem Jahr 1966: » . . . mit unseren empfänglichen Sinnesorganen bewunderten wir jetzt jede Einzelheit, die uns umgab. Jeder einzelne Kristall im Granit hob sich kühn gegen den Hintergrund ab. Die vielen Wolkenformen hörten nicht auf, unsere Aufmerksamkeit auf sich zu ziehen. Zum erstenmal bemerkten wir kleine Käfer überall an der Felswand, die so klein waren, daß man sie kaum sehen konnte. Beim Sichern starrte ich fünfzehn Minuten auf einen von ihnen und beobachtete, wie er sich bewegte, und bewunderte seine strahlende rote Farbe. Wie kann man sich jemals langweilen, wo wir umgeben sind von so vielen guten Dingen, die man sehen und fühlen kann? Dieses Einssein mit der Freude unserer Umgebung, diese durch und durch gehende Wahrnehmung erfüllte uns mit einem Gefühl der Zufriedenheit, das wir schon viele Jahre nicht mehr gespürt hatten.«

In diesen Zeilen wird die Qualität der Erfahrung des Bergsteigers offensichtlich: die überwältigende Schönheit gewöhnlichster Objekte – wie etwa Wolken, Granit und Schnee –, die er erfährt, die Empfindung, daß sich die Zeit verlangsamt, bis sie schließlich stehenbleibt, und das Gefühl der »Zufriedenheit« und ein überströmendes Empfinden der äußersten Selbstgenügsamkeit der Gegenwart. Und obgleich diese Gefühle in ihrer Substanz kaum greifbar sind, sind sie doch stark genug, um inmitten gefährlicher Umstände hervorzubrechen und vorübergehend sogar Besorgnis und Ehrgeiz zu überlagern.[35]

Ein großer Teil der westlichen Kunst ist ebenso ein Versuch, die Wahrnehmung zu »reinigen«, so daß wir wieder fähig werden, Dinge zu sehen, die automatisch geworden waren. Ein Kritiker meint, die Aufgabe der Kunst sei es, gewöhnliche Objekte »interessant zu machen«, um es uns zu ermöglichen, unsere gewohnte Umgebung wahrzunehmen, als wäre sie »interessant« – als würden wir sie zum erstenmal erblicken. Dafür ist die jüngste Richtung der Pop Art ein Beispiel. Wir schauen uns Warhols Campbells Suppendose in einer Galerie ganz anders an als die gleiche Dose zu Hause. Indem gewöhnliche Gegenstände in einen Zusammenhang gebracht werden, der verlangt, daß wir uns ihnen zuwenden, wird erreicht, daß wir sie auf neue Weise »sehen«. Wir rufen nicht sofort die übliche Kategorie der »Suppendose« ab, die alles außer der gewöhnlichen Bezeichnung ignoriert (»Ist es Gemüse- oder Nudelsuppe?«). Wir »blicken« jetzt auf die Form, die Schrift und die Art und Weise, wie das Licht auf die Oberfläche der Suppendose fällt. Wir sind aus unserer normalen Reaktionsweise des Ignorierens herauskatapultiert worden. Auf ein gewöhnliches Objekt in einer Kunstgalerie zu blicken, ist ein Weg, unsere Wahrnehmungsweise davon zu deautomatisieren.

Wir könnten viele andere Beispiele dafür aus Kunst, Musik und Literatur anführen. Es gibt viele Schriftsteller und Dichter, die über meditative Erfahrungen und Traditionen geschrieben haben, wie zum Beispiel William Blake, Hermann Hesse, Aldous Huxley und T. S. Eliot; aber wir wollen an dieser Stelle einen Schriftsteller zitieren, dessen Werk ganz anders aussieht und der gewöhnlich mit diesem Thema nicht in Verbindung gebracht wird.

Der Sensualist Henry Miller scheint nur wenig mit Huxley, Hesse, Eliot, den Meditationstraditionen, dem Bergsteiger oder dem Maler gemein zu haben. Aber in einem Band von *The Rosy Crucifixion (Sexus)* beschreibt er das Ziel seiner Arbeit und seines Lebens mit Begriffen, die beinahe die gleichen sind wie jene der esoterischen Überlieferungen, nämlich, daß die Menschen »blind« sind und zuerst »Vision« erlangen müssen.

. . . man braucht die Welt nicht in Ordnung zu bringen: die Welt *ist* verkörperte Ordnung. Wir müssen uns mit dieser Ordnung in Einklang bringen, um verstehen zu können, was die Weltordnung ist und was im Gegensatz dazu die Ordnung des Wunschdenkens ist, die wir uns gegenseitig auferlegen wollen. Die Macht, die wir erlangen wollen, um das Gute, Wahre und Schöne einzurichten, würde sich, wenn wir sie benutzen könnten, nur als Mittel herausstellen, uns gegenseitig zu vernichten. Wie gut, daß wir machtlos sind. Zuerst müssen wir Vision erlangen, dann Disziplin und Durchhaltevermögen, bis wir die Demut verwirklicht haben, eine Vision anzuerkennen, welche die unsere übersteigt. Bevor wir nicht Glauben und Vertrauen haben in überlegene Kräfte, muß der Blinde den Blinden führen. Menschen, die glauben, daß Arbeit und Hirn etwas erreichen, werden für immer durch die Donquichotterien und jede unvorhergesehene Wende im Gang der Dinge betrogen werden.[36]

In seinem Buch *Die Welt des* Sexus macht Miller die Aussage, die von einem Zen-Mönch stammen könnte, daß jede gewöhnliche Aktivität zu einem Durchbruch führen kann, wenn sie (im Sinne des Zen) achtsam vollzogen wird. Er wiederholt auch Spiegelbergs Bemerkungen, daß »jede Halluzination, jeder unversöhnliche Haß, jedes verliebte Anhangen dem

Menschen, der diese Gefühle hegt, eine gewisse Konzentrationskraft gibt und ihm hilft, die Kräfte seines Wesens auf ein entsprechendes Ziel auszurichten«.

Das Leben geht weiter, gleichgültig ob wir uns als Feiglinge oder Helden verhalten. Das Leben, wenn wir es doch nur begreifen wollten, zwingt uns nur eine einzige Disziplin auf, und zwar, das Leben unbefragt anzunehmen. Alles, wovor wir unsere Augen verschließen, alles, vor dem wir weglaufen, alles, was wir verneinen, anschwärzen oder verabscheuen, wird uns am Ende besiegen. Was uns häßlich, schmerzlich und böse erscheint, wird zum Quell der Schönheit, Freude und Stärke, wenn wir ihm undogmatisch gegenübertreten. Jeder Augenblick ist golden, wenn wir das Auge haben, ihn so zu sehen. Das Leben ist in jedem Augenblick jetzt und hier, gleichgültig, ob die Welt von Tod erfüllt ist. Der Tod triumphiert nur im Dienste des Lebens.[37]

In *Creative Death* schreibt Miller:

So seltsam es heutzutage klingen mag, das Ziel des Lebens ist zu leben, und leben heißt, sich gewahr sein, freudig, trunken, göttlich, ruhig gewahr sein. In diesem Zustand gottähnlichen Gewahrseins singt man, und in diesem Bereich existiert die Welt als Gedicht, ohne warum und wozu, ohne Richtung, ohne Ziel, ohne Suchen, ohne Erwägen. Wie der rätselhafte Chinese ist man hingerissen von dem sich immer-wandelnden Schauspiel sich verändernder Erscheinungen; das ist der sublime, amoralische Zustand des Künstlers, er, der nur im Augenblick lebt, dem visionären Augenblick äußerster, weitblickender Klarheit. Solch klare, eisige, geistige Gesundheit, daß sie wie Verrücktheit erscheint.[38]

Obgleich viele unserer Bemühungen darauf abzielen, einen der Meditation ähnlichen Wahrnehmungszustand zu erlangen, betrachten die esoterischen Überlieferungen diese Hilfsmittel als ungenügend. Selbst wenn wir mit üblichen Mitteln völliges Gewahrsein des Augenblicks erreichen, hält diese Verwirklichung nicht lange an, kennt keine Dauer. Unser Erfolg schwindet, unsere Liebe hört auf, wir müssen vom Berg herabkommen.

Wenn wir das gemeinsame Ziel vieler unserer Interessen und das der Meditationsdisziplinen betrachten, wird eine weitere Funktion des Nicht-Anhangens deutlicher sichtbar. Die Übung darin kann man als Versuch auffassen, die subjektive Verfassung, die durch Sport, Sex, Liebe, Musik, Kunst etc. hervorgerufen wird, vom Bezugsgegenstand abzutrennen und somit die Wirkung – den inneren Zustand, der sich ergibt – von der gewohnten Ursache, dem Anregerobjekt, loszulösen. Der Mensch arbeitet dann in sich selbst und versucht, den inneren Zustand direkt hervorzurufen. »Wozu bräuche ich äußerlich eine Frau, wenn ich eine Frau in mir habe«, sagt ein Übender des *Tantra*. Der »Weltling« faßt vielleicht die gleiche Möglichkeit ins Auge – nämlich ein Ergebnis zu erlangen, das der sinnlichen Betätigung entspricht, aber dauerhafter und besser kontrollierbar ist. Er gibt dann die äußere Manifestation dessen, was er sucht, auf. Dieser Vorgang verlangt Loslösung von den normalen Auslösern der entsprechenden Verfassung – Sex, Liebe, Erfolg, Macht, Geld, Essen usw. – und ein Bemühen, sich auf innere »Zentren« zu konzentrieren, von denen man sagt, daß sie diese und »höhere« Erfahrungen hervorbringen. Diese Energie wird im Yoga *Kundalini* und diese Zentren *Chakras* bzw. *Lataif* bei den Sufis genannt. Es gibt Unterschiede zwischen den beiden Systemen, aber in diesem Zusammenhang sind diese beiden Begriffe analog.[39]

(Dieses Energiesystem ist von der Wissenschaft überhaupt noch nicht erfaßt. Die entsprechenden Übungen bleiben beinahe immer geheim, und nur wenig ist über sie bekannt.)

Im Kontext dieses Aufsatzes kann Nicht-Anhangen und Konzentration auf diese inneren Zentren als Versuch verstanden werden, innerlich die Strukturen anzuregen, die gewöhnlich mit den Erfahrungen der Enthabituation, Vergnügungen usw. in Verbindung gebracht werden. Wir können diesen Vorgang als Lernvorgang ansehen, wie man die »belohnende« Reaktion im Gehirn auslöst.

Physiologen haben bei Tierversuchen Elektroden in jene Gehirnregionen eingeführt, deren Stimulierung als Belohnung zu wirken scheint, und kamen zu interessanten Ergebnissen. In einer Situation, bei der Tiere die Anregung dieses Systems selbst fortsetzen konnten, taten sie es, ohne auf irgend etwas anderes zu achten. Einige Versuchstiere setzten dieses Stimulierungssystem immer wieder in Gang, bis sie starben, obgleich Futter und Wasser frei zur Verfügung standen. Sie brauchten keine äußere Anregung mehr, da sie diese innerlich hervorrufen konnten.[40]

Die zweite Funktion der Entsagung und der dazugehörigen Konzentration auf verschiedene Bereiche des Körpers kann man somit als funktionelle Übungsweise der Selbstanregung von Zentren des Nervensystems betrachten.[41]

Diese ersten beiden Abschnitte meiner Abhandlung haben viele Aspekte berührt, so daß es von Nutzen sein kann, wenn ich hier einige der Hauptpunkte wiederhole.

Wenn wir die vorgefaßten Meinungen über die Funktionsweise der Meditation ignorieren und sowohl Hinneigung als auch Abneigung bezüglich des Exotischen und Esoterischen überwinden, sehen wir klar, daß die Meditationsübungen in Begriffen der modernen Psychologie dargestellt werden können. Die wiederholende oder konzentrative Form der Meditation kann man als Übung zum »Abschalten« der Wahrnehmung der Außenwelt betrachten, die dem Nervensystem eine grundsätzliche Verfassung vermittelt, die jener entspricht, die durch das Fehlen jeglicher externer Stimulierung zustande kommt. Den Traditionen, die wir hier betrachten, ist dieser Zustand als »Leere« oder »Dunkelheit« bekannt. Erreicht man Einschränkung der Wahrnehmung durch andere Mittel, wie zum Beispiel durch das Ganzfeld, stellt sich das gleiche Ergebnis ein – das »Ausblenden« der Außenwelterfahrung.

Das Erzeugen eines Zustandes, bei dem man abgesondert ist von der Außenwelt, bewirkt andauernde Nachwirkungen auf das Wahrnehmungsvermögen. Viele Meditierende berichten, daß sie die Welt »neu« sehen oder »frisch« und alles »glühend« wahrnehmen, erleuchtet, strahlend. Bei den meisten Traditionen wird dieser Zustand mit einem »Spiegel« verglichen.

Es ist interessant, die Ähnlichkeit zwischen esoterischer und moderner Psychologie des Bewußtseins festzustellen. Beide betonen, daß unsere Wahrnehmung der Umwelt ein Auswahlprozeß und ein Vorgang der Kategorisierung ist, daß unser Sinnessystem dazu dient, einen großen Teil der Informationen, die uns erreichen, auszusieben, und daß wir schließlich unsere Wahrnehmung aus diesem stark gefilterten Material zusammensetzen. Die »Abschalte«-Form der Meditation kann mit einer Urlaubsreise verglichen werden. Wir verlassen oft eine Situation, »um dem Gewohnten zu entkommen«. Wenn wir wieder zurückkommen, sehen wir die Dinge anders.

Die Meditationsübungen kann man als Versuche zur Änderung des selektiven und begrenzenden Wesenszugs unseres Wahrnehmungsvermögens verstehen, als Versuche, die gewohnten Reaktionen gegenüber unserer Umwelt umzuwandeln. In Begriffen der Physiologie ausgedrückt, kann dieser Versuch eine Reduzierung der efferenten Modifikation der Eingabe und der »Modelle« beinhalten, die wir gewöhnlich von der Außenwelt errichten.

Eine andere Form dieser Meditationsübungen besteht aus dem aktiven »Öffnen« der Wahrnehmung. *Shikan-taza* des Zen ist eine der schwierigsten dieser Übungen. Anhänger der Sufis, des Zen und des Yoga legen Wert auf die Selbstbeobachtung. Bei einigen der Traditionen werden besondere Übungen durchgeführt, um wieder die Wahrnehmung von Aktionen wachzurufen, die gewöhnlich »automatisch« vonstatten gehen. Eine Übungsweise, die der »Dehabituation« entspricht.

Die dritte Haupttechnik dieser Systeme beinhaltet Entsagung und Nicht-Anhangen an »weltlichen« Vergnügungen. Nicht-Anhangen kann die Wahrnehmung beeinflussen, indem es einen der Bestandteile entfernt, die unsere Wahrnehmung abstimmen: unsere Bedürfnisse und Verlangen. Indem unsere Bedürfnisse und ihre entsprechende Funktion des Hervorrufens von Neigungen entfernt werden, kann unser Wahrnehmungsvermögen mehr wie ein Spiegel werden.

Die zweite Funktion der Entsagung beinhaltet die Überlegung, daß viele unserer normalen Unternehmungen Versuche sind, einen Zustand zu erreichen, der jenem gleicht, der durch Meditation erreicht wird. Gefährliche Sportarten, Sex, Nahrung, Kunst etc. sind in ihren besten Augenblicken Auslöser für einen Zustand, bei dem wir im Jetzt, in diesem Augenblick und völlig unabhängig von den automatischen Verhaltensweisen leben. Dies wurde als Zustand gesteigerter Empfänglichkeit oder erweiterten Wahrnehmungsvermögens bezeichnet.

(In der Psychologie ist dieser Zustand bisher noch nicht genau definiert. Es ist kaum geklärt, ob das »Wie ein Spiegel sein« eine Zunahme der wahrgenommenen Informationsmenge, oder ob es einen Ausgleich im normalen Filterungsprozeß bedeutet – daß nicht mehr Information zugelassen wird, sondern einfach die gleiche Menge, aber mit weniger Bevorzugungen. Die einzigen Hinweise bezüglich dieser Frage beziehen sich bisher auf die Gehirnreaktionen von Meditierenden in ziemlich vereinfachten Situationen. Man wird diese Studien noch erweitern müssen, um mehr über die »Leitfähigkeit« in und durch Sinnesorgane vor, während und nach der Meditation zu erfahren. Und vielleicht sollte man auch Meditierende länger überprüfen, während sie sich bei ihrer Meditationsübung weiterentwickeln.)

Die Schwierigkeiten, diese Verwirklichung auf dem gewöhnlichen Weg zu erreichen, so sagen die Fürsprecher der Meditation, rühren daher, daß gewöhnliche Hilfsmittel unzureichend sind, daß sich die Menschen normalerweise mit irrelevanten Bereichen beschäftigen und der erwünschte subjektive Zustand nur selten durch gewöhnliche Mittel hervorgerufen wird und dann die Nachwirkungen nicht beständig sind.

Nicht-Anhangen kann man folglich als Versuch bezeichnen, einen ähnlichen Zustand *innerlich* zu erzeugen, indem man den Zustand an sich von der auslösenden Anregung abtrennt und sich gleichzeitig auf jenen Teil des Nervensystems konzentriert, der diese Erfahrung hervorruft. Diese Übungen des Sich-konzentrierens auf die Zentren, die in der Yogatradition als *Chakren* und bei den Sufis als *Lataif* bezeichnet werden, kann man als Techniken bezeichnen, die dem Nervensystem einen Zustand vermitteln, den äußere Vorgänge nur vorübergehend wachrufen können.

In diesen beiden Kapiteln habe ich den Versuch unternommen, aus den östlichen Meditationspraktiken den psychologischen Aspekt zu extrahieren. Ich habe nicht versucht, an jeder Stelle hieb- und stichfeste Experimente vorzuweisen. Aber vielleicht ist es am besten, wenn wir mit dem simplen Vorgang der Übersetzung esoterischer Metaphern in Begriffe zeitgenössischer Psychologie und Physiologie beginnen und die Überschneidungen der beiden Begriffssysteme wahrnehmen.

In diesem Kapitel werden wir uns auf die Beziehung zwischen konzentrativer Meditation und anderen Aspekten der esoterischen Disziplinen konzentrieren. In Berichten der esoterischen Psychologien lesen wir von »fantastischen« Beispielen für die Veränderung der Aktivitäten des »unwillkürlichen« Nervensystems. Man sagt von Yogameistern, daß sie beispielsweise den Atemvorgang und den Sauerstoffverbrauch einstellen oder doch stark reduzieren, den Blutfluß aus einer Wunde anhalten oder ihre Körperwärme selbst in kalten Nächten in den tibetischen Bergen erhöhen können.

Wir neigen dazu, diese »fantastischen« und bisher wissenschaftlich noch nicht untersuchten Phänomene nicht weiter zu erforschen, da sie jenem Teil des Nervensystems zugeordnet sind, den wir im allgemeinen für dem Willen nicht unterworfen halten. Die Philosophen von Plato bis Descartes haben eine Spaltung der menschlichen Natur in zwei scharf getrennte Teile hervorgehoben, Geist und Körper. Dem »Geist« wurde wegen des Verstandes, des Willens, der Gedanken das Willkürliche zugeordnet – Entscheidungsfähigkeit über eine neue Aktionsrichtung, Bewegungen der Skelettmuskeln usw. Der »Körper« wurde als »Automat« verstanden, der blind dem Ablauf seiner Funktionen folgt und sich automatisch anpaßt. Wird ein Vorgang als »autonom« bezeichnet, erwarten wir sicher nicht, daß er einer ausgeprägten Verhaltenskontrolle untergeordnet ist. Gerade diese Begriffe, mit denen das »niedere« Nervensystem bedacht wird – »autonom«, »unwillkürlich«, »vegetativ« –, sind es, die im wesentlichen jede Untersuchung möglicher bewußter Veränderungen ausschlossen. Beispielsweise scheinen sich die Unternehmungen der Yogis so weitgehend jenseits des Möglichen abzuspielen, da sie für uns unwillkürliche Prozesse mit einschließen, daß wir es nicht einmal für nötig halten, sie zu untersuchen.[1]

Aber dennoch gibt es wesentliche Hinweise dafür, daß die Unterscheidung des Westlers in willkürliche und unwillkürliche Bestandteile seiner Gesamtverfassung überhaupt nicht stimmt. Es gibt auch andere Metaphern im Zusammenhang mit konzentrativer Meditation, die einen gewissen Einblick in die Beziehung zwischen Meditationsübung und willentlicher Veränderung physiologischer Vorgänge vermitteln können.

Meditation wurde als Vorgang der Beruhigung von Wellen auf dem See bezeichnet; ist die Wasserbewegung abgeklungen, kann man den Grund des Sees erblicken, der normalerweise unsichtbar bleibt. An anderer Stelle wird Meditation mit der Nacht verglichen: Die Sterne kann man während des Tages nicht sehen, weil ihre schwache Lichtausstrahlung von der Leuchtkraft der Sonne überstrahlt wird. Bei diesem Vergleich ist Meditation der Vorgang, durch den man das überwältigende Licht der Sonne »abschaltet«, bis man, spät in der Nacht, die Sterne recht klar erkennen kann. Jemand, der die Sterne nur während der Tageszeit beobachten könnte, würde natürlich die Vorstellung von vielen verschiedenen kleinen, aber klar wahrnehmbaren Lichtpunkten als Unsinn abtun.

Daß konzentrative Meditation ein »Abschalten« konkurrierender Aktivitäten mit sich bringt, scheint ziemlich klar zu sein. Erinnern wir uns an Anands Studie der Yogameditation, die besagt, daß während der Meditation das EEG des Yogi keine Reaktion auf die Außenwelt anzeigte. Wir erinnern uns auch daran, daß die sich wiederholende Stimulierung durch das Ganzfeld und die Stimulierung durch das stabilisierte Abbild einen Zustand hervorrufen, der einer Verfassung entspricht, bei der überhaupt keine externen Anregungen vorhanden sind. Die sich wiederholende Form der Meditation ist eine Technik zum Abschalten der Wahrnehmung der Umwelt, um einen Zustand der »Dunkelheit«, der »Leere« hervorzuholen, um das helle Sonnenlicht abzuschalten.

Normalerweise sind wir uns vieler der inneren physiologischen Vorgänge nicht bewußt. Unsere Aufmerksamkeit ist gewöhnlich aus gutem Grund nach außen gerichtet, aus den gleichen Gründen, weshalb wir automatisch auf vieles in unserer Umgebung reagieren. Es wäre ziemlich schwierig, sich richtig zu verhalten, wenn wir uns jeden einzelnen inneren Vorgang bewußt machen würden. Wir blenden diese Signale zugunsten der von außen kommenden Impulse aus, die augenblickliches Aktivieren des Überlebenstriebes verlangen können. Innere Signale auszublenden ist offenbar ein sehr einfacher Vorgang, da die Signale an sich mehr oder weniger konstant sind und wir auch ohne weiteres in der Lage sind, wesentlich unregelmäßigere Signale aus der Umwelt auszublenden.

Der russische Physiologe Bykov, der ausführlich die Zusammenhänge zwischen Großhirnrinde (von der man gewöhnlich annimmt, daß sie Informationen über die Außenwelt verarbeitet) und subcortinalen Bereichen (die sich mehr mit inneren Bereichen, mit »Introspektion« beschäftigen) untersucht hat, kommt zum gleichen Schluß: »Dank des aktiven Zustands der Großhirnrinde entsteht dort ständig ein Anpassungszentrum, das den Subkortex negativ beeinflußt. Als Ergebnis davon erreichen Impulse normalerweise nicht den Bereich unserer Empfindungen und bleiben präsensorisch.«[2]

Kehren wir nochmals zu unserer Vorstellung des Tageslichts und der Sterne zurück: Es kann sein, daß eine weitere Funktion der sich wiederholenden Meditationsweise die ist, die Wahrnehmung der Außenwelt abzuschalten und einen Zustand der »Dunkelheit« hervorzurufen, das helle Tageslicht abzuschwächen, so daß die schwächeren Signale unser Wahrnehmungsfeld betreten können. Unsere allgemeinen Ansichten über die Beziehung zwischen willkürlichen Vorgängen (Verstand, Konzeptbildung, Willen) und unwillkürlichen Vorgängen (Emotionen, Verdauung, Blutdruck) könnten sich möglicherweise auf eingeschränkte Beobachtungen der Verfassung des Nervensystems gründen, ähnlich der Suche nach Sternen am hellichten Tag.

Zweifellos beanspruchen die »höheren« Aktivitäten unser Wahrnehmungsvermögen und werden die meiste Zeit von uns kontrolliert. Gewiß ist auch, daß die »automatischen« Vorgänge beinahe nie wahrgenommen und kontrolliert werden. Das schließt jedoch nicht die Möglichkeit aus, daß man unwillkürliche Vorgänge dem Einfluß der Selbstregulierung zugänglich macht, indem man sich der automatischen Abläufe gewahr wird und unbewußte Prozesse bewußt macht. Vielleicht ist die Aussage des Yoga, daß unser scheinbar autonomes und unwillkürliches System beeinflußt werden kann, doch nicht so »fantastisch«. Sorgfältige physiologische Untersuchungen von Meditierenden könnten uns Angaben vermitteln, bis zu welchem Grad wir fähig sind, unser Nervensystem zu bemeistern.

Eine Durchsicht der physiologischen Studien über Meditation und eine Durchsicht der Arbeiten der Russen, besonders der von Bykov und der neueren recht genauen und eleganten Arbeiten von Miller, DiCara und ihren Mitarbeitern weisen darauf hin, daß wir weitaus mehr als angenommen unsere unwillkürlichen Aktivitäten kontrollieren können.

Der »Trick«, den wir im ersten Kapitel diskutiert haben, bei dem man das Wahrnehmungsvermögen durch sich wiederholende Stimulierung und durch Ausschaltung externer Wahrnehmung kontrolliert, ist ein Aspekt der Kontrolle unseres Nervensystems, der ausführlich untersucht wurde. Bei der Situation des stabilisierten Abbildes und des Ganzfelds stellt man das Auftauchen des Alpharhythmus fest, und gleichzeitig verschwindet die Wahrnehmung der Umgebung. Bei der Zen- und Yogameditation haben Forscher ähnliche Ergebnisse festgestellt: Während der Meditation nimmt die Alpha-Aktivität des Gehirns zu. Kasamatsus und Hirais Studien über die Zenmeditation zeigten, daß die fortgeschritteneren Übenden mehr Alpha während der Meditation erzeugten. Als die Meditation hochentwickelter Übender gemessen wurde, zeigte sich, daß der Alpharhythmus langsamer wurde und die Amplitude zunahm. Außerdem entstand die Alphawelle nicht mehr im Hinterhirn wie normalerweise, sondern verlagerte sich in den zentralen Teil des Gehirns und schließlich in die vordere Region.

Die bisher umfangreichsten Studien über Zenmeditation wurden wahrscheinlich am Psychological Institute of Kiyushu University unter Leitung von Yoshiharu Akishige durchgeführt.[3] Auch diese Studien zeigen, daß sich während der Zenmeditation physiologische Veränderungen, einschließlich der Zunahme des Alpharhythmus, ergeben. Diese Untersuchungen weisen auch darauf hin, daß es die »geistige Haltung« während der Zenmeditation ist, die mit den EEG-Veränderungen korreliert, und nicht die Körperhaltung oder das Setting. Setzte sich die Versuchsperson ohne die entsprechende innere »Haltung« in der Zen-Position hin, zeigte sich keine gesteigerte Alpha-Aktivität. War die »richtige Haltung für Za-Zen gegeben«, tauchte der Alpha-Rhythmus sowohl bei gewöhnlichen Sitzpositionen als auch in der Za-Zen-Position auf.

Die Versuchsreihe, die Bykov und seine Mitarbeiter 1924 in Rußland begannen, beweist, daß das unwillkürliche Nervensystem nur *relativ* autonom ist und dem Willen unterliegt, wenn die Situation entsprechend ist. Bykov und seine Mitarbeiter wendeten Pawlows Methode des bedingten Reflexes an. Eine Glocke ertönt, deren Klang für einen hungrigen Hund keine besondere Bedeutung hat; wird aber immer vor der Fütterung geläutet, so beginnt der Hund zu hecheln, sobald die Glocke ertönt. Diese Methode der Konditionierung ist innerhalb der Psychologie oft angegriffen worden, da sie viele Analysen menschlicher Verhaltensweisen hervorgebracht hat, die *ausschließlich* auf dem Konditionierungsprozeß basieren. Die Überbetonung, die diese Methode erfahren hat, sollte uns jedoch nicht davon abhalten, Informationen auszuwerten, die in den Studien über Konditionierung enthalten sind. Bykovs Untersuchungen zeigten, daß ein Vorgang, der konditioniert werden kann, ein modifizierbarer Prozeß ist, und daß also autonome Prozesse, die konditioniert werden können, in Wirklichkeit überhaupt nicht autonom sind.[4]

Einige Forscher des Bykov-Labors wiesen nach, daß viele unwillkürliche Vorgänge konditioniert werden können. Tiere konnten ihre Körpertemperatur ebenso wie die Temperatur in ihren Gliedmaßen etwas verändern, indem sie den Blutfluß zu den Gliedmaßen veränderten. Auch konnten sie ihren Herzrhythmus beeinflussen und so durch Morphium herbeigeführte Stockungen im Elektrokardiogramm beseitigen. Die Ausscheidungen der Bauchspeicheldrüse konnten verändert und die Nierenaktivität – die Urinausscheidung – gesteigert oder gemindert werden. Der Blutgehalt in der Milz konnte verändert werden, die Gallenausscheidung beeinflußt usw. Diese Vorgänge hielt man für nicht beeinflußbar. Schließlich waren sie Teil des »Automaten«, des Körpers.

Die Arbeit der Russen zeigt deutlich, daß das Herz, die Leber, die Milz, die Nieren, der Blutfluß usw. weitaus mehr als bisher angenommen modifiziert werden können. Sie zeigt auch auf, daß die Aufteilung in Geist und Körper – Geist als Willens- und Verstandesprozeß und Körper als Automat im Sinne Descartes – dumm und falsch ist. Wie Bykov und Gantt es ausdrücken: »Die Kluft zwischen den beiden abgetrennt voneinander existierenden Welten der Psyche und des Soma ist überbrückt.«[5]

Es gibt und es hat noch andere Beweise in diesem Zusammenhang gegeben. Die ersten Untersuchungen von Freud und Breuer über Hysterie weisen in die gleiche Richtung. Ihr erster, ziemlich bekannter Fall berichtet von einer Frau, deren Hand gelähmt war. Ihre Lähmung nahm die Form eines Handschuhs an, was Freud als »anatomischen Unsinn« bezeichnete, da die Muskeln, die durch eine »echte« Paralyse angegriffen wären, nicht an der Grenzlinie aufhörten, die durch den Handschuh angegeben wurde. Nach Freuds Ansicht unterlag diese Paralyse der willkürlichen, wenngleich, in seinen Begriffen ausgedrückt, »unbewußten« Kontrolle durch die Frau. Aus diesem Problem der Frau und aus den Problemen vieler anderer Patienten entstand das Konzept der psychosomatischen Medizin – einer Disziplin, die, wie der Name schon sagt, die geistige und körperliche Welt verbindet. Freuds Theorie war, daß die Paralyse der Frau geheilt werden könnte, wenn sie sich dieser »unbewußten Kontrolle« bewußt würde.

Bisher wurde die Anwendung psychosomatischer Medizin auf das Beseitigen fehlgeleiteter Anwendung der latenten Macht in uns beschränkt. Aber es gibt hier einen wichtigen theoretischen Anhaltspunkt für unsere Betrachtung. Die Tatsache, daß man eine willentliche Paralyse in Form eines Handschuhs zustande bringen kann, macht klar, daß man präzise Kontrolle über den Blutstrom und die Muskulatur in genau festgelegten Bereichen der Hand ausüben kann. Die Behauptung des Yogi, daß man den Kreislauf und was damit zusammenhängt, kontrollieren kann, erscheint nicht mehr so fantastisch. Da Yogameister viele Jahre damit verbringen, diese Vorgänge mit Hilfe der Meditation zu verändern, scheint es im Hinblick auf Bukovs Untersuchungen und jene der psychosomatischen Medizin durchaus vernünftig, anzunehmen, daß diese Veränderungen durchführbar sind.

Die gewiß am meisten entwickelte und in theoretischer Hinsicht sachdienlichste Untersuchung über willentliche Veränderungen physiologischer Vorgänge in jüngster Zeit war jene von Neal Miller und Leo DiCara von der Rockefeller University.[6] Ihre Forschung zielte ausdrücklich darauf ab, die Möglichkeit des Lernens im autonomen Nervensystem zu untersuchen, ohne daß die Skelettmuskulatur mit eingeschaltet wird. Bykovs Arbeit war auf klassisches (unwillkürliches) Konditionieren beschränkt, das Lerntheoretiker im Vergleich zu willentlicher Kontrolle (instrumentale Konditionierung) als untergeordnete Lernweise ansehen. Bykovs Untersuchungen, wie er selbst erklärte, sollten nachweisen, daß das autonome Nervensystem jederzeit durch das zentrale Nervensystem modifiziert werden kann.

Millers und DiCaras Untersuchung weist darauf hin, daß die Veränderungen im Kreislauf, die Veränderung der Aktivität der inneren Organe und Drüsen auf einer instrumentellen Basis mit Hilfe der Art und Weise des Lernens zustande gebracht werden kann, die einige Psychologen als etwas »höher« einstufen. Am wichtigsten ist jedoch, daß ihre Forschung zeigt, daß der Lernvorgang innerhalb des autonomen Nervensystems ohne Beteiligung der willkürlich gelenkten Skelettmuskulatur stattfinden kann. (Es ist selbst bei diesen sehr sorgfältig durchgeführten Experimenten beinahe unmöglich, Aktivitäten des zentralen Nervensystems *vollständig* auszuschalten.) In den meisten Fällen, die dazu dienen, die Möglichkeiten der Selbstregulierung des Menschen zu erforschen, werden diese akademischen Unterscheidungen nicht sehr wichtig sein. Meist wird es, vom praktischen Standpunkt gesehen, einerlei sein, ob ein Vorgang wie die Verlangsamung des Herzschlags mit Hilfe der Skelettmuskeln zustande gebracht wird oder nicht, aber für die Theorie sind diese Unterscheidungen sehr wesentlich, weil sie jede denkbare Vorstellung eines abgetrennt existierenden autonomen Nervensystems ausschließen.

Miller, DiCara und ihre Kollegen studierten Versuchstiere, meistens Ratten, bei denen sie Elektroden, Thermistoren oder Photozellen an bestimmten Stellen im Magen, in der Niere, in Teilen des kardiovaskulären Systems und im Gehirn anbringen konnten. Information über die besondere Aktivität in diesen Bereichen (wie zum Beispiel der Blutkreislauf) wurde in elektrische Stimulierung der »belohnenden« Gehirnzonen umgewandelt. (Man hatte herausgefunden, daß die meisten Tiere die Stimulierung bestimmter Gehirnbereiche als Belohnung empfinden.) Um den Anteil der elektrischen Gehirnstimulierung zu steigern, mußten die Tiere einen Aspekt ihrer »autonomen Aktivität« verändern – in diesem Fall den Blutkreislauf. Miller und DiCara eliminierten die Möglichkeit, daß sich die Skelettmuskeln in diesen »autonomen« Lernvorgang einmischten, indem sie den Tieren die Droge Curare gaben, die selektiv die Muskulatur paralysiert und verhindert, daß Impulse des zentralen Nervensystems die Muskeln erreichen.

Durch Sensoren, die in bestimmten Regionen eingepflanzt waren, um das Signal und die Information an das Gehirn aufzufangen und direkt in Belohnungsimpulse umzuwandeln, konnten die Tiere sehr schnell lernen, ihren Blutkreislauf, Blutdruck, Durchblutung des Magens, ihre Nierenfunktionen und die elektrischen Aktivitäten des Gehirns zu kontrollieren. Miller und DiCara wollten, daß jeder einzelne Vorgang unterschiedlich kontrolliert wird – zum Beispiel Beschleunigung und Verlangsamung des Blutkreislaufs, die Veränderung der Nierenfunktionen etc. Es sieht so aus, als könnte man viele unwillkürliche Prozesse sehr gut beeinflussen, sobald dem Bewußtsein die Information zugänglich ist und die Signale wahrgenommen werden können. Bei einem Versuch wurden in beide Ohren einer Ratte Sensoren eingesetzt und die Belohnung nur gegeben, wenn der Blutstrom in einem Ohr sich von dem im anderen Ohr unterschied. In diesem Fall konnte sich die Ratte die Belohnung nicht verschaffen, indem sie einen *allgemeinen* Vorgang änderte, wie etwa die Beschleunigung des Blutkreislaufs oder die Beeinflussung des Herzschlags. Die Ratte lernte, jedes Ohr *unterschiedlich* zu durchbluten, und steigerte die Blutzufuhr in jedem Ohr zeitlich verschieden.

Ein anderes Ergebnis der Untersuchungen von Miller und DiCara bezieht sich unmittelbar auf jenen Aspekt der Meditation, der sie als Vorgang des Abschaltens sich bekämpfender Aktivitäten erscheinen läßt oder, in den Worten unserer Metapher, als Abschalten des Tageslichtes. Als Miller zum erstenmal seinen Tieren Curare gab, befürchtete er, es könnte ihre Fähigkeit, physiologische

Vorgänge zu beeinflussen, mindern. Das Gegenteil war der Fall. Jene Tiere, die durch Curare paralysiert waren, lernten viel schneller, ihren Herzschlag, ihre Durchblutung, ihre Nierenfunktionen etc. zu beeinflussen. Erinnern wir uns daran, daß Curare eine Droge ist, die alle gewöhnlichen Bewegungen und die auslösenden Impulse, die normalerweise in das Wahrnehmungsfeld dringen, anhält. Es kann darum sein, daß Curare bei diesen Versuchstieren eine Funktion erfüllt hat, die der Meditationsübung bei Menschen entspricht. Beide sind Mittel, um irrelevante Aktivität zu reduzieren, und beide können das Erkennen schwacher Signale erleichtern.

Möglicherweise gibt es einen Weg, auf dem unsere hochentwickelte Technologie vielen Menschen aus unserem Kulturkreis helfen kann, willentlich die Aktivität ihres Nervensystems zu beeinflussen, ohne eine Pilgerfahrt nach Indien antreten zu müssen. Wir glauben, daß Meditationsübung irrelevante Aktivitäten ausschaltet, so daß schwache Signale unser Wahrnehmungsfeld erreichen können. Wir können dieses Unterfangen auch als Vorgang der Bewußtmachung unbewußter Prozesse ansehen. Es kann sein, daß die herkömmliche Unterscheidung zwischen Geist und Körper auf die einfache Unfähigkeit zurückzuführen ist, sich relevanter Information zuzuwenden.

Behalten wir die Vorstellung des Sonnenlichts und der Sterne im Gedächtnis und vergegenwärtigen wir uns, wie wir die Technologie anwenden könnten, um die schwachen Signale *selbst* zu verstärken, so daß sie sogar während des Tages »gesehen« werden können. Wenn wir die Meditation physiologisch untersuchen, erhalten wir einen Eindruck von den Grenzen willentlicher Beeinflussung, die der Mensch erreichen kann. Haben wir uns einmal entschlossen, einen bestimmten Vorgang im Menschen ändern zu wollen, können wir versuchen, diese Dimension durch Verstärkung in den wahrnehmbaren Bereich zu bringen und zu entscheiden, ob dieser Vorgang willentlich beeinflußbar ist.

Eine Wirkung der Meditation auf die Gehirnaktivität ist beispielsweise die Zunahme des Alpharhythmus des EEG. Man könnte eine Maschine bauen, die den Alpharhythmus aufspürt und uns ein Zeichen gibt, wenn wir ihn produzieren. Diese Maschine würde das schwache Signal (des Alpharhythmus) durch eine Art Schaltplan wahrnehmbar machen. Das schwache Signal würde auf der Schädeldecke aufgespürt werden; das verstärkte und gefilterte Signal könnte in einen Ton umgewandelt werden, der dann die Information in unseren Wahrnehmungsbereich bringt. Durch Verstärkung schwacher Signale können wir uns der Perioden bewußt werden, in denen wir den Alpharhythmus produzieren. Und da Alpha in Zusammenhang mit dem Fortschritt bei der Meditation steht, kann dies ein Weg sein, auf dem man Information über eine der physiologischen Veränderungen erhält, die durch Meditation hervorgerufen wurden.

Joe Kamiya vom Langley Porter Neuropsychiatric Institute in San Francisco hat mit Hilfe eines Systems, das den Alpharhythmus in Töne umwandelt, gezeigt, daß gewöhnliche Leute sehr schnell lernen können, ihre Gehirnwellen zu beeinflussen, um den Alpharhythmus willentlich zu steigern oder zu mindern.[7] Eine ähnliche Entdeckung wurde durch Miller und Sterman bei Tieren gemacht.[8] Diese Forscher belohnten ihre Tiere, wenn sie EEGs mit hoher Voltzahl und niedriger Frequenz produzierten, die möglicherweise dem menschlichen Alpha entsprechen, und fanden heraus, daß man lernen kann, den Alpharhythmus zu verstärken. Die Tiere wurden ruhig und entspannt. Miller berichtet, daß die Katzen wie Sphinxe dasaßen.

Leute, die selbst das Alphatraining versuchten, berichten über eine entspannte und dennoch einigermaßen aufgeweckte Verfassung, bei der die Aufmerksamkeit mehr als gewöhnlich nach innen gerichtet ist. Versuchspersonen, die an Experimenten von Nowlis, MacDonald, Kamiya und an meinen eigenen Studien in Kamiyas Labor teilnahmen, neigen dazu, den Zustand als »dunkler«, »im Hinterkopf«, »entspannt« und »fließend« (im Gegensatz zum Nicht-Alpha-Zustand) zu bezeichnen, also lauter Begriffe, die den Beschreibungen des Meditationszustandes ähneln.[9]

Lernen, den Alpharhythmus des Gehirns zu verändern, scheint überraschend einfach zu sein. Alle sechzehn Versuchspersonen bei Nowlis und Kamiyas Experimenten waren in der Lage, innerhalb von fünfzehn Minuten bis zu einem gewissen Grad ihren Alpharhythmus zu beeinflussen, und achtundzwanzig von zweiunddreißig von Nowlis und MacDonalds Versuchspersonen gelang dies sogar innerhalb von sieben Minuten. Meine eigenen Studien zeigten weniger aufsehenerregende Ergebnisse – vier von sieben Versuchspersonen lernten innerhalb von acht Stunden, ihre Kontrollfähigkeit wesentlich zu steigern. Der Vorgang der physiologischen Rückkopplung, wie man dies Training normalerweise nennt, besteht daraus, eine Verbindung herzustellen, die bislang nicht gegeben war, mit deren Hilfe man schwache Signale im Nervensystem verstärkt und wahrnehmbar macht. Den Anregungen Kamiyas folgend, haben Joseph Hart von der University of California in Irvine, Charles Tart von der University of California in Davis, B.

Brown und viele andere diese Arbeit über willentliche Veränderung der elektrischen Aktivitäten des Gehirns bestätigt und weiter ausgebaut. Auch andere Aspekte des EEG – die Beta- und Thetaaktivität – können beeinflußt werden. Ist erst einmal mit Hilfe technischer Mittel die relevante Information in unser Bewußtsein gedrungen, sind erst einmal die Sterne hell geworden, scheint es uns ziemlich leichtzufallen zu lernen, diese Gehirnaktivitäten zu modifizieren.

(Hier noch zwei Anmerkungen über physiologisches Rückkopplungs-Training:

1. In gewissem Sinn kann man die physiologische Rückkopplung mit einer Badezimmerwaage vergleichen, die selbst ein Rückkopplungsmittel ist. Wenn man versucht abzunehmen, wird nicht immer sichtbar sein, ob man das Richtige unternimmt. Es ist nicht einfach, nach dem Spiegelbild zu beurteilen, ob man 200 oder 199 Pfund wiegt. Aber die Waage kann eine genauere Angabe machen. Hat man bisher 200 Pfund gewogen und ist jetzt bei 199 angelangt, weiß man, was man weiterhin tun soll, damit das Gewicht noch mehr zurückgeht. Auf die gleiche Weise liefern der Ton und die Punkterechnungen der physiologischen Rückkopplungsgeräte genaue Hinweise auf sehr kleine Veränderungen, die man weiterhin hervorrufen und zusammenfassen kann, um größere Veränderungen im physiologischen Prozeß zu bewirken – d. h. man »formt das Verhalten«.

2. Innerhalb der Psychologie war die Beziehung zwischen Geist und Hirn eines der Hauptprobleme. Eine primäre Schwierigkeit war, daß auf der physiologischen Seite die Beobachtungen auf natürlich vorkommende Aktivitätsverbindungen beschränkt blieben. Wenn wir in der Lage sind, eine gewisse hochentwickelte experimentelle Kontrolle über das System zu erlangen – wie etwa das Einüben einer bestimmten Seinsverfassung des Gehirns –, könnte es möglich sein, die Verbindungen zwischen Physiologie und bewußter Erfahrung klarer zu bestimmen.)

Aufgrund des Interesses am menschlichen Bewußtsein hat sich während der letzten Jahre eine neue Forschergeneration um die Techniken der physiologischen Rückkopplung gruppiert. Diese Gruppe besteht aus Psychologen, Physiologen, Physikern, Computer-Wissenschaftlern und vielen anderen, die sich zusammengefunden haben, um die »Bio-feedback Society« zu gründen. Ihr Hauptanliegen ist, die Folgerungen aus unseren »neuen« Ansichten über das Nervensystem (die den Anhängern der älteren Meditationstraditionen lange bekannt sind) auszuloten, den Bereich der physiologischen Vorgänge abzustecken, die willentlich beeinflußbar sind, und herauszufinden, welche Methoden am wirksamsten sind, um diese Veränderungen auszuprägen, eine Untersuchung, die verschiedene Formen der Rückkopplung, Hypnose, der Meditation etc. umfaßt. Sie hoffen, daß sie diesen umfassenderen und vorwiegend östlichen Standpunkt, unsere Fähigkeiten betreffend, unserer Kultur zugänglich machen können. Unsere Technologie hat sich hauptsächlich damit beschäftigt, die Außenwelt mit immer größerer Wirksamkeit zu manipulieren. Daß wir während der letzten hundert Jahre dabei außerordentlich erfolgreich waren, wird niemand bezweifeln. Viele der Probleme, die einst den Menschen belasteten, sind gelöst worden. So hindern uns beispielsweise nur politische Gründe daran, die ganze Welt mit Nahrung und Kleidung zu versorgen. Aber wir haben versäumt, unsere technologische Hochentwicklung nach innen zu wenden. Im allgemeinen haben wir die Möglichkeiten zur willentlichen Veränderung, die in uns angelegt sind, ignoriert. Unsere Ansichten über unsere Fähigkeiten haben sich in letzter Zeit aufgrund des Einflusses, der von Meditationstechniken und den jüngsten, recht genauen wissenschaftlichen Arbeiten ausgeht, stark geändert. Mit dieser neuen Auffassung über unser Nervensystem können wir die Dimensionen der Selbstregulierung erforschen, die das Erfahrungsfeld einiger weniger waren, die sich in den esoterischen Traditionen übten und die unsere inneren Möglichkeiten nicht übersehen (oder vergessen) hatten.

Wie wir gesehen haben, können wir unsere Herztätigkeit kontrollieren; Versuchstiere können das, Yogis berichten darüber, und ebenso könnten dies gewöhnliche Leute, wenn sie die richtigen Informationen erhalten würden. Elmer Green von der Menninger Foundation hat vorbereitende Daten über einen Yogi veröffentlicht, der seinen Herzschlag ziemlich dramatisch beschleunigen oder verlangsamen und seine Hauttemperatur verändern kann.[10] Bernard Engel von den National Institutes of Mental Health zeigte als erster, daß bei normalen Versuchspersonen der Herzschlag willentlich beeinflußt werden kann. Er war in der Lage, Herzarhythmie durch die Rückkoppelungsmethode zu behandeln. Herzarhythmie ist ein Zustand, bei dem, wie der Name andeutet, das Herz unregelmäßig schlägt. Wenn der Patient einfach in die Lage versetzt wird, die Unregelmäßigkeit zu hören, kann er oft willentlich den Herzschlag regelmäßiger machen.[11] David Shapiro und seine Mitarbeiter an der Harvard University haben gezeigt, daß Menschen ebenso wie Ratten ihren Blutdruck verändern können, wenn sie die entsprechenden Informationen haben.[12] Wenn Leute mit überhöhtem Blutdruck lernen könnten, ihn zu reduzieren, würde die Anzahl der Herzkranken gewaltig zurückgehen.

Ebenso hat Green gezeigt, daß ein Yogi die Temperatur in seiner Hand sehr stark verändern kann – er kann die Temperatur an einem Punkt anheben und an einem anderen Punkt, der nur wenige Zentimeter entfernt ist, senken, wobei er schnell einen Temperaturunterschied von 11° F erreicht.[13] Gibt man normalen Versuchspersonen Informationen über Hauttemperatur, sind sie ebenso, wenn auch nicht in solch dramatischen Ausmaßen, zur Kontrolle fähig. (Vergleicht man dies mit physiologischem Rückkopplungstraining, bei dem man beispielsweise Kontrolle über den Herzschlag erlangen und dazu das Ansteigen des Herzschlags durch Treppauf- und Treppabrennen demonstrieren wollte, wären nur wenige interessiert. Oder ein weniger extremes Beispiel: Auch wenn man den Herzschlag dadurch beschleunigen würde, daß man sich angespannte Situationen vorstellt oder Wut erzeugt, wäre dies nicht von großer Bedeutung.) Aber was einzutreten scheint, ist eine *unmittelbarere*, direkte Art des Lernens – man lernt, den Herzschlag zu verändern, wie man lernt, einen Muskel anzuspannen – ohne Vermittlung. (Versuchspersonen bei Engels Experimenten haben von dieser Erfahrung berichtet.)[14]

Die geeignete Form des physiologischen Rückkopplungstrainings könnte, falls diese Disziplin eine ausreichende Vielfalt von Techniken hervorbringt, ebenso einfach verordnet werden wie jetzt ein Medikament. Die Vorteile liegen auf der Hand. »Psychologisch« betrachtet, würde der Patient das Gefühl haben, daß er sich selbst aktiv am Heilprozeß beteiligt. Wenn der Patient lernt, willentlich die Vorgänge zu beeinflussen, die ihm Sorge bereiten, kann er unter Anleitung des Arztes seinen Allgemeinzustand erträglich gestalten, ohne daß Medikamente nötig wären. Der Vorteil physiologischer Rückkopplung als Heilmittel gegenüber Medikamenten ist augenfällig. Medikamente bewirken was sie sollen, aber die Wirkungen halten wesentlich länger an, als es nötig wäre und lösen oft unerwünschte Begleiterscheinungen aus. Die hauptsächlichen Veränderungen, die durch Rückkopplung ausgelöst wurden, klingen ab, sobald die Übungsperiode zu Ende ist, und Nebenwirkungen würden dadurch verringert werden. Dennoch sollten wir nicht denken, daß physiologisches Rückkopplungstraining *ganz ohne* Nebenwirkungen bleibt. Wenn man irgendeinen Vorgang im Nervensystem verändert, wird es zwangsläufig ausgleichende Veränderungen bei anderen Vorgängen geben. Jedoch werden die Veränderungen, die durch Rückkopplungstraining hervorgerufen wurden, wahrscheinlich weniger schwerwiegend sein als jene, die durch Medikamente zustande kommen. Dieses Training wäre Medikamenten auf jeden Fall vorzuziehen, falls es möglich ist, wesentliche Beeinflussungen des Gehirns und der Kardiovaskulären sowie der Muskeltätigkeit auf anhaltende Weise zu erlernen.

Gegenwärtig wissen wir wenig über Rückkopplungstraining. Die Grenzen willentlicher Beeinflussung und deren Nachwirkungen sind immer noch Fragen, über die spekuliert werden kann und die nach weiterer empirischer Forschung verlangen. Wir wissen jedoch, daß man außer dem Gehirn und dem Herzschlag den galvanischen Hautwiderstand, die Muskelspannung gewisser Bereiche (die Frontalismuskeln der Stirn) und die Hauttemperatur verändern kann. Stoyva und Budzynski von der University of Colorado, Medical Center, haben die Möglichkeit des »Dekonditionierens« oder der »Desensibilisierung« durch Rückkopplung untersucht. Die Verhaltenspsychologie faßt viele psychologische Probleme – wie etwa Phobien, Kopfschmerzen und Angstgefühle – als fehlerhaftes Lernen auf.[15] Entsprechend dieser Ansicht reagiert eine Person einfach nur auf die falsche Weise, wird ängstlich und spannt die Muskeln im falschen Augenblick an. Die Therapie besteht daraus, die Person im Entspannen zu üben, statt daß sie sich angesichts der »bedrohlichen« Stimulierung verspannt. Stoyva und Budzynski haben das Elektromyogramm (EMG) verwendet, das den Grad der Muskelanspannung mißt und so die Entspannung anzeigt, die jetzt bei früher bedrohlich wirkenden Stimulierungen eintritt. Als erste Ergebnisse ihrer Untersuchung fanden sie heraus, daß ein Sich-entspannen in einer Situation, die zuvor Angstgefühle hervorrief, wesentlich schneller möglich ist, wenn man die Rückkopplungstechnik verwendet. Wenn ein Mensch seine eigene Muskelspannung und die elektrische Aktivität seines Gehirns »hören« kann, kann er sie ständig überwachen und viel genauer in der gewünschten Verfassung erhalten. Diese Beispiele, die sich aus den gegenwärtigen Forschungen ergeben, stellen eine anregende und nützliche Entwicklung der neuen wissenschaftlichen Auffassung vom Nervensystem dar. Das zentrale Anliegen ist das alte geblieben – das Beseitigen falsch angewendeter Kontrolle oder Berichtigung funktionaler oder organischer Fehler.

Wir könnten auch kurz einige Möglichkeiten der Ausweitung der »normalen« menschlichen Fähigkeiten betrachten, die sich mehr mit den Zielen der meditativen Disziplinen decken. Die Folgerungen, die sich aus der willentlichen Beeinflussung physiologischer Vorgänge ergeben, können zu einem erweiterten Verständnis der Bedeutung der Erziehung führen. Wir könnten beispielsweise in der Lage sein, unsere Fähigkeit zur Aufmerksamkeit besser zu kontrollieren. Erst einmal wird die ständig anwachsende Schülerzahl in immer größer werdenden Klassen klar und einfach bedeuten, daß jedem einzelnen Schüler immer weniger Aufmerksamkeit zuteil wird. Als Antwort auf dieses Problem versucht man die Lehranweisung mit Hilfe von Computern zu erleichtern, aber diese Technik nimmt nicht viel Rücksicht auf das Einzelwesen, außer daß sie vielleicht das Entwicklungstempo und das Niveau des Schülers aufzeichnet. Die Anwendung von Computertechnik im Unterricht hat im wesentlichen zur Entwicklung von Schnell-Pauk- und Übungsmaschinen geführt. Diese Art des Unterrichts hat niemals versucht, die »Verfassung« des Schülers in Betracht zu ziehen. Wir kennen beispielsweise alle beim Lesen jene Augenblicke, wo unsere Aufmerksamkeit nachläßt und wir auf die Seiten »schauen«, ohne daß wir etwas wahrnehmen. Zu einer anderen Zeit kann es sein, daß wir zu verspannt oder zu sehr mit etwas anderem beschäftigt sind, um dem Augenblick »Aufmerksamkeit zu schenken«. Physiologisches Rückkopplungstraining könnte hier nützlich sein. Nehmen wir an, weitere Forschung würde bestimmte physiologische Prozesse, die beispielsweise mit dem wirksamen Verarbeiten verbaler Information zusammenhängen, genauer erkennen. Wir würden dann das Nervensystem des Schülers und seine Hand und Augen mit dem Computer-Lehrer verbinden, der den Lehrstoff nur dann zur Verfügung stellt, wenn der Schüler ein entsprechendes Muster physiologischer Aktivität hervorbringt. Um einen Text zu sehen, müßte sich der Schüler dann notwendigerweise in einer Verfassung befinden, in der er wirksam lesen kann. Läßt seine Aufmerksamkeit nach (und könnten wir ein Aktivitätsmuster finden, das damit zusammenhängt), würde der Lehrstoff verschwinden, und dem Schüler würde sofort bewußt werden, daß er seine Verfassung ändern muß.

Wir wissen gegenwärtig nicht, ob es tatsächlich möglich ist, physiologische Aktivitätsmuster zu bestimmen, die eindeutig auf wirksame Aufmerksamkeit und wirksames Erinnerungsvermögen hinweisen, aber dieses allgemeine Ziel ist sicherlich der weiteren Forschung wert. Wir haben bisher nur wenige sichere Beweise, mit denen man weiterarbeiten kann, außer dem klar erkennbaren nächsten Schritt, mit Schülern zu arbeiten, die lernen möchten, aber so verspannt sind, daß sie es nicht können. Diese Schüler könnte man dahingehend trainieren, daß sie eine niedrige Muskelspannung haben sollten, bevor sie die Lehrinformation zu sehen bekommen. Einem Computer-Lehrer zu ermöglichen, die Physiologie des Schülers zu überwachen, könnte eine ausgezeichnete Möglichkeit sein, das Problem überfüllter Schulen zu lösen. Es wäre möglich, verschiedene Arten der Begriffsbildung einzuüben – verbale, logische, räumliche etc. – die sich auf verschiedene Muster der Gehirnaktivität gründen, und vielleicht sollte man auch die vielseitigen Wechselbeziehungen der Gehirnfunktionen berücksichtigen. Das neue Verständnis unserer Willensfähigkeiten kann entscheidend für eine umfassendere Definition des Erziehungsbegriffs sein. Unser Unterricht beschränkt sich gegenwärtig auf die Einübung intellektuell-verbaler Fähigkeiten. Aber wenn es objektive, leicht überwachbare physiologische Rückkopplungsvorrichtungen für jedermann geben würde, könnte man die Entwicklung der Fähigkeit, willentlich seinen physiologischen Zustand zu verändern, für jeden Menschen zum Bestandteil seiner ersten Lernerfahrungen machen. Wir wären dann in der Lage, uns willentlich zu entspannen, unsere Herztätigkeit, unsere Muskeln und unser Gehirn zu beeinflussen. Wenn wir wollten, könnten wir unser Wahrnehmungsvermögen beeinflussen und es für einige Zeit ausschalten. Die Fähigkeiten, von denen die Meditationsschulen sagen, sie lägen in uns, würden dann vielen Menschen zugänglich werden.

Wenn die Forschung hier vernünftig weitergeht, könnte diese Art von Unterricht Bestandteil der Erziehung eines jeden Schulkindes werden. Es könnte lernen, seine eigene Physiologie zu verändern, so wie es jetzt lernt, die Außenwelt zu beeinflussen und von außen Informationen zu erhalten. Es kann auch sein, daß Kinder, die frühzeitig lernen, ihre physiologischen Vorgänge zu beeinflussen, dies besser können als ihre älteren Gefährten.

Diese Möglichkeiten liegen noch weit in der Zukunft. Alles, was man bisher weiß, ist, daß die Fähigkeit zur willentlichen Veränderung existiert und mit Hilfe der Rückkopplung aktiviert werden kann. Gegenwärtig weiß man nur wenig über die Langzeitwirkungen dieser Übungen – ob die physiologischen Definitionen eines Wahrnehmungszustandes für eine ausreichende Anzahl von Menschen überzeugend genug sind, damit diese Techniken nutzbringend werden, und ob die Übungsvorgänge selbst bedeutsame Langzeitwirkungen im Individuum auslösen. Es ist gänzlich unklar, ob irgendeine der Techniken, die wir zuvor diskutierten – Senkung des Blutdrucks, Verlangsamung des Herzschlags, Veränderung der gastrointestinalen Reaktionen – tatsächlich bei Therapien angewendet werden kann. Es ist zum erstenmal in wissenschaftlichen Kreisen bekanntgeworden, daß eine derartige Therapie denkbar wäre. Und zum erstenmal haben wir technische Mittel entwickelt, die diese Art des Trainings ermöglichen. Es wäre sicher der Mühe wert, herauszufinden, wie nützlich diese Techniken sein können.

Um kurz abzuschließen: Die »vergessenen« esoterischen Disziplinen stellen reichhaltige Informationsquellen für die Gegenwartspsychologie dar, so daß aus der Verbindung heutiger und vergangener Psychologie ein neues und erweitertes Verständnis der menschlichen Fähigkeiten entstehen kann. Theoretisch gesehen, waren diese älteren Formen der Psychologie Vorläufer der modernen Analyse der interaktiven Natur unseres Wahrnehmungsvermögens. Sie bieten ebenfalls verschiedene alternative Konzeptionen des menschlichen Verhaltens (wie etwa Gurdjieffs Aufteilung des Menschen in verschiedene »Zentren« – Bewegung, Intellekt, Emotion und die »höheren« Zentren).[16] Ihre seit Jahrhunderten gepflegte nichtdualistische Auffassung von Geist und Körper wurde erst vor kurzem von der Wissenschaft akzeptiert. Sie beschrieben ein weit umfassenderes Set von Variablen, die das menschliche Verhalten beeinflussen und die normalerweise nicht als Bestandteil moderner Wissenschaft betrachtet werden. Diese Psychologien bieten auch Techniken zur Wahrnehmungsveränderung und zur Veränderung des »unwillkürlichen« Teils der Nerven und Drüsenaktivität an, die die westliche Wissenschaft lange Zeit ignoriert hat. Die Untersuchung weit Fortgeschrittener in diesen Disziplinen kann uns einen kleinen Eindruck davon vermitteln, bis zu welchem Grad Meisterschaft über diese Prozesse erreichbar ist.

Ist erst einmal diese reiche Quelle erschlossen, müssen in Zukunft 3 Hauptforschungsgebiete vollständig erschlossen werden.

1. Die physiologischen Daten, die bisher aufgrund der wissenschaftlichen Untersuchung der Meditation und anderer Techniken der esoterischen Psychologien zur Verfügung stehen, sind sehr dürftig, und die Gehirnvorgänge wurden durch die einzelnen Forscher in sehr allgemeinen Begriffen dargestellt. Wir wissen gegenwärtig nicht, wie übereinstimmend die Veränderungen des Alpharhythmus während einer Meditationssitzung und bei verschiedenen Versuchspersonen sind. Von der Meditation zu sagen, sie sei »high alpha«, ist das gleiche, als würde man sagen, daß sich irgend jemand in New York befindet. Etwas Information wurde vermittelt, aber viele Fragen bleiben unbeantwortet. Wir wissen nicht, wie beständig Alpha während der Meditation ist oder ob Unterschiede zwischen Personen mit verschiedenen EEGs bestehen, wenn sie meditieren. Jetzt, wo man die EEG-Signale mit Computern analysieren kann, sind wir vielleicht in der Lage, das Problem quantitativ

anzugehen. Feine Unterschiede zwischen den Strukturen der Zen- und der Yoga-Meditation könnten beschrieben und quantifiziert werden. Wenn man Leute dazu ausbilden will, die EEG-Muster von Meditierenden zu erreichen, braucht man mehr quantitative Schätzungen dieser Muster.

Studien über die Langzeitwirkungen der Meditation auf den Stoffwechsel, den Schlafzyklus und auf alltägliche Verhaltensmuster müssen gemacht werden. Viele der Übungen dieser Disziplinen, die damit zusammenhängen, sollten physiologisch erforscht werden. Bisher gab es nur einige Studien über die physiologischen Wirkungen der Yoga-Atemübungen und Asanas. Behannon berichtet, daß einige Versuchspersonen bei bestimmten Übungen gesteigerten Sauerstoffverbrauch hatten, aber wie im Falle der Gehirnaktivität würden auch hier modernere Techniken einen quantitativen Überblick über grundlegende Stoffwechselvorgänge, über Kohlendioxydausscheidung und Sauerstoffverbrauch ermöglichen. Ein interessanter Zweig der Forschung könnte der sein, der sich mit den Atemtechniken beschäftigt, die möglicherweise jede Gehirnhälfte unterschiedlich mit Nervenkraft versorgen. Eine Yogaübung verlangt, daß man durch ein Nasenloch einatmet und durch das andere ausatmet. Da der Geruchsnerv direkt und bilateral in das Gehirn führt, könnte diese Technik Auswirkungen auf jede Gehirnhälfte für sich haben. (Auf diesem Gebiet treibt vor allem David Galin vom LPNI die Forschung voran, wobei ich ihm als Sprachrohr und Bannerträger diene.) Bei Patienten, deren Gehirnhälften voneinander abgetrennt sind, hat Sperry unterschiedliche Auswirkungen auf die Geruchsbereiche nachgewiesen, und einige der Yoga-Atem-Beeinflussungen kann man als Versuche auffassen, die Gehirnaktivität asymmetrisch anzusprechen.

Wie bereits im vorangegangenen Kapitel angedeutet, ist unser Wissen über die Auswirkungen, die Meditationsübungen auf das Wahrnehmungsvermögen haben, immer noch ungenau. Einige Studien über die Informationsverarbeitung während und nach den Meditationsübungen wären sehr wichtig, ebenso wie Studien über die Auswirkungen des in jüngster Zeit zunehmenden Interesses an der Meditation im westlichen Kulturkreis. Auf diese Weise wären wir in der Lage, zu erkennen, welche Art Mensch sich der Meditation zuwendet und welche Art Mensch daraus ihren Nutzen zieht. Ein mögliches »Anwendungsfeld« der Meditation könnte die Behandlung von Drogenabhängigen sein. Viele der konventionellen Therapien berücksichtigen nicht, daß ein Grund für den Gebrauch von Drogen für viele Menschen das Verlangen nach erweiterten

Erfahrungen ist, und der Ersatz für die Drogenerfahrung wird darum von den Abhängigen oft als uninteressant empfunden. Die Meditationsübung könnte ein wirksamer Ersatz sein, da sie eine Disziplin darstellt, die Bewußtseinsveränderung anstrebt, aber nicht die schädlichen Nebenwirkungen der Droge aufweist. Benson macht beispielsweise einen ähnlichen Vorschlag, und ein Forschungsprojekt der University of California in Berkeley arbeitet unter Leitung von Dr. William Soskin in diesem Sinne.[17]

Die Sufis arbeiten mit Heilmethoden, die bisher noch nicht wissenschaftlich untersucht wurden, falls sie überhaupt wissenschaftlich erfaßbar sind.[18] Untersuchungen dieser Art von Heilmethoden könnten neue Informationen über das Potential gewisser medizinischer Therapien liefern.

2. In diesem Kapitel haben wir die physiologische Rückkopplung ausführlich besprochen. Sie stellt eine Mischung aus einer älteren Konzeption der menschlichen Fähigkeiten und technischer Erfindungen dar, die ermöglicht, daß einige dieser Fähigkeiten von vielen Menschen unserer Kultur schnell erlangt werden können, und die vielleicht auch ermöglicht, das Sich-aneignen dieser »unaussprechlichen« nichtverbalen Lernsituation zu beschleunigen. Rückkopplungstraining stützt sich auf die alten Meditationstraditionen und auf die reichhaltige Literatur über autogenes Training und Hypnose. Weitere Forschung wird klären, welche Methode die beste ist, um sich in Selbstregulierung zu üben, welche der verschiedenen Übungsmethoden für welche Menschentypen am geeignetsten ist und wie man diese Methoden am besten in der Therapie, der Erziehung und der Kultur im allgemeinen anwendet.

3. Die alten Überlieferungen sind der Auffassung, daß der Mensch Einflüssen unterliegt, die aus Bereichen stammen, die von der Wissenschaft bisher meist nicht anerkannt sind. Aber es gibt in der Wissenschaft da und dort Hinweise, die andeuten, daß der Mensch empfindsam wird für andere Begriffssysteme. Die Erdumdrehung und die Bewegungen anderer Himmelskörper beeinflussen physiologische Vorgänge in Mensch und Tier (man spricht von der »biologischen Uhr«).[19] Elektromagnetische Energie im sichtbaren Spektrum wurde in den Gehirnen von Säugetieren entdeckt.[20] Die Ionisierung der Luft wirkt sich auf den Wimpernschlag aus und soll die Sinusaktivität und den Heilvorgang beeinflussen.[21] Es könnte nutzbringend sein, sich ernsthaft mit diesen Stimulierungsquellen (und anderen, wie etwa der Radioaktivität und dem irdischen Magnetfeld) und ihren Auswirkungen auf die menschliche Physiologie und Verhaltensweise zu beschäftigen.

Eine abschließende Betrachtung

Der Mensch hat sich auf seiner Suche nach Selbsterkenntnis zwei Wege ausgewählt, den empirisch-erfahrenden des Ostens und den empirisch-forschenden des Westens. Zum erstenmal könnte eine Verschmelzung der beiden großen Traditionen menschlicher Suche möglich werden. Einige der neuen Techniken könnten es ermöglichen, daß sich die latenten Fähigkeiten des Menschen wirksamer und in einer größeren Anzahl von Menschen in beiden Welten entfalten.

Wir sollten uns jedoch klarmachen, daß die westliche Wissenschaft bisher nur wenig oder gar nichts über die Voraussetzungen weiß, unter denen diese Fähigkeiten angewendet werden können. Die Techniken und Experimente, die in diesem Buch besprochen wurden, dienen lediglich dazu, unsere Vorstellung von den Grenzen menschlicher Fähigkeiten zu modifizieren und – hoffentlich – auszuweiten. Jenseits davon finden wir viel radikalere Möglichkeiten, die für diese Traditionen ebenfalls existent sind – Vorstellungen über die physische oder nicht-physische Beschaffenheit des Bewußtseins, die Möglichkeit von »extra«-, »quasi«- oder »neo«-Sinneswahrnehmung, um nur einige Beispiele zu nennen. Diese Fähigkeiten werden als integraler Teil eines ganzen Wissensgebäudes verstanden (oder als Elemente einer höheren Technologie). Viele Autoren esoterischer Überlieferungen betonen, daß der Gebrauch dieser Fähigkeiten auf die richtige Zeit und den rechten Ort beschränkt bleiben muß. Vielleicht sollten diese Fragen zuerst mit den Vertretern dieser Traditionen gemeinsam untersucht werden, um diese besondere Art des Wissens zu erlangen, die es uns ermöglichen würde, wissenschaftliche Techniken und Methoden wirksamer anzuwenden.

Anmerkungen

Teil I: Wesenskern und Technik der Meditation

Einleitung

[1] Bezüglich dieses Themas verweise ich auf meine Arbeit *The One Quest*.
[2] Ich habe dies bis zu einem gewissen Grad in dem Artikel ›Contributions of Gestalt Therapy‹, in *Ways of Growth* getan, erschienen in New York: The Viking Press 1969.

1. Bereich der Meditation

[1] Richard von St. Victor in: ›De Gratia Contemplationis seu Benjamin Major‹. I, 3, veröffentlicht in: *Selected Writings on Contemplation*. Übers. von Claire Kirchberger, London 1957.
[2] Philip Kapleau: *Die drei Pfeiler des Zen*. Weilheim: O. W. Barth 1972.

2. Konzentrative oder absorbierende Meditation

[1] Ramana Maharshi: *Collected Works*. Hsg. v. Arthur Osborne. London: Rider & Co 1959.
[2] Zitiert in Wilhelm Fraenger: *The Millenium of Hieronymus Bosch: Outlines of a New Interpretation*. Übers. v. Eithne Wilkins und Ernst Kaiser. Chikago: University of Chikago Press 1951.
[3] Paul Reps (Hg.): *Ohne Worte – ohne Schweigen*. 101 Zen-Geschichten und andere Zen-Texte aus vier Jahrtausenden. München: O.W. Barth 1976.
[4] Thomas Merton: *The Way of Chuang Tzu*. New York: New Directions 1965.
[5] Ebd.
[6] Swami Prabhavananda und Christopher Isherwood (Übers.): *The Song of God, Bhagavad-Gita*. Mit einer Einführung von Aldous Huxley. Hollywood: Marcel Rodd Co 1944. (Eine gute deutsche Übertragung der Bhagavadgita von L. v. Schroeder erschien beim Eugen Diederichs-Verlag 1922 und wird immer wieder neu aufgelegt.)
[7] Ebd.
[8] Dante: *Die Göttliche Komödie*. Paradies, XXXIII, 143–45. (Hervorhebung vom Autor.)
[9] Douglas E. Harding: *The Hierarchy of Heaven and Earth: A New Diagramm of Man in the Universe*. New York: Harper & Brothers 1957.
[10] Arthur J. Arberry: *Tales from the Masnavi*. Unesco Collection of Representative Works: Persian Series. London: George Allen & Unwin 1961.
[11] Idries Shah: *Tales of the Dervishes: Teaching Stories of the Sufi Masters over the Past Thousand Years*. London: Jonathan Cape 1967.
[12] Anagarika Govinda: *Grundlagen tibetischer Mystik*. Frankfurt/M.: Fischer Taschenbuch (Bd. 1627) 1975.
[13] Farid al-dir Attar: *The Conference of the Birds: A Sufi Allegory Being an Abridged*

Version of Farid-uddin Attar's Mantiq-ut-Tayr. Übers. v. R. P. Massani. London: H. Milford 1924.

[14] Zitiert in Karlfried Graf von Dürckheim: *Japan und die Kultur der Stille.* Weilheim: O. W. Barth 1949. (Diese Passage gibt dieselbe Idee in einer ganz anderen Sprache wieder.)

[15] Zitiert in Evelyn Underhill: *Practical Mysticism.* London: Jonathan Cape 1914.

[16] Ajit Mookerjee: *Tantra Kunst.* Basel: Basilius Presse 1967/68.

[17] Aleister Crowley: *Magick in Theory and Practice by the Master Therion (Aleister Crowley).* New York: Catle Books 1960.

[18] D. T. Suzuki, Erich Fromm u. Richard de Martino: *Zen-Buddhismus und Psychoanalyse.* Frankfurt/M: Suhrkamp Taschenbuch (Bd. 37) 1972.

[19] John Heider, *Ph. D. diss.,* Duke University 1968.

[20] Arthur Deikman: ›Deautomatization of the Mystic Experience‹, *Psychiatry* 29 (1966), 324–38.

[21] Daisetz T. Suzuki: *The Training of the Buddhist Zen Monk.* Kyoto: The Eastern Buddhist Society 1934.

[22] Isshu Miura und Ruth Fuller Susuki: *The Zen Koan.* New York: Harcourt, Brace & World 1965.

[23] Daisetz T. Suzuki: *The Field of Zen.* Hsg. v. Christmas Humphreys. London: The Buddhist Society 1969.

[24] Idries Shah: *Die Sufis.* Düsseldorf: Diederichs 1976.

[25] R. Simac: ›In a Naqshband Circle‹. *New Research on Current Philosophical Systems.* New York: Octagon Books 1968.

[26] Martin Lings: *A Moslem Saint of the Twentieth Century.* London: George Allen & Unwin 1961.

[27] Cyprian Rice: *The Persian Sufis.* London: George Allen & Unwin 1964.

[28] Ebd.

[29] Israel Regardie erwähnt eine Legende, die besagt, daß »jener, der die rechte Aussprache von YHVA kennt, Shemla-Mephoresh oder unaussprechlicher Name genannt, die Macht besitzt, das Universum, sein besonderes Universum zu zerstören und das individuelle Bewußtsein in den Samadhi zu schleudern.« Zitiert aus: Israel Regardie: *The Tree of Life: A Study in Magic.* New York: Samuel Weiser 1969.

[30] Francis Barrett, der britische Vorläufer von Eliphas Levi, stellt in *The Magus* fest: »Alle Geister und auch die Essenz aller Dinge sind in uns verborgen und werden ausschließlich durch das Wirken, die Macht (Wille) und die Vorstellung des Mikrokosmos geboren und in Bewegung gesetzt.« Zitiert aus: Israel Regardie: *The Tree of Life.*

[31] Selbst in der natürlichen Struktur der Sprache scheint es einen Anteil an phonetischer Symbolik zu geben, den man nicht einfach mit Onomatopoeia erklären kann. In einer Studie, die zu einem Klassiker geworden ist, hat Roger Brown aufgezeigt, daß wenn englischsprachige Leute mit Wortpaaren entgegengesetzter Bedeutung in Englisch, Chinesisch, Hindi und Tschechisch konfrontiert wurden, sie in der Lage waren, den englischen Ausdruck mit dem entsprechenden Wort der ihnen fremden Sprachen in Verbindung zu bringen, und zwar mit einer Erfolgsrate, die über den Zufall hinausgeht. Zitiert in David Krech, Richard S. Crutchfield u. Norman Livson: *Elements of Psychology.* New York: Alfred A. Knopf 1969.

[32] Zitiert in Regardie, *op. cit.*

[33] Idries Shah: *Die Sufis.*

[34] *Writings from Philokalia on the Prayer of The Heart.* Übers. von E. Kadloubowsky und G. E. H. Palmer. London: Faber & Faber 1951.

[35] *Writings from Philokalia, on the Prayer of The Heart.*

[36] Karlfried Graf v. Dürckheim: *Japan und die Kultur der Stille.*

[37] Govinda: *Grundlagen tibetischer Mystik.*

[38] Govinda: *Grundlagen tibetischer Mystik*.
[39] Erwin Rousselle: ›Spiritual Guidance in Contemporary Taoism‹. *Papers from the Eranos Yearbooks: Spiritual Disciplines*. Bollingen Series XXX, No. 4. New York: Patheon Books 1960.
[40] Govinda: *Grundlagen tibetischer Mystik*.
[41] Ebd.
[42] Ebd.
[43] Edward Conze: *Buddhist Meditation*. Ethical und Religious Classics of East and West. No. 13. London: George Allen & Unwin 1956.
[44] Ebd.
[45] Ebd.
[46] Mircea Eliade (Hg.): *From Primitives to Zen: A Thematic Sourcebook in the History of Religions*. New York: Harper & Row 1967.
[47] *Auroville – Stadt des Zukunftsmenschen*. Frankfurt/M.: Fischer Taschenbuch (Bd. 1700) 1976.
[48] Rousselle, *op. cit.*
[49] Dante: *Göttliche Komödie*. Hölle, I, 16–18.
[50] Regardie, *op. cit.*
[52] Idries Shah, *op. cit.*
[52] Heiler stellt in seinem Aufsatz über Kontemplation im christlichen Mystizismus fest: »Kontemplation richtet sich auf das Endgültige, das Höchste, das Absolute, auf Gott in Seiner Totalität und Grenzenlosigkeit, in ›Seiner unaussprechlichen Fülle‹. In der Kontemplation blickt der Spirit in einen Abgrund, einen Ozean, eine blendende Sonne. Alle konkreten Konzeptionen und Vorstellungen, alle *corprales similitudines*, werden weit zurückgelassen; verbannt werden alle religiösen und kultischen Symbole; selbst das Menschsein des Gottessohnes, des Kindes in der Krippe, des Leidenden am Kreuz wird zurückgelassen.« Friedrich Heiler: ›Kontemplation in Christian Mystizism‹. *Papers from the Eranos Yearbooks: Spiritual Disciplines*. Bollingen Series XXX, No. 4. New York: Pantheon Books 1960.

3. Der negative Weg

[1] I. K. Taimni: *The Science of Yoga*. Adyara, Madras: Theosophical Publishing House 1965.
[2] Zitiert in Trevor P. Legget: *The Tiger's Cave*. London: Rider & Co.
[3] Friedrich W. Nietzsche: *Also sprach Zarathustra*.
[4] Gama Chen Chi Chang: *The Practice of Zen*. New York: Harper & Brothers 1959.
[5] Shunryu Suzuki Roshi: ›A lecture‹ in *Wind-Bell*, Vol. V, No. 3 1966.
[6] Suzuki, *100 cit.*, Vol. VII, No. 3–4, 1968.
[7] Die beste Darstellung davon findet man wahrscheinlich bei Sayadows Schüler Nyaponika Thera: *The Heart of Buddhist Meditation*. London: Rider & Co. 1969. Weitere gute Quellen sind Mahasi Sayadew: *The Progress of Insight*. Kandy, Ceylon: Buddhist Publishing Society; und Nanomoly Thera: *Mindfulness of Breathing*. Kandy, Ceylon: Buddhist Publishing Society 1964.
[8] Nyaponika Thera, *op. cit.*
[9] Ebd.
[10] Der interessierte Leser findet Auskunft über ihren Aufbau und ihre Anwendung in Claudio Naranjos: *The Attitude and Practice of Gestalt Therapy* (erscheint bei Science and Behaviour Books); und in Joen Fagans und Irura L. Sheperd: *Gestalt Therapy Now* (Palo Alto, Calif.: Science and Behaviour Books 1969).

4. Der Weg der Überantwortung und des Selbstausdrucks

[1] Haridas Chaudhuri: *The Philosophy of Meditation*. New York: Philosophical Library 1965.

[2] Chang, *op. cit.*

[3] Kapleau, *op. cit.*

[4] Zitiert ebd.

[5] Mircea Eliade, *op. cit.*

[6] Zitiert ebd.

[7] Zitiert in *Encyclopedia of Religion and Ethics*. Hsg. v. James Hastings. Stichwort »Possession«. New York: Charles Scribner's Sons 1908–1927.

[8] C. G. Jung u. C. Kerenyi: *Essays on a Science of Mythology*. Princeton: Princeton University Press 1963 (zuerst erschienen 1941 in Zürich unter dem Titel *Einführung in das Wesen der Mythologie*).

[9] Andreas Lommel: *Shamanism: The Beginning of Art*. New York: McGraw-Hill 1967.

[10] I. Shah: *Tales of the Derwishes*.

[11] Julian Silverman: *Shamanism and Acute Schizophrenia*. Manuskript in Vorbereitung.

[12] Vgl. Aubin: *Cruel Effets de la Vengeance du Cardinal Richelieu, ou Histoire des Diables de Loudun*. Amsterdam 1716; zitiert in T. K. Oesterreich: *Possession, Demoniacal & Other, Among Primitive Races in Antiquity, the Middle Ages, and Modern Times*. New Hyde Park, N. Y.: University Books 1966.

[13] Erwähnt in *Trance and Possession States*, hsg. v. R. Prince R. M. Burke Memorial Society.

[14] Henry Corbin: *Creative Imagination in the Sufism of Ibn Arabi*. Princeton: Princeton University Press 1969.

[15] Zu diesem Punkt weise ich auf meine Abhandlung in *The One Quest*, Kapitel IV hin: ›The Question of Identity‹.

[16] Hinweise auf die Techniken findet man verstreut über das ganze Werk von Jung. Der interessierte Leser schlägt am besten im Themenindex zu Jungs Werk nach.

[17] Robert Desoille: *The Directed Daydream*. Übers. v. Frank Haronian, P.R.F., No. 18. New York: Psychosynthesis Research Foundation 1966. Dies war eine Serie von Vorlesungen, die Desoille an der Sorbonne hielt und die zuerst im *Bulletin* der *Société des Recherches Psychothérapiques de Langue Francaise* 1965 erschien.

[18] Claudio Naranjo: *Psychotherapeutic Possibilities of Fantasy-Enhancing Drugs*. Manuskript in Vorbereitung.

[19] Harold A. Abramson (Hg.): *International Conference on the use of LSD in Psychotherapy and Alcoholism*. Indianapolis: Bobbs-Merrill Co. 1966.

[20] Alan Watts: *Psychotherapy East and West*. New York: Pantheon Books 1961. Watts stellt in diesem Buch die Parallelen zwischen modernen und traditionellen Befreiungswegen dar.

[21] Idries Shah: *The Way of the Sufi*. London: Jonathan Cape 1968.

[22] Anita M. Muhl: *Automatic Writing*. New York: Garrett Press 1964.

[23] Der Aufsatz erschien in den *Annalen der Naturphilosophie* des Jahres 1910 und wurde 1912 als Buch herausgegeben.

[24] Heinrich Zimmer: ›On the Significance of the Indian Tantric Yoga‹. *Papers from the Eranos Yearbooks: Spiritual Disciplines*. Bollingen Series XXX, No. 4. New York: Pantheon Books 1960.

[25] Zitiert in Österreich, Anmerkung 12.

[26] Ebd.

[27] Zimmer, *op. cit.*

[28] Signe Tokskvig: *Swedenborg, Scientist and Mystic*. New Haven: Yale University Press 1948.
[29] Ebd.
[30] Ebd.

Teil II: Die Techniken der Meditation und ihre Bedeutung für die moderne Psychologie

Einleitung

[1] Dieses und andere interessante Zitate sind in einem Artikel von Lawrence Le Shan enthalten: ›Physicists and Mysticism: Similarities in World View‹. *Journal of Transpersonal Psychology*, Herbstausgabe 1969.
[2] Idries Shah: *The Way of the Sufi*. London: Jonathan Cape 1968.

1. Das »Abschalten« der Wahrnehmung

[1] Philip Kapleau: *Die drei Pfeiler des Zen*. Weilheim: O. W. Barth 1972.
[2] Walpola Rahula: *Was der Buddha lehrt*. Zürich: Origo 1963.
[3] Zitiert in Kapleau, *op. cit.*
[4] B. Anand, G. Chhina und B. Singh: ›Some Aspects of Electroencephalographic Studies in Yogis‹. *Electroencephalography and Clinical Neurophysiology* 13 (1961) 452–456. Wiederabgedruckt in C. Tart; *Altered States of Consciousness*. New York: John Wiley & Sons 1969.
[5] Rammamurti Mishra: *Vollendung durch Yoga*. München: O. W. Barth 1974.
[6] Ebd.
[7] Frederick Spiegelberg: *Spiritual Practices of India*. New York: Citadel Press 1962.
[8] Ajit Mookerjee: *Tantra-Kunst*. Basel: Basilius Presse 1967/68.
[9] P. D. Ouspensky: *Auf der Suche nach dem Wunderbaren*. Weilheim: O. W. Barth.
[10] Roy W. Davidson: *Documents on Contemporary Dervish Communities*. London: Hoopoe Ltd. 1966.
[11] Idries Shah: *Oriental Magic*. London: Octagon Press 1968.
[12] T. Pauwels: *Gurdjieff*. London: Times Press 1964.
[13] Siehe Idries Shah: *The Exploits of the Incomparable Mulla Nasrudin*. New York: Simon & Schuster 1966.
[14] Arthur Deikman: ›Deautomatization and the Mystic Experience‹. *Psychiatry* 29 (1966), 324–38. Nachgedruckt in art; *Altered States of Consciousness*, vgl. Fußnote 4.
[15] Siehe Idries Shah: *Die Sufis*. Düsseldorf: Diederichs 1976.
[16] Vladimir Lindenberg: *Meditation and Mankind*. London: Rider & Co. 1959.
[17] Vgl. Idries Shah: *Caravan of Dreams*. London: Octagon Press 1968. Siehe die Einleitung zu ›The Magic Horse‹.
[18] R. M. Pritchard: ›Stabilized Images on the Retina‹. *Scientific American*, Juni 1961.
[19] D. Lehmann, G. W. Beeler u. D. H. Fender: ›EEG Responses During the Observation of Stabilized and Normal Retinal Images‹. *Electroencephalography and Clinical Neurophysiology* 22 (1967) 136–42.
[20] W. Cohen: ›Spatial and Textural Characteristics of the Ganzfeld‹. *American Journal*

of Psychology 70 (1957), 403–410; W. Cohen und T. C. Cadwallader: ›Cessation of Visual Experience under Prolonged Uniform Visual Stimulation‹. *American Psychologist* 13 (1958), 410.

[21] J. E. Hochberg, W. Triebel und G. Seaman: ›Color Adaption under Conditions of Homogeneous Visual Stimulation (Ganzfeld)‹. *Journal of Experimental Psychology* 41 (1951), 152–59.

[22] D. T. Tepas: ›The Electrophysiological Correlates of Vision in a Uniform Field‹ in M. A. Whitcomb (Hg.): *Visual Problems of the Armed Forces.* Washington: National Academy of Science, National Research Council 1962, S. 21–25.

[23] B. Bagchi und M. Wenger: ›Electrophysiological Correlates on Some Yogi Exercises‹. *Electroencephalography and Clinical Neurophysiology,* Suppl. No. 7 (1957), 132–49.

[24] Anand, Chhina und Singh, *op. cit.* Außerdem ihre ›Studies on Shri Ramananda Yogi during His Stay in an Airtight Box‹. *Indian Journal of Medical Research* 49 (1961), 82–89.

[25] A. Kasamatsu und T. Hirai: ›An Electroencephalographic Study of Zen. Meditation (Za-Zen)‹. *Folia Psychiatria et Neurologia Japonica* 20 (1966) 315–36. Nachgedruckt in Tart, *op. cit.*

[26] Yoshiharu Akishige: ›Psychological Studies on Zen‹. *Bulletin of the Faculty of Literature of Kyushu University, Japan* No. V (1968). Man kann an Dr. Akishige schreiben: c/o The Zen Institute, Komazawa University, Komazawa 1, Setagaya-Ku, Tokio, Japan.

[27] Zitiert in Deikman, *op. cit.*

[28] Siehe Arthur Koestler: *Von Heiligen und Automaten.* München: Scherz 1961.

[29] A. Dalal und T. Barber: ›Yoga, Yoga Feasts and Hypnosis in the Light of Empirical Research‹. *American Journal of Clinical Hypnosis* 11 (1969), 155–66.

2. *Esoterische und moderne Wahrnehmungspsychologie*

[1] Aldous Huxley: *Die Pforten der Wahrnehmung. Himmel und Hölle.* München: Piper (Serie Piper 6) 1970.

[2] J. Y. Lettvin, H. R. Maturana, W. S. McCulloch und W. H. Pitts: ›What the Frog's Eye Tells the Frog's Brain‹. *Proceedings of the Institute of Radio Engineers* 47 (1959), 1940–51.

[3] Jerome Bruner: ›On Perceptual Readiness‹. *Psychological Review* 64 (1957), 123–52.

[4] Karl H. Pribram: ›The Neurophysiology of Remembering‹. *Scientific American,* Januar 1969, 73–86.

[5] Charles Furst: ›Automatization of Visual Attention‹. *Perception and Psychophysics* 1971.

[6] Weitere Ausführungen dieses Gedankens findet man in Y. N. Sokolov: *Perception and the Conditioned Reflex.* London: Pergamon 1960.

[7] Bruner, *op. cit.*

[8] Siehe Walter Mischel: *Personality & Assessment.* New York: John Wiley & Sons 1968.

[9] Bruner, *op. cit.*

[10] Ebd.

[11] W. H. Ittleson und F.P. Kilpatrick: ›Experiments in Perception‹. *Scientific American,* August 1951.

[12] George Kelly: *The Psychology of Personal Constructs.* Bd. I u. II. New York: Norton 1955.

[13] Robert E. Ornstein: *On the Experience of Time.* New York: Penguin Books 1969.

[14] E. K. Sadalla, *Ph. D. diss.,* Stanford University 1970.

[15] D. N. Spinelli und K.H. Pribram: ›Changes in Visual Recovery Functions and Unit

Activity Produced by Frontal and Temporal Cortex Stimulation<. *Electroencephalography and Clinical Neurophysiology* 22 (1967), 143–49.

[16] Roger W. Sperry: ›Neurology and the Mind-Brain Problem‹. *American Scientist* 40 (1951), 291–312.

[17] W. Penfield und L. Roberts: *Speech and Brain Mechanism*. Princeton: University Press 1959.

[18] Die detaillierteste Betrachtung moderner Psychologie über die »konstruktive« Natur der Wahrnehmung findet man in Ulric Neissers: *Cognitive Psychology*. New York: Appleton-Century-Crofts 1967.

[19] William James: *The Principles of Psychology*. New York: Dover Publications 1950.

[20] Ebd.

[21] Siehe Shah: *The Way of the Sufi*, *Caravan of Dreams* und *The Exploits of the Incomparable Mulla Nasrudin*.

[22] K. Walker: *A Study of Gurdjieff's Teaching*. London: Jonathan Cape 1957.

[23] Arthur Deikman: ›Experimental Meditation‹. *Journal of Nervous and Mental Disease* 136 (1963), 329–43. Außerdem A. Deikman: ›Implications of Experimentally Produced Contemplative Meditation‹. *Journal of Nervous and Mental Disease* 142 (1966), 101–116.

[24] Zitiert in Deikman: ›Deautomatization and the Mystic Experience‹.

[25] Y. N. Sokolov: *Perception and the Conditioned Reflex*. New York: Macmillan Co. 1963.

[26] Anand, Chhina und Singh, *op. cit.*

[27] Kasamatsu und Hirai, *op. cit.*

[28] Zitiert in Kapleau, *op. cit.*

[29] Rahula, *op. cit.*

[30] Spiegelberg, *op. cit.*

[31] Walker, *op. cit.*

[32] Rafael Lefort: *The Teachers of Gurdjieff*. London: Gollancz 1966.

[33] K. Hulme: *Undiscovered Country*. Boston: Atlantic-Little, Brown 1966.

[34] Shah: *The Way of the Sufi*.

[35] Doug Robinson: ›The Climber as Visionary‹. *Ascent, The Sierra Club Mountaineering Journal*, Vol. 64, No. 3, Mai 1969.

[36] Henry Miller: *Sexus*. Reinbek: Rowohlt 1974; außerdem Lawrence Durrell (Hg.): *Ein Henry Miller Lesebuch*. Reinbek: Rowohlt (rororo 1461) 1971.

[37] Henry Miller: *Die Welt des Sexus*. Reinbek. Rowohlt 1960; außerdem Durrell, *op. cit.*

[38] Henry Miller: ›Creative Death: An Essay‹, in: *Ein Henry Miller Lesebuch*. Hsg. v. Lawrence Durrell.

(Ich war mir nicht mehr sicher, ob die Annahme, daß viele unserer Bestrebungen dasselbe Ziel wie die Meditationsrichtungen anstreben, übertrieben sei. Vielleicht ist das für einige der Bestrebungen zu schablonenhaft gedacht. Dann fielen mir zwei der bekanntesten Magazine Amerikas in die Hände, *Life* und *Look*. Ich las sie etwa zur gleichen Zeit, als dieses Kapitel geschrieben wurde. In *Life* fand ich in der Einleitung zu einer Photoserie folgende Zeilen: »Gefangen in menschlicher Kleinheit, sind wir blind gegenüber den weiten Bereichen der Wirklichkeit. Wir sind von Geheimnissen umgeben, auch von inneren Geheimnissen, die darauf warten, durch eine neue Art des Sehens entdeckt zu werden.« Und im *Look*-Magazin stand: »Schnell stehe auf, wenn du kannst, es ist höchste Zeit. Du bist so lange geblieben, du hast dich selbst verloren und existierst nun, abgeschnitten von allem, das dich umgibt, abgetrennt von allem Menschlichen. Du bist überzivilisiert: du hast keine Berührung mehr, bist narkotisiert, mechanisiert, verwestlicht, mit ausgebleichten Augen, die nach natürlichem Licht verlangen. Der Intellekt tyrannisiert uns alle und plant unser Alltagsleben perfekt voraus, macht es zu über-intellektualisierten und übertechnologisierten finsteren Schwachsinnsübungen . . . Wir werden durch uns selbst verletzt und unseren Empfindungen entfremdet, aufgespalten, spezialisiert, zerlegt und bis zum Ersticken eingeordnet.« Ein Freund erinnerte sich wieder an den Text eines Beatle-Songs, »Tomorrow Never Knows«, dessen erste Zeilen lauten: »Turn off your mind, relax and float downstream,/it is not dying,/lay down all thoughts, surrender to the void/that you may see the meaning of within/it is shining.« – »Schalte ab deinen Geist, entspann dich und fließe flußabwärts,/das ist nicht Sterben,/lege ab die Gedanken, vergehe im Nichts/daß du siehst den Sinn im Innern/er leuchtet.«)

[39] Vgl. Shah: Die Sufis.

[40] Eine vollständige Behandlung der Wissenschaft elektrischer Gehirnstimulierung findet man in Jose Delgados: Physical Control of the Mind: Toward a Psychocivilized Society. New York: Harper & Row 1969.

[41] Entsprechende Experimente findet man in W. Wyrwicka und M. B. Sterman: ›Instrumental Conditioning of Sensorimotor Cortex EEG Spradles in the Walking Cat‹. Physiology and Behavior 3 (1968), 703–707.

3. Ein erweitertes Verständnis der menschlichen Fähigkeiten

[1] Dalal und Barber, op. cit.

[2] K. M. Bykov und W. H. Gantt: The Cerebral Cortex and the Internal Organs. New York: Chemical Publishing Co 1957.

[3] Akishige, op. cit.

[4] Bykov und Gantt, op. cit.

[5] Ebd.

[6] Neal Miller: ›Learning of Visceral and Glandular Responses‹. Science 163 (1969), 434–45. Leo DiCara: ›Learning in the Autonomic Nervous System‹. Scientific American, January 1970, 30–39.

[7] J. Kamiya: ›Conscious Control of Brain Waves‹. Psychology Today 1 (1968), 57–60.

[8] Miller, op. cit.; Wyrwicka und Sterman, op. cit.

[9] O. P. Nowlis und J. Kamiya: ›The Control of Electroencephalographic Alpha Rhythms through Auditory Feedback and the Associated Mental Activity‹. Psychophysiology, Vol. 6, No. 4 (1970), 476–84; D. P. Nowlis und H. MacDonald: Rapidly Developed Control of EEG Alpha Rhythms through Feedback Training with Reports of Associated Mental Activities. Stanford, California: University Press 1970.

[10] Elmer Green: Bericht auf der Conference on Voluntary Control of Consciousness, Council Grove 1970.

[11] B. T. Engel und S. P. Hansen: ›Operant Conditioning of Heart Rate Slowing‹. Psychophysiology 3 (1966), 176–87.

[12] D. Shapiro, B. Tursky, E. Gershon und M. Stein: ›Effects of Feedback Reinforcement on the Control of Human Systolic Blood Pressure‹. Science 163 (1969), 588–90.

[13] Green, op. cit.

[14] B. T. Engel: Presentation at the Society for Psychophysiology Research, Monterey, Calif. 1969.

[15] Thomas H. Budzynski, Johann Stoyva und Charles Adler: ›Feedback-Induced Muscle Relaxation: Application to Tension Headaches‹. Journal of Behavioral Therapy and Experimental Psychiatry 1 (1970), 205–211.

[16] Walker, op. cit.

[17] H. Benson: ›Yoga for Drug Abuse‹. The New England Journal of Medicine 281 (1969), 1133.

[18] Eine kurze Beschreibung gibt Hallaj: ›Hypnotherapeutic Techniques in a Central

European Community‹ in R. W. Davidson: *Documents on Contemporary Dervish Communities*. London: Hoope Ltd. 1966.

[19] K. C. Hamner: ›Experimental Evidence for the Biological Clock‹. In J. T. Fraser: *The Voices of Time*. New York: George Braziller 1966.

[20] E. E. Von Bount, M. D. Shepherd, J. R. Wall, W. F. Ganong und M. T. Clegg: ›Penetration of Light into the Brain of Mammals‹. *Annals of the New York Academy of Sciences* 117 (1964), 217–24.

[21] A. H. Frey: ›Behavioral Biophysics‹. *Psychological Bulletin* 63 (1965), 322–37.

Zen, Yoga, Meditation

Carlos Castaneda
Die Lehren des Don Juan
Ein Yaqui-Weg des Wissens
Band 1457

Eine andere Wirklichkeit
Neue Gespräche mit Don Juan
Band 1616

Karlfried Graf Dürckheim
Zen und wir
Band 1539

Lama Anagarika Govinda
Grundlagen tibetischer Mystik
Band 1627

Kareen Zebroff
Yoga für Jeden
Band 1640

Daisetz Teitaro Suzuki
Die große Befreiung
Band 1666

Heinrich Dumoulin
Der Erleuchtungsweg des Zen
im Buddhismus
Band 1667

FISCHER
TASCHENBÜCHER